일본 주식시장의 신
고레카와 긴조

SOUBASHI ICHIDAI

by Ginzou KOREKAWA

ⓒ 1999 Korekawa Scholarship Foundation

All rights reserved.

First published in Japan 1999 by SHOGAKUKAN INC.

Korean translation rights arranged with SHOGAKUKAN INC.

through Shinwon Agency Co.

Karean translation edition copyright ⓒ 2006 by IREMEDIA

이 책의 한국어판 저작원은 신원에이전시를 통해 SHOGAKUKAN INC. 와
독점계약을 맺은 도서출판 이레미디어에 있습니다.
저작권법에 의해 한국 내에서 보호받는 저작물이므로 무단 전재와 복제를 금합니다.

고레차와 긴조

이레미디어

고래가 와 긴조

나의 일대기를 읽고 그것을 그대로 받아들여
주식이 대박을 칠 수 있는 것이라고 착각하고,
위험을 고려하지 않고, 주식투자에 거금을 몰아넣어
파산을 당하는 사람들이 나와서는 곤란하다.

저자 서문

　지금까지 여러 출판사로부터 자서전 출판을 의뢰받았으나 모든 의뢰를 거절해왔다. 내가 자서전을 세상에 펴내는 것이 자칫 수많은 투자 실패자들을 양산하는 계기가 될 수도 있다는 경계심 때문에 출판을 피해왔던 것이다. 그런데 어떤 저자가 나의 중지 요청에도 불구하고 내 투자 일대기라는 것을 출판해버렸다. 모든 것이 진실이면 좋았는데 진실과는 매우 거리가 먼 것도 쓰여 있었다. 나의 일대기를 읽고 그것을 그대로 받아들여 주식이 대박을 칠 수 있는 것이라고 착각하고, 위험을 고려하지 않고, 주식투자에 거금을 몰아넣어 파산을 당하는 사람들이 나와서는 곤란하다. 이렇게 되면 내가 지금까지 자서전 출판을 거절해온 의미가 없어지는 셈인 것이다.

　그래서 나는 내 손으로 자서전을 집필함으로서 주식으로 성공하는 것은 불가능에 가깝다는 사실을 전하고자 하는 사명감으로 펜을 들게 되었다.

　세상 사람들은 내가 마치 이 '불가능'을 극복하고 주식 매매로 성공하여 거부가 된 것으로 생각할 것이다. 물론 돈을 벌기도 하였지만 반드시 그렇지만은 않다. 나는 실제로 지금 빈털터리나 마찬가지다. 재산도 아무 것도 남아있지 않다. 이것을 저자로서 경고하고 싶은 것이다.

　나는 16세 때 그때까지 소년 직원으로서 일하고 있던 고베(神戶)의 무역회사의 파산을 계기로 런던에서 공부할 것을 결심하고 그 해(1914년) 중국 대련(大連)으로 건너갔다.

　그러나 제1차 세계대전이 발발하여 런던 행 여권이 나오지 않아, 나는 일본군의 뒤를 따라 청도(靑島)로 가서 청도 수비군 사령부에 물품을 대는 상인이 되었다. 그런데 손문(孫文)의 혁명군에게 3만 엔의 자금 원조를 한 것 때문에 혁명군이 참패한 후 도산하고 말았다. 그때까지 청년 실업가로 행세하며 청도 거리를 활보하며 다녔으나, 일순간에 채권자들에게 손이 닳도록 비는 신세가 되어버렸다. 정신적인 고통으로 주머니에 권총을 넣고 죽을 곳을 찾아다닌 적도 있었다. 도산의 비참함을 뼛속 깊이 체험한 것이다.

　1931년 아내가 마련한 70엔을 밑천으로 헤이와부동산(平和不動産)의 전신인 '신동주'(新東株:도쿄 증권거래소 신주)로 백배의 이익을 얻고, 주식투자의 세계에 몸을 던지게 되었다. 34세라는 비교적 늦은 나이에 주식시장에 데뷔하였지만, 이후의 주식투자는 순조롭게 진전되었고, 고레카와 긴조(是川銀藏)의 이름은 기타하마 시장(주)에서부터 시작되어 가부토쵸(兜

주) '기타하마 시장'(北浜市場)은 '오오사카 증권거래소'의 별칭으로 오오사카시(大阪市) 쥬오쿠(中央區) 기타하마(北浜)에 위치하고 있다. 1878년에 '오오사카 주식거래소'로 설립되었으며, 약칭은 '다이쇼'(大證)이다. 이 책에서는 단순히 '기타하마'(北浜)라고만 사용하기로 한다.

町)^(주)까지 알려지게 되었다.

주식을 이용하여 일정한 이익을 얻는 것은 전혀 불가능한 일은 아니다. 그것은 지극히 신중하게 주식이란 것을 다루고, 착실한 방법으로 이익의 재료로 삼는다면 불가능한 것도 아니다. 그러나 주식으로 거부를 얻고 부자가 되어 풍족한 삶을 살고 싶다는 목적으로 한다면 반드시 실패한다. 지금까지 일본 증권계 100년이 넘는 역사 속에서 대투자가(大相場師), 대승부사로 일컬어지는 사람은 많이 배출되었다. 그러나 한 사람의 예외도 없이 겨우 4년이나 5년 정도 주식세계를 떠들썩하게 하다가 사라져버리고 말았다. 이것이 주식투자 세계의 승부사라고 불리는 인간의 운명인 것이다.

나의 주식투자 원점은 1927년의 금융공황의 영향을 받아 세 번째 도산을 경험한 후, 도서관에 3년간 다니며 독학으로 일본을 비롯하여 세계경제와 그것을 둘러싼 제 문제를 철저하게 공부한 것이었다. 이 결과를 바탕으로 경제를 분석, 과학적으로 시세의 변동을 읽어내어 왔던 것이다. 1977년 '일본시멘트'(日本セメント)의 대승부로 30억 엔을 벌었지만, 1979년 '도와광업'(同和鑛業)의 거래에선 판단 착오로 패배하고 말았다. 또한 1982년 '스미토모 금속광산'(住友金屬鑛山)으로 200억 엔의 이익을 얻은 것으로 다음해 일본 소득세 납세 1위를 차지하기도

주) '가부토쵸'(兜町)는 도쿄토 쥬오쿠(東京都 中央區)에 속한 지역으로, '도쿄 증권거래소'가 위치하고 있으므로 '도쿄 증권거래소' 또는 일본 주식시장의 별칭으로 부르고 있다. 이 책에서는 '도쿄 증권거래소'의 의미로 사용된다. 가부토쵸는 1878년 '도쿄 증권거래소'의 전신인 '도쿄 주식거래소'가 설립된 이래 금융과 상업의 지역으로 급속히 발전한다.

했다. 그러나 일단 거부를 얻었다고 생각했지만, 돌이켜보니 번 만큼 세금으로 다 빼앗긴 것을 알게 되었다.

일본의 세제는 주식으로 벌어도 거부를 축적하도록 놓아두는 시스템이 아니다. 벌면 번 만큼 세금으로 가져가버리는 시스템 인 것이다.

1933년 36세에 오오사카(大坂)에 '고레카와 경제연구소'(是 川 經濟硏究所)를 개설했을 때 주위로부터 '학위를 받으세요' 라 고 권유받았던 일이 있다. 고맙기는 했지만 그 정도로 내가 학 구파이지 않았다. 초등학교밖에 졸업하지 못한 나로서는 대학 출신으로 허세부리는 사람들을 발로 차버리는 심정으로 칠전팔 기 싸움의 인생이었으나, 93년이라는 긴 세월을 지금 돌이켜보 면 나와 같은 행복한 사람은 아마 세상에 없을 것이라는 행복감 을 맛보고 있다.

1992년 2월

고레카와 긴조

역자 후기

　일본 주식시장의 '대승부사'이며 '주식의 신'이라고까지 일컬어지는 고레카와 긴조가 처음 주식시장에 발을 들여놓은 것은 1921년의 일로, 당시 일본의 금융공황으로 인해 자신이 경영하던 업체가 도산한 것이 계기가 되었다. 그는 금융공황의 충격을 온몸으로 겪으면서 자본주의를 독학으로 3년간 철저히 연구한 끝에 주식으로 승부를 걸겠다고 다짐했다. 그리고 일본 증권계에 바람처럼 나타난 그는 경이적인 수익률과 정세판단 및 장세예측으로 증권계를 놀라게 했다.
　태평양 전쟁이 발발할 것으로 예상한 그는 일본의 전쟁 수행에 필요한 철을 생산하기 위해 잘나가던 주식을 접고 한국으로 건너와 강원도 삼척에 제철소를 세우고, 제철 및 광산 개발 등의 사업을 벌였다. 이때의 광산 개발 등 한국에서의 사업 경험은 이후 그의 금속 및 광산 관련 주식투자에 큰 영향을 미쳤다.
　패전으로 무일푼이 되어 일본으로 돌아온 그는 일본이 고도성장을 구가하던 1960년부터 오오사카의 기타하마에서 재차 주식의 세계에 들어가, '일본시멘트', '도와광업', '스미토모 금속광산' 등의 매매전으로 그야말로 용맹을 떨쳤다.
　그의 수많은 성공 중에서도 가장 화려했던 것은 역시 '스미토모 금속광산' 주식 매매다. 그 계기가 된 것은 니혼게이자이신문에 보도된 가고시마현의 히시카리 금산에서 고품질의 금맥이 발견되었다는 작은 기사였다. 그는 이미 패전 전에 한국에서 제철소를 경영하면서 철광과 금광을 개발한 경험을 토대로 그 금맥이 엄청난 가치가 있는 것으로 판단했다. 그는 신속히 행동에 들어가 그 광산을 갖고 있던 '스미토모 금속광산' 주식을 매집하기 시작하고, 결국 이 매매가 성공하여 그는 1983년에 그동안 대개 재벌의 오너들이 차지해온 일본의 소득세 납부 1위를 차지하는 기염을 토했다.

　그는 주식을 매매하면서 자신이 연구하고 경험한 것을 토대로 하여 자기만의 투자원칙을 정하고 이를 고수했다.

- 종목은 수면 하에 있는 우량한 것을 골라 지긋하게 기다린다.
- 경제, 시세의 동향으로부터 항상 눈을 떼지 말고 스스로 공부한다.
- 과대한 생각은 하지 말고, 수중의 자금 안에서 행동한다.
- 종목은 남이 추천하는 것이 아니라 자신이 공부하고 판단해서 고른다.
- 2년 후의 경제 변화를 스스로 예측하고 경제와 시세의 대국관을 갖는다.
- 주가에는 타당한 수준이 있으므로 탐욕을 내지 않는다.
- 주가는 최종적으로 실적으로 결정되므로 완력 시세는 경원한다.

• 불측의 사태 등 리스크에 대비한다.

　그는 실제로 스스로 철저한 조사와 연구를 통하여, 남들이 거들떠보지도 않는 우량종목을 발굴하고 아무도 모르게 그 주식을 매집한 후, 시세가 분출하면 매도하는 방법을 사용했다. 그에게 있어서 매매수익은 목적이 아니라, 수익은 자신의 판단과 행동이 타당했다는 증거이며, 그 판단과 행동의 보상물이었다.

　고레카와는 평생을 시세와 싸웠다. 그리고 그에게 있어서 시세는 자신이 연구하고 판단한 종목의 가치를 확인하는 것이었다. 그 가치가 주가로 확인될 때, 그는 승리의 찬가를 불렀다. 그러나 이 가치의 발견은 '남이 가지 않는 길을 외롭게 걸어가는' 고독한 승부다. 남들이 넝마주라고 쳐다보지도 않은 주식에서 그에게는 반짝반짝 빛나는 금빛을 발견하는 예지가 있었다. 그리고 그 예지와 선견력은 시세에 대한 부단한 노력과 정진의 결과로 나타난 것이다. 그의 이 가치를 선견하는 투자가 바로 '가치투자'라고 말할 수 있겠다.

　주가엔 수익성, 성장성, 수급의 세 논리가 들어있다. 가치투자는 안정적인 수익성을 갖고, 또 성장성이 우수해서 주가가 현재보다 상승할 것이며, 보다 많은 배당을 받을 수 있는 주식에 투자하는 것을 말한다. 가치투자란 그런 주식을 선택해서 매매하는 것이다. 즉 그런 주식이 다른 주식에 비해 싸다고 판단되면 매수하고, 상승하여 고평가 되었다고 판단되면 매도하는 전략이다. 가치투자란 회사의 모든 상황을 고려한 후에 투자를 하며, 대차대조표와 기업가치 평가 등의 재무적인 방법과 기업문화, 성장가능성, 독창성 등의 비재무적인 방법을 모두 고려하여 기업을 평가하는 것이다. 수익성은 그 주식을 발행한 회사의 대차대조표상에 자본금 대비 이익으로 판단하며, 성장성은 산업의 성장성과 기업의 성장성 모두를 파악하여 판단한다.

고레카와가 일본시멘트에 출동한 것을 예로 들어보자. 고레카와가 '일본시멘트'에 출동할 무렵, '일본시멘트' 주식은 아무도 쳐다보지 않는 넝마주였다. 그것은 당시 불경기로 인해 시장이 '일본시멘트'의 수익성, 성장성을 비관하고 매수세가 실종되어 수급의 불균형을 이루었기 때문이다. 그러나 고레카와는 일본정부가 곧 경기 부양 정책을 쓸 것으로 판단하고, 가장 혜택을 입는 주식으로 '일본시멘트'를 선택했다. 일본 전국에 건설 붐이 일어나면, 당시 바닥을 기고 있던 시멘트 업계의 실적이 개선될 것이며, 이제까지 침체된 상황에서 벗어나 새로운 성장 동력을 얻게 될 것이었다. 그리고 '일본시멘트'는 석회석 광산을 직접 소유하고 있었으므로 자산가치도 타사에 비해 뛰어났다. 또한 모두가 비관시하여 버리고 있었으므로 주가는 바닥으로 매수자 우위의 시세였다. 고레카와는 '일본시멘트'의 수익성, 성장성, 수급을 누구보다 먼저 간파하고 이 주식을 남모르게 매집하여 대승리를 거두었던 것이다.

그의 가치투자는 수면 하에 있는 우량한 종목을 골라 지긋하게 기다리며, 2년 후의 경제 변화를 스스로 예측하고 경제와 시세의 대국관을 갖는 것이었다. 또한 이렇게 해서 매수한 주식이 상승하면, 주가에는 그 주식의 가치에 맞는 타당한 수준이 있으므로 탐욕을 내지 않았다.

'주식의 신'이라고까지 일컬어지는 그라고 해서 항상 투자에 성공한 것은 아니다. 그에게는 눈에 넣어도 아프지 않는 자랑스러운 아들이 있었다. 당대의 석학으로서 노벨상 후보로도 오른 장남이 후두암에 걸리게 된다.

그는 아들의 암 치료에 희망을 걸고, 당시 모치다제약(持田製藥)과 오카야마대학(岡山大學) 의학부에서 공동개발 중이던 'OH-1'라는 항암제를 발견한다. 그는 이 항암제를 자신이 몇 번이고 조사한 끝에 '모치다제약' 주식을 맹렬한 기세로 매집한다. 그 나름대로 근거가 있다고 판단했겠지만, 그보다는 장남의 암을 치료하고 싶은 아버지의 마음이 앞섰던 것으로 보인다.

당시 일본 주식시장에선 항암제 붐이 일어나 제약주가 인기주였다고 한다. 그 중에서도 '모치다제약'은 'OH-1'을 재료로 2,500엔에서 무려 16,600엔까지 폭등했다고 한다. 그러나 그는 효능이 확인되지 않은 'OH-1'를 상대로 한 승부에서 100억 엔 정도의 손실을 보았다고 전해진다. '주식의 신'이며 '대승부사'인 그도 시세에 자식을 사랑하는 아버지의 마음을 집어넣음으로서 판단에 가장 필요한 '냉정'을 잃고 만다. 주식 격언에 '주변에 곤란한 일이 있을 때는 매매하지 말라'는 말이 있다. 누구보다 시세에 대하여 '냉정'함을 강조했던 그도 넘어지니, 냉정함을 유지하며 주식 매매를 한다는 것이 얼마나 어려운가를 극명히 보여주는 것이다.

그는 정정당당한 매매를 고수했는데, 그것은 그가 젊은 시절

중국 청도에서 돈만 벌면 된다는 생각으로 사업을 하던 중 깨달은 것이었다. 그는 일반투자자들의 주머니를 털기 위해 가치 없는 주식을 매집하여 일반투자가에게 떠넘기는 작전을 벌이는 세력을 혼내주기 위해 그들과 매매전을 치루기도 한다. 그는 그러한 세력이 자신을 그들 편으로 불러들이려고 했을 때 이를 단호히 거절하고 경멸한다.

그는 비록 실패하더라도 조금도 비난받지 않는 정정당당한 매매를 하고 싶어 했다. 어떤 경우에 있어서도 천하의 정도를 걷겠다, 인간은 돈의 노예가 아니라고 말한다. 그는 돈벌이만을 위해서 주식세계에 뛰어든 것은 아니다. 주식시장은 그에게 있어서 가치관과 철학의 실천장이었다. 그에게 있어서 경제와 시세의 연구는 최고의 예술이었다고 한다. 예술가가 혼신의 힘을 다해 자신의 예술적 소양을 표현하며 그 표현 자체를 목적으로 하듯이, 그는 그러한 심정으로 주식 매매를 한 것이다.

이 책은 한 주식투자가의 인생역정과 투자기법뿐만 아니라, 그의 인생 90여 년에 걸친 일본의 정치, 경제 사정도 엿볼 수 있게 해준다. 또한 그의 투자 인생에 있어서 큰 비중을 차지했던 '한국과의 인연'도 우리의 관심을 끌기에 충분하다.

파란만장했던 그의 투자일대기의 번역을 끝내면서, 그가 좌우명으로 삼았던 '성실과 사랑'이라는 말이 귓가에 울린다. 이 책이 한국의 투자가들에게 조금이나마 도움이 되길 바라며, 이 책을 역자에게 소개하고 번역하도록 해준 '이레미디어'의 이형도 사장에게 고마움을 전한다.

2006.10 강금철

저자서문	6
역자서문	10

1장 제멋대로 지껄인 인생

드디어 올 것이 왔다	24
기관투자가	27
보유 주식을 모두 매도하다	30
블랙 먼데이	34
공황은 오지 않는다	38
철강주를 사라	41
철강불황의 이미지가 정착된 업계이지만	43

2장 소년 실업가

언젠가 반드시 천하를 얻겠다	48
운명을 바꾼 대전 발발	53
무일푼으로 산동반도를 횡단하다	57
취사계에서 회계담당으로	61
부정한 방법으로 돈을 벌 수 없다	65
번뜩인 일리전	69
일리전 수출금지	73

권총 협상이 대성공하다	77
삼만 엔 기부의 멋진 이야기	82
죽지도 못하고 살지도 못하고	86

3장 호사다마

징병을 피하다	92
공장경영을 강요받다	98
21세에 종업원 260명을 거느리다	101
인간은 백년을 살 수 있다	105
간토 대지진, 아연철판을 사라	109
무서운 남자로군	114
대공황의 여파로 회사 도산	119
빈궁한 중에 도서관을 다니다	123
우리 아버지는 보통 사람이 아니야	126
자본주의경제는 붕괴하지 않는다	130

4장 백발백중의 선견력

주식으로 승부하고 싶지만 밑천이 없다   134
백발백중   137
선생님, 사무실을 마련했습니다   140
고레카와 경제연구소   144
미국의 금본위제 중단을 간파하다   148
억만장자의 기회를 잃어버리다   152
정보의 진위를 가려내다   155
헌병대에 국제정세를 강의하다   158
제2차 세계대전을 예견하다   162

5장 40세에 일어서다

한국에서 광산개발과 제철소 설립   168
고이소 구니아키 조선총독과 교우하다   172
입각 요청을 사양하다   175
둘째딸의 배필을 찾다   179
직인을 열 개 만들라   186
나를 체포하면 네 목이 달아날 것이다   189
차용금액은 모른다   192
패전, 재산 몰수 그리고 체포   197

6장 이모작 실천

맥아더는 일본인을 거세할 작정인가   **204**
이모작은 반드시 가능하다   **208**
농업시험장과 기상대를 다니다   **212**
연구비용을 함석판 재생으로 마련하다   **217**
이모작을 성공시킨 사람들의 온정   **221**

7장 복팔분

거북이 삼원칙으로 주식매매를 개시하다   **230**
토지로 번 3억 엔으로 시세에 살다   **235**
'일본시멘트'는 오른다!   **239**
우리 회사 주식은 오를까요?   **245**
네가 말한 대로 되었다   **249**
벌써는 아직이며, 아직은 벌써다   **253**
복팔분의 끝내기   **257**

8장 과욕으로 자멸

다음은 광산주를 노려라   **262**
도와광업의 최대주주로   **266**
연일 봉상승으로 탐욕하다   **270**
매도를 놓친 6천만 주   **275**
시세는 역으로 역으로 나오는 것   **281**
돈을 벌어 부모님의 한을 풀다   **284**
청소년을 위한 고레카와 장학재단을 설립하다   **288**

9장 역전승리

히시카리의 광맥은 연결되어 있다!   **294**
한번만 더 주식을 하게 해주게   **298**
프로 중의 프로가 보물산을 부정하다   **301**
사고 사고 또 사모으다   **306**
내가 인접광구를 사들이다   **309**
시세는 일진일퇴로 휴전   **313**
보름만에 772엔에서 420엔으로 급락   **317**
금광맥은 인접광구에도 연결되어 있다   **321**
남자의 약속은 지키는 것이 당연지사   **325**
일본 소득 1위는 노력과 정진의 혼   **330**
세금으로 삼십 수억 엔을 내다   **335**

시대를 먼저 읽는 눈을 사라	339
투자는 정정당당하게	342
후지야 주식	345
투자 5원칙	349

| **후기** | 354 |
| **해설** | 358 |

---

1. 이 책의 각주는 역자가 독자의 이해를 돕기 위하여 덧붙인 것이다.
2. 이 책에 나오는 일본의 연호 또는 시대의 서기 연대는 다음과 같다.
   1) 에도시대(江戶時代): 1603년부터 1867년까지 도쿠가와(德川) 가문이 집권한 시기.
   2) 메이지 시대(明治時代): 1868년부터 1912년까지 메이지 천황(明治天皇)이 재위한 시기.
   3) 다이쇼 시대(大正時代): 1912년부터 1926년까지 다이쇼 천황(大正天皇)이 재위한 시기.
   4) 쇼와 시대(昭和時代): 1926년부터 1989년까지 쇼와 천황(昭和天皇)이 재위한 시기.

제멋대로 지껄인 인생

드디어 올 것이 왔다
기관투자가
보유 주식을 모두 매도하다
블랙 먼데이
공황은 오지 않는다
철강주를 사라
철강불황의 이미지가 정착된 업계이지만

주식투자는 누구든지 실력 이상의 것을 취급하면
혼란에 빠지고 불안심리에 사로잡힌다.
그리고 그것이 실패로 연결되는 것이다.

드디어 올 것이 왔다

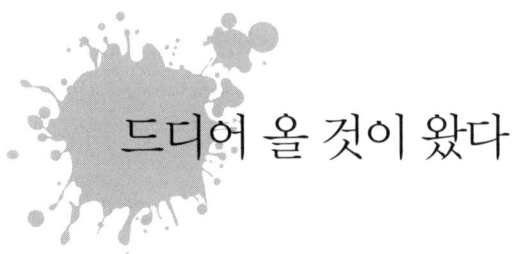

1989년 12월 9일, '니케이 평균주가'(日經平均株價)⁽주⁾는 38,915엔이라는 사상 최고치를 기록했다. 도쿄 증권거래소는 새해 벽두에는 지수가 4만 엔 고지에 다다를 것이라는 한껏 부푼 기대감 속에서 1980년대 마지막 거래일을 마감했다.

주식시장은 저 블랙먼데이(1987년 12월)의 폭락을 잊기라도 한 것처럼, 겨우 2년 2개월 만에 21,910엔에서 38,915엔으로 실로 17,005엔 상승이라는 전대미문의 대폭등을 연출했던 것이다.

'일본의 주식시세는 너무 과도하다. 이상하다.'

'언젠가 주식시장은 대폭락이 일어나고 말 것이다.'

주) '니케이 평균주가'(日經平均株價, 영문명 'NIKKEI 225')는 '도쿄 증권거래소' 제1부 상장 종목 주식을 대상으로 한 주가지수로서, '도쿄 주가지수'(東證株價指數, 영문명 'TOPIX')와 함께 일본을 대표하는 주가지수다. 제1부 상장종목 중 거래가 활발하고 유동성이 풍부한 225 종목을 다우평균지수의 산출방식으로 수정평균을 산출한다. '니혼게이자이신문'(日本經濟新聞)이 매분 산출 공표하고 있다.

나는 니케이 평균주가가 33,000엔을 넘은 여름장 무렵부터 일본 주식시장에 대해서 위기감을 가지고 시장을 전망하고 있었다.

1990년 벽두의 1월 4일 처음 열린 주식시장은 지수 4만 엔의 기대와는 달리 연말 장보다 202엔 99전 하락 마감하였고, 그 후 주식시장의 하락세를 강하게 암시하는 움직임을 보이면서 마감했던 것이다.

1월 18일 지수는 36,729엔으로 전년도 연말 지수의 고점로부터 2,116엔 하락하였고, 2월 하순부터는 그야말로 내리막길을 내달리는 듯 4월 2일 28,002엔까지 단숨에 1만 엔 가까이 대폭락을 연출했다.

그 후 반등장세가 펼쳐지면서 3만 엔 대를 일시 회복하고 32,000엔 대까지 도달하였으나 대폭락의 2라운드를 맞게 되었다.

7월 17일 지수는 33,172엔부터 재차 하락 반전하였고, 8월 2일 이라크의 쿠웨이트 침공으로 인해 더욱 하락 추세에 박차를 가했다. 2만 엔 대가 붕괴되는 대폭락이 이어졌고, 지수는 이미 바닥을 알 수 없는 엄청난 가속도로 폭락에 폭락을 거듭했다.

하락장세 속에서 기관투자가들은 낭패한 모습으로 냉정을 찾지 못하였고, 반대매매에 몰린 일반투자가의 투매로 주식시장은 참으로 대혼란 상태가 되었다.

이러한 주식시장의 대폭락 흐름 속에서 나는 매우 냉정했다.

이라크의 후세인 대통령의 쿠웨이트 침공은 정말 나도 예측하지 못한 일이었으나, 그해 들어서 이러한 대폭락은 전부터 예상하고 있던 현상이 온 것이라는 인식으로 특별히 이상하게 생각하지 않았다.

'드디어 올 것이 왔는가?'

새해 벽두부터 시작한 폭락을 나는 이렇게 냉정한 판단으로 받아들이고 있었다. 다만, 문제는 어디가 바닥인가 하는 점뿐이었다.

지금까지 주식시장의 상황으로 보면, 고가(38,915엔)의 2할이나 3할 하락시세는 어쩔 수 없는 것이라고 보았다. 그러나 나의 판단으로도, 참으로 38,000엔의 시세가 2만 엔을 깨는(1990년 10월 1일) 5할 가까운 대폭락을 기록할 것이라고는 전혀 예상하지 못했다. 그러나 주식시장이란 결국 이런 것이다.

이 하락장의 원인은 분명했다. 나는 그 명칭을 언급하는 것을 싫어하지만, 실은 기관투자가라고 칭하는, 잉여자금을 가진 생명보험회사나 신탁회사 등 대형 투자기관이 그 남는 돈으로 주식을 사고 시세를 끌어올리는 조작을 한 결과인 것이다.

어떠한 하락장이라 해도 반드시 바닥이 있고, 하락폭이 큰 만큼 상승의 반동도 크다는 것은 주식시장의 철칙이다.

주식투자는 누구든지 실력 이상의 것을 취급하면 혼란에 빠지고 불안 심리에 사로잡힌다. 그리고 그것이 실패로 연결되는 것이다. 내가 지금부터 말하려는 지금까지의 삶과 투자인생을 읽으면 그 진실을 이해하게 될 것이다.

기관투자가

고래가 와 긴조

하락장에서 타격을 받는 기업이란 매우 적은 것이다.

기관투자가가 주가 조작을 잘못하여 스스로 대타격을 입었다면, 적어도 경제에 대해 일정 건전한 판단을 하기를 바라는 것이다. 그들은 잉여자금을 무기로 일반투자가를 조종하여 주가를 움직여왔다. 고생하여 모은 자기 돈이라면 조심스럽게 사용하겠지만, 타인의 돈이므로 그 취급 방법이 형편없는 것이다.

이런 무리가 손실을 보는 것은 당연한 일이며, 오히려 얼마든지 손실을 보아도 괜찮다. 그러므로 90년의 폭락도 올 것이 온 것이며, 손실을 볼 사람이 손실을 본 것뿐으로 그 이상 이 하락시세에 대한 의미는 없다고 생각한다.

이 폭락은 기관투자가로 불리는 세력이 경제에 대한 지식도 없이, 전문가로 행세했기 때문에 일어난 결과이다. 그들의 이러한 실패는 주식시장의 무서움을 알려주는 좋은 교훈이 되었을 것이다.

주식시장에서는 하락장세에서 매도하려는 주식 보유자에게는 타격이지만, 한편 매수 대기자는 최대의 찬스를 맞고 있는 것이다. 이것도 주식투자의 진실인 것이다.

그때 나는 '고레카와 경제연구소' 회원에게 다음과 같이 권했다.

"이 하락장을 이용하여 여유자금을 가진 사람은 철강주를 매수하시오."

일본 기업 중에 최근 수년간 내수 확대와 경기회복의 기둥으로서 안정 성장하고 이익을 적립하고 있는 것이 철강회사였던 것이다. 그러나 나는 다음과 같이 조건을 붙여 매수하도록 권했다.

"빚을 내거나 신용 매수는 안 된다, 자신의 여유자금으로만 하시오."

물론 내 말을 그대로 지켜주었다면 아무 할 말이 없었을 것이다. 그러나 투자가의 심리는 참으로 여러 가지다.

"고레카와가 저렇게 말했으니까……"

그 중에는 이처럼 생각하고 조금 빚을 내서 사도 괜찮을 것으로 생각하여 제멋대로 판단하여 매수해버린 투자가도 있다. 말하자면 자신의 실력 이상의 생각에 사로잡힌 것이다. 이러한 투자가가 하락장세가 되었을 때 어떤 심리 상태가 될 것인가? 전술한 지수 2만 엔 붕괴의 시세와 같은 대폭락의 상황에서 어떤 마음일지 그 심리상태는 내가 과거에 경험한 바가 있으므로 가장 잘 알고 있다.

아무리 시세에 숙련된 투자가라 하더라도 하락시세 과정에서는 불안하기 마련이며, 견디고 견디다 결국 보유 주식을 투매해 버리는 것이다. 사실 나도 몇 번인가 이러한 심리 상황 속에서 쓰라린 경험을 했던 적이 있다.

불안감으로 가득 차 보유 주식을 저가에 던져버리기 때문에 큰 손실을 입는 것이다. 그러나 수중의 여유 자금으로 투자 활동을 하면 불안감은 있어도 투매할 정도로까지 몰리지는 않는다. 매도하지 않으면 실제 손실은 없는 것이다. 그러므로 나는 다음과 같이 권한다.

"빚이나 신용거래는 안 된다, 여유 자금으로 현물을 사라."

1987년의 블랙 먼데이의 경우에도 그랬던 것이다.

보유 주식을 모두 매도하다

"보유 주식을 지금 모두 팔아라. 팔고 팔고 팔아 한 주도 남김없이 매도하라. 드디어 극심한 주가 폭락이 온다. 그리고 매도한 돈으로 '금' 순금을 사두어라."

1987년 4월 긴급 사장회의 (1983년에 설립. 전국 250명의 오너 경영자에게 세계경제에서 주식투자까지의 핵심 지식을 전수하는 연구회)를 개최하여, 나는 출석자들 앞에서 이렇게 경고했다. 나아가 나를 둘러싸고 있는 투자가에게 연락을 취하여 신속히 주식을 팔 것을 권했다. 일부에서는 미련이 남아 매도를 주저하는 사람도 있었지만 대개는 매도하였을 것이다.

이렇게 말한 이상 물론 나도 단 한 주도 갖고 있지 않았다. 보유 주식 모두를 처분했다. 이러저러 60년 가까이 주식투자를 해 왔지만 이런 일은 처음 경험하는 것이었다.

왜 내가 긴급히 이런 판단을 내렸던가 하면 그 일 개월 전부터 하루하루 주식시장의 양상이 급변해왔기 때문이며, '대폭락'의 징후가 날마다 강해져왔기 때문이었다.

당시 주가지수는 1월 30일에 2만 엔 고지를 넘어서서 어디까지 상승할지 판단이 서지 않을 정도로 언뜻 보기엔 매우 화려한 시세로 개나 소나 다 주식을 사야 한다는 분위기였다.

4월 13일에는 니케이 평균주가가 일시 전일 대비 565엔이나 하락하는, 그때까지 사상 두 번째 하락폭을 보이더니, 21일에는 23,699엔 81전이라는 24,000엔 고지에 근접했던 것이다. 문제는 여기에 있었다.

주가가 대천정을 칠 때는 이상하게도 고점에서 급격한 상승 하락의 현상이 일어나고, 그 후 총매수로 대천정을 구성한다. 그러나 대천정을 치면 반드시 주가는 곧 폭락한다. 그 때가 그런 상황이었던 것이다. 위험했다. 정말로 하루가 다르게 그 위험성이 높아지고 있었던 것이다.

대폭락을 뒷받침하는 현저한 상황이 있다. 그 원인은 미국 경제가 이미 재정적자와 국제수지 적자라는 쌍둥이 적자를 안고, 재정파탄을 일으킬 정도까지 도달해 있었던 것이다.

미국은 1981년 흑자를 마지막으로 국제수지는 적자로 전락하고 1986년에는 1,400억 달러라는 사상 최고의 적자를 기록하고 있었다.

이러한 경제 수지 적자의 보전은 일본과 유럽(특히 서독)으로부터 자본 수입, 즉 빚으로 메우는 이외에 방법이 없었다. 그로 인해 미국은 1985년에는 제1차 세계대전 이후 실로 71년 만에 대외채무가 대외채권을 상회하는 '채무초과국'으로 전락하고 말았던 것이다.

1982년 말에는 1,495억 달러의 흑자 축적이었던 것이 그 후 경상수지 악화를 배경으로 1985년 말에는 역으로 1,715억 달러의 적자를 내었다.

더욱이 이러한 채무 가운데는 중남미 국가에 융자한 4,000억 달러의 불량채권은 포함되어 있지 않았다. 이 중남미에 대한 불량채권을 포함하면 1986년의 경상수지 적자는 4,400억 달러나 된다. 미국은 실로 예상도 하지 못한 채무초과국으로 전락하고 말았던 것이다.

이러한 채무국에 누가 돈을 빌려줄 것인가? 지금까지 대미 수출의 무역흑자로 미국에 잉여자산을 투자해온 일본의 기관투자가는 이미 이러한 미국의 상황을 간파하고 투자를 회피하려고 했다.

사실 1, 2월엔 100억 달러 이상이었던 미국채 구입이 3월에는 20억 달러로 내려갔다. 4월 21일 뉴욕 시장으로부터 지금까지 미국의 대표적인 국채로 상환기간 30년, 액면가 100달러짜리 장기국채의 입찰 가격은 90달러 3센트밖에 되지 않았다는 소식이 들려왔다. 장기 국채 구매자가 없어 입찰은 순조롭게 끝나지 못하고, 입찰가격은 평소보다 1할이나 싼 값으로 낙찰된 것이다.

이렇게 되면 미국은 지금까지 해왔던 것처럼 수입을 계속할 수 없는 형편이었다. 일본도 지금까지 누려온 대미 무역 흑자를 낼 수 없게 될 것이다.

따라서 어떤 일이 일어나는가 하면, 1달러에 420엔이던 당시 (1987년 4월 20일)의 외환시세는 일거에 붕괴되는 것이다. 1달러 당 100엔 붕괴도 일어나지 말라는 보장이 없었다.

미국 경제가 패닉 상태에 빠지는 것은 당연지사로 일본 경제도 대타격을 받는다. 이 패닉이 일어났던 때는 아마도 1929년의 대공황에 비할 바 아니라고 생각한다.

패닉 경제로 통화가치는 신용 제로가 되어버리고 만다. 그러므로 지금 보유주식을 모두 매도하고, 인플레, 디플레에 강한 금을 주식을 매도한 대금으로 사두라고 말한 것이다.

블랙 먼데이

고레카와 긴조

　당시, '달러 폭락의 시나리오'가 경제평론가로부터 활발하게 매스컴에 유포되고 있었다.

　1990년의 미국의 대외채무 잔고는 쌍둥이 적자를 배경으로 7,000억 달러에 달한다는 전망이 미국 경제학자 사이에 퍼져 있었고, IMF(국제통화기금)가 1987년 4월에 발표한 보고서는 1991년의 미국 대외채무가 9,500억 달러에 달할 것이라고 전망했다.

　더욱이 중남미 제국에의 불량채권 4,000억 달러를 포함하면 실로 4년 후에는 1조 3,500억 달러로 대외채무 잔고가 팽창하는 것이다.

　7,000억 달러의 빚을 안고 있는 것은 연간 이자 지불만으로도 500억 달러가 필요하다. 그런데 미국은 1990년이 되어도 무

역수지와 경상수지는 1,000억 달러가 넘는 적자를 기록하고 있다고 분석되었다.

이것은 무엇을 의미하는가 하면, 초강대국이었던 미합중국이 멕시코나 브라질과 같은 중남미의 채무국과 같은 채무 지옥의 적자국가로 떨어지는 것을 의미하는 것이다.

말하자면 미국은 빌린 돈의 이자도 지불하지 못하는 나라로 전락하는 것이다. 달러에 대한 불안과 공포가 높아짐으로서 미국에 대한 신규투자를 정지하거나, 지금까지 투자해온 채권을 회수하는 일이 예상된다.

더욱이 미국의 금리는 폭등하고 인플레 우려감으로 경제 불안이 확산되어 달러 약세 요인이 발생한다. 이것이 달러 폭락의 시나리오의 일반론이었다.

나는 미국경제의 위기적 상황과 달러 불안으로부터 주식시장에 미증유의 위험이 밀려들 것이라는 것을 1987년 연초부터 감지하고 있었다. 그래서 보유주식을 처분하라고 계속 권해왔던 것이다.

그러나 '재테크 붐'을 배경으로 주부와 직장 여성, 샐러리맨까지 주식투자에 열중하고, 증권시장은 공전의 투자 붐으로 들끓고 있었으며, 이러한 나의 말에 귀를 기울이는 투자가는 내 주위를 제외하고는 거의 없던 상황이었다.

많은 투자가가 이 재테크 붐에 휩쓸려 저금리의 은행저축에서 주식투자로 갈아탄 것이다. 주식만 사면 누구든지 돈을 번다고 하는, 그런 분위기가 일본 전체를 떠돌고 있었다. 같은 해(1987년) 10월 도쿄 증시 평균주가는 전년 10월의 15,000엔 대에서 26,000엔 대로 1년 남짓한 기간에 11,000엔이나 급등했다. 위기의 징후가 바싹 다가오고 있었던 것이다.

1987년 10월 20일, 도쿄 주식시장은 내가 예상했던 대로 미증유의 대폭락을 맞았다.

전날인 19일, 뉴욕 주식시장의 다우평균지수는 508달러 하락한 전일비 22.6%라는 대폭락을 기록했던 것이다.

뉴욕 시장의 대폭락의 영향을 직접적으로 받은 다음날 도쿄 증권거래소는 어찌할 바 모르는 낭패감 속에서 매도가 쇄도하는 패닉 상태에 떨어졌다.

"1929년의 대공황은 왔는가?"

"주식을 이대로 갖고 있어야 좋은가?"

나의 판단을 의심 없이 받아들이지 못해서 비통한 목소리로 우리 집으로까지 전화를 걸어 대책을 묻는 일반투자가들이 문의가 쇄도했다.

이러한 일반투자가의 패닉 상태와는 반대로 나는 매우 냉정해 있었다.

이번의 뉴욕 시장의 대폭락은 실은 컴퓨터에 의한 시스템 매매의 미스가 원인이라고 분명하게 알고 있었기 때문이었다.

실태 경제에 기인하지 않는 이상, 이 패닉은 일시적인 것이라고 보았던 것이다.

뉴욕 시장의 컴퓨터에 의한 시스템 매매는 주가에 연동되어 있어, 지수가 하락하기 시작하면 포트폴리오 인슈어런스(PI)가 매도 지령을 내고, 주가지수의 선물이 하락했을 때 현물 주식을 파는 셀 프로그램이 작동하는 시스템이다. 다만 현물 주식이 팔려 주가가 내려가면 더욱 선물까지 내려가는 방식이어서 시세를 더욱 끌어내리는 단점이 있었다.

주식과 채권의 운용비율을 기능적으로 변환하여 투자 원금을 보전하고자 하는 투자수법인 것이나, 나에게 있어서 도무지 이 PI라는 컴퓨터에 의지한 투자 수법은 수긍할 수 없는 것이었다.

아무튼 일반투자가들은 뉴욕증시의 폭락 영향으로 기겁하여 필사적으로 구원을 요청하고 있었다.

"절대로 절망하여 매도하지 말라. 원인은 컴퓨터의 매매 시스템의 결함이므로 폭락현상은 일과성이며 주가는 곧 제자리를 찾아간다. 공황이란 있을 수 없으므로 절대로 보유주식을 팔아서는 안 된다."

몇몇 매스컴을 통해서 나는 이들 투자가들에게 경고를 계속했다.

그러나 주식시장에서는 뉴욕 시장의 패닉의 영향이 예상 이상으로 커서 투매가 쇄도하고 결과적으로 10월 20일 종가는 전일 대비 3,836엔 하락한 21,910엔까지 하락해버렸다. 전일비 14.9%라는 도쿄 증권거래소 개설 이래 사상 최대의 폭락을 기록했다.

공황은 오지 않는다

10월 10일의 블랙먼데이 이후 매스컴의 논조를 보면 1929년의 패닉 때와 지금의 정세를 매우 유사하게 보고 있었다. 그러므로 이후 공황적인 패닉현상이 전개될 가능성이 있다는 등의 해석을 하고 있는 평론가와 전문가가 대단히 많았다.

그러나 나는 이러한 '공황 재래론'은 기본적으로 틀렸다고 보았다. '미국에선 이미 패닉의 염려는 없어졌다!' 나는 이렇게 단언해도 좋다고 생각했다.

1929년의 공황에선 각국이 보호무역 정책으로 무역전쟁이 대단히 치열했다. 일본이 만주를 독점시장으로 삼고, 독일은 오스트리아 지배를 획책했다. 이러한 야망이 세계대전으로 번졌으나 현재는 각국이 모두 자유무역 시장정책을 취하고 있으므로 무역전쟁이 일어나는 것은 생각할 수 없었다.

더욱이 당시는 주가의 대폭락이 일어나면 물자의 출고, 재고와 생산조정이 불가능하여 먼저 물자의 가격이 반감하기 마련이었다. 그러나 현재는 컴퓨터로 재고관리를 하고 생산조정이 가능하므로 인플레가 될 가능성은 상대적으로 적다. 이러한 이유로 공황의 도래는 오지 않는다고 말할 수 있는 것이다.

1990년의 주가 하락폭을 보면, 일본은 14.9%로 가장 적었다. 한편 뉴욕은 37%로 일본의 배 이상의 하락폭을 보였다. 외국인 매도도 하락폭이 적은 일본시장에 집중되었다. 이 점도 1929년 당시와는 상황이 변해 있었던 것이다.

예를 들면 주식시장의 시가총액으로는 도쿄 시장은 뉴욕, 런던 시장을 누르고 세계 1위의 증권거래소의 규모가 되어 있었다. 이것은 뉴욕 시장이 대폭락을 일으킨다고 하여도, 그것에 연동하지 않는 반발력을 갖고 있다는 점을 시사하는 것이다.

내가 판단했던 대로 도쿄는 10월 20일의 대폭락 다음날인 21일부터 니케이 평균주가가 급반등으로 전환했다. 그리고 폭락 전의 수준인 26,600엔에는 대폭락으로부터 겨우 7개월 후인 1988년 5월에 회복되었다. 더욱이 그로부터 1개월 후인 6월에는 단숨에 28,000엔 고지를 돌파하고, 그 후도 순조롭게 상승을 계속했다.

잡지에서 자주 대담을 하는 평론가 큐 에이칸(邱永漢) 씨는 당시 다음과 같이 자신 있게 말했다.,

"대폭락 다음날 10월 21일은 신닛테츠(新日鐵)와 후지츠(富士

通)를 닥치는 대로 사서 수만 주를 모았습니다."

나도 마찬가지로 그 상황은 사고 사고 사 모으는 상황이라고 동감했다.

주가가 대폭락을 기록한 다음날엔 매수를 삼가는 것이 일반적이다. 그러나 큐 씨는 역으로 매수장으로 보아 매집했던 것이다. 나도 이것에 동감했는데, 이유는 다음과 같다.

뉴욕 시장은 10월 19일에 전일비 508달러라는 대폭락을 기록했지만, 실은 그날의 거래량은 6억 주나 되었다. 대폭락의 날에 이만큼 거래량이 많았던 것은 일반적으로 생각할 수 없는 것이다. 그리고 대폭락 이틀째는 그 여파를 직접적으로 받아 주가는 전일보다 더욱 하락해야 하는 것이다.

그러나 뉴욕 시장은 대폭락 이틀째에 이미 하락을 멈추고, 역으로 반발마저 보였다. 결국 이것은 경제의 실태로부터 격리된 대폭락이었음을 증명하는 요인인 것이다.

다른 투자가가 패닉 상태에 빠져 그 후 주가의 동향에 전전긍긍하고 있을 때, 그때야말로 몇 년에 한 번 있을 최대의 매수 타이밍이었던 것이다.

철강주를 사라

일반투자가에게 주식을 추천해 달라고 하면 나는 '철강주'를 추천해왔다. 철강주를 내가 최초로 추천한 것은 1986년 봄이었다.

당시의 철강업계는 조선불황과 함께 일본의 구조불황의 원천이었고, 철강 5대사는 전국 각지의 고로 가동을 중단하고 신입사원 채용의 중단, 인원도 대폭 삭감하는 등, 실로 차디찬 계절, 철강업계는 겨울 한복판에 서 있었다. 5대 철강업체의 당시 주가는 신닛테츠(新日鐵)가 160엔 대, 가와사키제철소(川崎製鐵所) 140엔 대, 일본강관(NKK) 130엔 대로, 일반투자가는 물론 증권회사와 주식평론가마저 외면한 바닥시세를 형성하고 있었다.

이런 시기에 나는 '철강주는 살 수 있는 만큼 사라'고 추천종목의 맨 꼭대기에 올려놓았다. 그 이유는 엔고 달러 약세, 저금리, 저유가라는 최고의 메리트로 내수가 확대되고, 반드시 철강 수요가 증가할 것이라고 간파했기 때문이다.

더구나 철강 각사는 고로 가동을 중지하거나 철거하는 등, 합리화에 매달리고 있었다. 합리화를 실행하면서 증산이 가능할 리 없다. 가동 중지된 고로에 불을 붙여 조업하기까지는 반년에서 일년이 걸린다. 하물며 설비를 신설하려 하면 건설에 착수해서 철이 생산될 때까지 단기간의 공사라도 2년은 걸린다. 이 사이에 수요가 증가한다 해도 곧장 증산체제로 들어갈 수 있는 업종이 아니다.

더욱이 그 동안 합리화 조치의 일환으로 고임금의 직원을 퇴직시킴으로 해서 2년 걸려 설비를 갖추어도 숙련공이 없었다. 따라서 증산의 때가 와도 생각한 대로 생산은 늘어나지 않는 것이다.

철강불황의 이미지가 정착된 업계이지만

고레카와 긴조

1988년 3월, 각 철강회사의 결산숫자를 보면 그 업적에 놀랄 것이다. 철강 불황이라고 불리운 철강업계의 실적이 회복되고 있음을 숫자가 가리키고 있는 것이다.

1988년 말에 큐 에이칸 씨와 잡지(「슈칸겐다이(週刊現代)」1989년 신년합병호)의 대담을 했을 때의 상황을 인용한다.

큐: 철은 얼마나 벌고 있습니까?

고레카와: 예를 들면, 고로 정련의 경우 고베제강(神戶製鋼)이 만들고 있는 환봉의 코스트로 계산해서 톤당 3만 5천 엔 전후, 그러나 제품 베이스로 6만 엔에 출하하고 있습니다. 철강회사는 톤당 2만 5천 엔 벌고 있는 것입니다.

큐: 6만 엔에는 판매 비용도 들어있습니까?

고레카와: 물론입니다. 그러나 아직 가격은 상승합니다. 물건이 부족하니까요. 더구나 환봉은 고로 메이커 5사 중 고베제강밖에 만들고 있지 않습니다. 다른 4사는 H형강이나 山형강과 같은 단가가 높은 철강류를 생산하고 있습니다. 이 또한 물건 부족입니다.

큐: H형강의 톤당 가격은?

고레카와: H형강은 자동차의 차체용으로 사용하는 냉연박판의 재료인데, 현재 톤당 8만 5천 엔에서 9만 엔에 판매되고, 코스트는 4만 5천 엔이므로 반 이상은 이익이 되는 겁니다.

큐: 현재 일본의 조강생산을 연간 1억 톤으로 보고, 톤당 1만 엔 번다면 1조 엔, 2만 엔이면 2조 엔이나 이익을 낸다는 거군요.

고레카와: 톤당 3만 엔은 벌겠지요. 따라서 업계의 이익은 3조 엔 정도 된다고 생각합니다. 제철 각사의 이익은 이 정도로 대단한데 철강 각사는 다들 입을 다물고 있습니다.

결국 이러한 이익이 배경으로 있음에도 예를 들면, 신닛테츠의 주가는 420엔 대에 머물고 있다. 그러므로 철강주를 추천한 것이다. 실적으로 보아도 1,000엔은 가볍게 살 주식이다. 현재의 주가에서 3배까지 상승할 것이라고 예상한 것이다.

당시의 철강주는 그 3년 6개월 전의 전력주의 움직임과 비슷했다. 예를 들면 도쿄전력(東京電力)의 시가는 1984년 당시 1,000엔을 횡보하는 시세였다.

달러 약세와 저유가로 전력회사는 막대한 이익을 얻었다. 가까운 시일 내에 반드시 실적에 맞는 주가를 형성할 것이므로 쌀 때 사두라고 투자자에게 권했다. 예상대로 3배인 3,000엔을 넘는데 2년도 걸리지 않았다. 그 후 더욱 급등하여 9,000엔을 넘은 대시세를 만들었던 것이다.

철강주는 이 도쿄전력을 중심으로 한 전력주 이외의 상승종목으로 이후 투자가가 깜짝 놀랄 가격을 형성할 것이라고 확신했다.

세계적인 철강 부족이 눈에 보였기 때문이다. 세계 최대의 수요국 미국도 일본과 마찬가지로 철강불황으로부터 도산과 합리화가 지속되고, 많은 고로설비가 철거되었다. 따라서 수요가 늘면 곧 철강부족에 빠지고 그 결과 일본의 철강 메이커에 주문이 쇄도하게 된다.

이러한 기회는 그렇게 자주 있는 것이 아니다. 이러한 종목이 발견되는 것은 10년에 한 번이나 5년에 한 번 있는 찬스인 것이다.

1988년 5월, 전년 10월 20일 블랙먼데이의 후유증으로 고착상태를 계속해 온 주식시장은 일제히 반발로 전환했다.

신닛테츠의 주가는 5월 20일 452엔에서 7월 30일에는 789엔까지 폭등하고, 9월에 들어서 800엔 대에 돌입하는가 하더니 11월 30일에는 960엔, 다음해 1989년 2월 23일에는 당당히 980엔까지 달하는 대폭등을 기록했던 것이다.

소년 실업가

언젠가 반드시 천하를 얻겠다
운명을 바꾼 대전 발발
무일푼으로 산동반도를 횡단하다
취사계에서 회계담당으로
부정한 방법으로 돈을 벌 수 없다
번뜩인 일리전
일리전 수출금지
권총 협상이 대성공하다
삼만 엔 기부의 멋진 이야기
죽지도 못하고 살지도 못하고

매일 주머니 속에 권총을 넣고 자살할 장소를 찾아 헤멨다.
밤새 청도 거리를 방황하고, 새벽녘 동쪽 하늘을 보고서
확 정신이 들었다. 다시 한번 일어서자.
인생은 칠전팔기다. 산이 있으면 골짜기가 있다.
이번에는 노력해서 이 골짜기를 오르자고 결심했다.
다음날 열린 채권자 회의에서 나는 전재산을 내놓고
머리를 숙였다. 내가 징병검사 전인 19세인 것이 알려져
채권자들은 놀라서 내 장래를 걱정해 주었다.

언젠가는 반드시 천하를 얻겠다

고레카와 긴조

1914년 6월, 나는 대련항(大連港)에 내려섰다. 동북쪽을 바라보니 맑고 푸른 하늘을 배경으로 대화상산(大和尙山)이 의젓하게 웅장한 모습으로 솟아있었다. 표고는 663.1m이지만 주위의 평탄한 평지에서 돌출한 모습으로, 그 당당한 위용에 고베에서 대련까지 배를 타고 온 피곤함도 잊을 정도로 나는 매료되었다.

6월의 대련은 남러시아로부터 운반되어 심어진 아카시아 가로수가 흰 꽃잎을 달고 향기를 시내에 가득 풍기고 있어 아름답기 그지없었다.

고베의 초등학교를 졸업하자마자 14살이던 나는 고베의 무역상, '요시모토상회'(好本商會)에 소년 점원으로 취직했다. 나는 칠형제 중 막내였는데, 위의 형들은 모두 초등학교를 졸업함과 동시에 가족의 생활을 돕기 위해 취직했다. 나도 당연히 위의 형들과 마찬가지 길을 걸었다.

'요시모토상회'의 주인 요시모토 다다스(好本督)씨는 주로 영국을 상대로 모직물 등을 수입하고, 일본의 수예품 등을 수출하는 개인경영의 무역상이었다. 일본의 맹인 교육에 공헌한 인물로서도 이름이 알려진, 인격자로 평판이 높은 사람이었다.

상점에 기숙하면서 하는 일은 아침 6시 기상으로부터 시작되었다. 선배사원이 상점에 나오기까지 점내 청소와 현관에 물 뿌리기를 하고, 8시의 업무시작 준비를 마치는 일이 우리들 소년 점원들의 일과 시작이었다.

소년 점원의 일이라고 하면, 선배사원이 전날 주문받은 물건을 주문처에 배달하는 것으로 대부분이 짐꾼의 노역이었다. 일이 끝나는 시간은 저녁 6시, 그때까지 주문처에 배달하고, 틈이 날 때는 선배사원들의 차 심부름과 담배 심부름해야 했다. 나는 조금도 쉬지 못하고 하루 종일 일했다.

'지금은 밑바닥 소년 점원이지만 언젠가 반드시 천하를 호령하고 말겠다.'

휴식 없이 일하면서도 항상 나는 이 꿈을 품고 있었다.

나는 당시, 아사히신문(朝日新聞) 조간에 연재되었던 신문소설 '도요토미 히데요시'(豊臣秀吉)⁽ᵏ⁾를 일이 끝난 후 읽는 것이 유일한 즐거움이었다.

아이치현(愛知縣)의 빈농의 아들로 태어나 출세하여, 결국 일본을 통일한 도요토미 히데요시의 인간으로서의 업적에 감동하고, 나의 이상적 인물로 존경하고 있었던 것이다.

'나도 효고현(兵庫縣)의 촌구석 가난한 어부의 아들로 초등학교밖에 나오지 못했다. 그러나 그런 것은 조금도 신경 쓸 필요가 없다.'

빈농으로 태어나 출세한 도요토미 히데요시를 보면서 내 처지에 주눅 들지 않고 장래의 커다란 꿈을 품게 되었다.

'히데요시도 나도 조금도 다름없는 인간 아닌가? 그렇다면 나도 히데요시 정도는 할 수 있다. 절대로 나도 천하를 얻고야 말겠다.'

당시 그런 나를 다른 사람이 보았다면 과대망상에 빠진 이상한 놈으로 여겼을 것이다. 그러나 나는 진심이었다. 날이 새든 지든 매일 '천하를 얻는다' 는 것을 생각하고 또 생각했다.

그러므로 공부는 일 이상으로 열심을 냈다. 학교만이 공부할 수 있는 곳은 아니었다. 일이 끝난 후 주판, 부기, 회계를 비롯해서 사회, 경제까지 매일 밤 심야까지 공부를 했다.

오직 일과 공부로 해가 뜨고 지는 나날이었지만 1914년 봄 갑작스레 '요시모토상회' 가 과다한 부채를 안고 도산하고 말았다.

주) 도요토미 히데요시(1536-1598). 일본 '전국시대'(戰國時代)의 무장으로 그때까지 각지에 할거한 영주들을 제압하고 일본을 통일했다. 아이치현(愛知縣)의 가난한 농부의 아들로 태어난 도요토미 히데요시는 어려서 아버지를 여의고 의붓아버지의 학대를 못 이겨 집을 나온다. 이후 도요토미 히데요시는 사무라이가 되기로 결심하고 이를 이루기 위해 온갖 고난을 극복한 자수성가의 전형적인 인물로 일본인들에게 추앙받고 있다.

타인의 회사이기는 하지만 처음으로 도산을 맛보았다. 주인은 매일 자금조달에 쫓기고, 채권자는 아침부터 밤까지 방약무인하게 빚을 독촉했다. 소년 점원이었지만 도산의 비참함을 생생하게 느낄 수 있었다.

부모님과 형들은 나를 도우려는 생각으로 '새로운 일자리를 찾아 줄 테니 다시 일을 하라'고 빈번히 권했다. 그러나 나는 '요시모토상회'의 도산에 직면하여 하나 결의한 것이 있었다.

"아무리 열심히 일해도 다른 사람에게 고용된 사람은 회사가 도산하면 그 즉시 실업자가 된다. 이런 것을 짧은 인생에서 반복하는 것은 '천하를 얻는' 일과는 거리가 너무 멀다. 어차피 할 것이라면 나 혼자 힘으로 해보자."

나는 독립하기로 선언했다.

'요시모토상회'의 런던 지점장을 하고 있던 고니시 야스오(小西保夫)라는 인물의 생활 방법에 감화되었던 것도 독립선언의 원인이었다. 그는 가정 사정으로 초등학교를 중퇴하고, 소년 점원과 신문배달, 인력거군 등을 하며 일하면서 오오사카(大阪)의 세이키중학교(成器中學:현 세이키상업고등학교)에서 영어를 배우고, 졸업 후에는 영어로 해외웅비를 목표로 하여 일본우선(日本郵船)의 선내 작업원으로 고용되었다. 그는 최초의 항해에서 런던에 도착하자 행방을 감추고 말았다. 유럽항로의 선내 작업원에 응모한 것은 런던에 가기 위한 것이었다. 계획은 순조롭게 성공해서 무료로 런던에 도착할 수 있었던 것이다.

런던에서 영어를 활용하여 주간에 일하면서 야간대학을 졸업했다. 그리고 런던 출장 중인 요시모토 다다스 씨가 우연히 고니시를 알게 되었고, 그 재능을 인정하여 '요시모토상회'의 런던지점 개설을 맡겼던 것이다.

고베에 사는 청소년은 누구라도 한번쯤은 무역항이라는 특수성 때문에 장래 무역계에 투신하여 해외에서 웅비하는 일을 하고 싶어 했다.

"좋아, 나도 이 기회에 런던에서 공부하자. 고니시 씨가 배로 했다면 나는 시베리아 철도로 러시아를 거쳐 유럽에 들어가겠다."

반대하는 부모님과 형제들을 설득하여 '요시모토상회'에서 일한 3년간의 퇴직금 20엔을 여비로 삼아, 시베리아 철도를 타기 위해 고베에서 만주 대련을 향해 건넜던 것이다.

1914년 6월, 16살 때였다.

운명을 바꾼 대전 발발

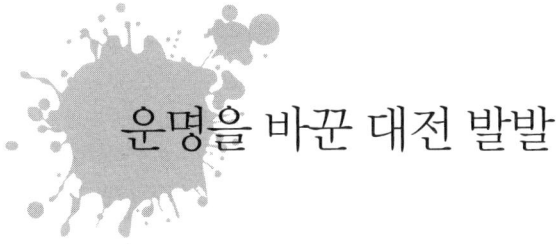

시베리아 철도로 러시아와 유럽을 경유하여 런던에 가려는 대담한 계획을 가지고 고베를 출발하여 대련에 도착했지만, 보잘 것 없는 퇴직금 20엔은 고베에서 대련까지 뱃삯 12엔으로 사라지고, 주머니에 겨우 5엔 27전이 남아 있을 뿐이었다. 런던까지의 여비를 벌기 위해 대련에서 성대하게 양복지 상점을 개업하고 있던 '이노우에상점'(井上商店)에 우선 취직하기로 했다. '이노우에상점'은 '요시모토상회'의 거래처로서 나는 이 주인인 이노우에 씨에게 '요시모토상회'의 소년 점원 시절 대단히 귀여움을 받았었다.

"대련에 오면 꼭 가게를 찾아오게."

이노우에 씨로부터 몇 번이고 자신의 가게로 오도록 권유받았던 것이다.

내가 런던 행 계획을 말하자, 이노우에 부부는 자식도 없고 해서 나를 자신들 집에 붙잡아 두려고 했다.

"긴조야, 런던에 가는 것보다 우리 집 양자로 들어오지 않을래?"

하지만 나는 런던을 사랑하고 있었다. 하루라도 빨리 대련을 탈출해서 런던에 가는 것만을 생각하고 있었다.

그러나 6월 28일, 나에게 있어서 운명의 날이 닥쳐왔다. 오스트리아 황태자 페르디난트 황태자 부처가 오스트리아 령 보스니아 주의 수도 사라예보에서 반 슬라브주의자인 한 청년에 의해 암살당하는 사건이 일어났다. 이 한 발의 총성은 순식간에 유럽 전토를 울렸다.

오스트리아는 7월 28일 세르비아에 선전포고하고, 8월 1일 독일이 러시아에게 선전포고하자, 이번에는 영국, 프랑스가 참전하여 유럽 전역이 전장으로 변한 제1차 세계대전이 발발했다.

나는 시베리아 철도로 러시아, 유럽으로 갈 계획이었지만, 러시아가 제1차대전에 휘말려 도저히 시베리아 철도로 런던에 갈 상황이 아니었다. 먼저 여권 발행이 중단되어 버렸기 때문이다. 나는 대련에서 오도 가도 못하는 신세가 되고 발이 묶여버렸다.

일본은 8월 15일, 영일동맹을 맺고 있던 관계로, 독일에 대해 아시아의 극동으로부터 독일 함선의 즉각 철수와, 중국으로부터 조차하고 있던 산동성(山東省)의 교주만(膠州灣)을 할양하도록 최후통첩을 하고, 연합국 측의 일원으로서 제1차 세계대전에

참전했다.(주)

일본군은 즉시 독일군이 주둔하고 있는 교주만의 청도(靑島) 공략을 위해 군사행동을 개시했다. 내가 머물고 있던 대련에 속속 무장 병사들이 상륙했던 것이다. 그리고 대련에 집결한 일본군은 발해만(渤海灣)을 끼고 산동반도(山東半島)로 군함을 몰고 진격을 시작했다. 그것을 보고 나는 내 장래를 거기서 결단했다.

'이거다!'

유럽이 전장으로 변한 이상 이미 런던에 가겠다고 말할 상황이 아니었다. 이제 군대를 따라 군수용품 상인으로서 성공하겠다고 생각한 것이다.

도움을 받고 있던 이노우에 상점의 주인에게 사정을 말하자, 펄쩍 뛰며 놀랐다.

"전장에 가서 군대를 상대로 장사하다니 말도 안 된다. 너 같은 어린애를 군대가 상대해줄 리가 없다. 그보다 우리 집 양자

주) 제1차 세계대전이 발발하기까지 교주만은 산동반도에 위치한 독일의 조차지였다. 1890년 이래 독일인 선교사들이 산동반도(山東半島)에서 포교활동을 하고 있었는데, 1897년 두 명의 독일인 선교사가 살해되었다. 이를 기화로 독일은 전함을 파견하여 약 700명의 독일군을 상륙시켰다. 이때 두 배나 되는 청군(淸軍)이 도망치자 독일군은 청도를 무혈 점령했다. 1898년 3월 북경(北京)에서 독일은 청(淸)과 협상하여 교주만을 조차지로서 99년간 조차할 것을 인정받았다. 1914년 8월 제1차 세계대전 발발 후, 8월 16일에 일본은 독일에게 조차지 인도를 최후 통첩하였으나 독일은 이를 거부하였다. 동년 9월 5일 독일군 청도 수비대의 약 10배에 달하는 일본군이 침공하여, 11월 7일 독일군은 항복하고 교주만을 일본군에 내주었다. 1915년 일본은 '21개조 요구안'을 가지고 중국의 원세개(袁世凱) 정권을 압박하여 교주만의 조차권과 산동반도의 이권을 독일을 대신하여 차지하였다. 교주만은 일본의 식민지가 되어, 청도시내의 도로명은 독일어에서 일본어로 개명되고 일본기업이 계속 진출하였다. 이후 중국의 반제국주의 운동과 미국, 영국의 일본에 대한 견제로 결국 1922년 일본은 교주만 조차지를 중국에 반환하였다.

가 되어 가게를 이어다오."

그는 몇 번이고 열심히 말렸지만 나의 결심은 단호했다. 주인으로부터 전별금과 그때까지 급료 10엔을 받아들고 일본군의 뒤를 쫓아 산동반도로 갔다.

그러나 군대를 따라갔다고 해서 그렇게 간단히 열여섯 살 소년에게 물품공급 상인을 맡길 정도로 군대가 어리석지는 않았다.

무일푼으로 산동반도를 횡단하다

고레카와 긴조

산동반도의 용구(龍口)에 상륙한 일본군은 공격목표인 교주만에 있는 청도까지 산동반도를 행군으로 횡단했다. 일본군의 뒤를 쫓아 기선으로 용구에 도착한 나는 아직 그곳에 집결해 있던 일본군을 방문하여 부탁을 했다.

"무엇이라도 좋으니 일단 거래를 하게 해주십시오."

그러나 아무리 부탁해도 상대해주지 않았다. 그보다 큰 소리로 야단맞기 일쑤였다.

"여기는 전쟁터다. 어린애가 이런 데서 얼쩡거리면 안 된다. 어서 일본으로 돌아가라."

거래는커녕 하릴없이 일본으로 귀환조치 될 뜬구름 같은 신세였다. 별수 없이 하루하루 시간만 흘러가는 중에 군납 상인의 목표였던 군대는 발해만 쪽에서 교주만 쪽으로 산동반도를 횡단하여 전부대가 이동해버렸다. 용구 거리에 나 홀로 남겨진 것이다. 이제 주머니에는 한 푼의 돈도 남아 있지 않았다. 이대로 여기에 남아있다가는 개죽음을 맞을 게 뻔했다. 그때 내 머리 속에는 단지 동포의 군대의 뒤를 쫓아가야 한다는 생각밖에 없었다. 일본군을 쫓아가지 않으면 죽는다. 그렇게 생각해서 뒤를 쫓아갔다. 그러나 용구에서 청도까지 250km. 십수 일 간에 걸친 산동반도 횡단을 무일푼으로 하는 무모한 짓 이외는 아무 것도 할 수 없었다.

마을도 거의 없는 산중을 혼자서 걸어갔다. 도중에 가장 무서웠던 것은 산속에 사는 수많은 들개들이었다. 일본의 들개라면 귀여운데, 산동반도의 들개는 인간의 맛을 알고 있고, 늑대와 같은 맹수였다. 먹이가 적은 곳에 살고 있으므로 잠시라도 방심하면 공격해온다. 위협하면 그 자리를 물러나지만 곧 다시 모여 내 뒤를 수십 마리가 일정한 거리를 두고 뒤따라왔다. 무서워서 밤에도 제대로 잠을 잘 수 없었다. 그놈들은 내가 지치기를 기다리는 듯 계속 따라붙었다.

이러다가 정말 개죽음을 당할 것이라고 생각해서 이런저런 들개 퇴치방법을 궁리했다. 15m 정도 되는 끈 끝에 돌들을 매달아 그것을 질질 끌면서 걸었다. 그러자 들개는 가장 끝에 달린 돌을 먹으려 나는 공격하지 않았다. 밤에는 나무 위나 동굴에서 잠을 자 들개의 공격으로부터 몸을 보호했다.

먹을 것은 중국인의 밭에서 농작물을 훔쳐 먹으면서 허기를 달랬다. 그러나 씻지도 않고 겉을 좀 털어내고 그대로 먹어 결국 심한 설사병에 걸리고 말았다.

청도에 도착하기까지 5일 정도는 몸이 쇠약해져 거의 걸을 수 없는 상태였다. 기어가다시피 해서 일본군이 간 방향을 중국인 행인들에게 물으면서 계속 일본군의 뒤를 쫓아갔다.

이 무렵 나는 이미 자신의 최후가 눈앞에 다가왔음을 알아차렸다. 기는 듯한 걸음으로 이대로 죽는 것인가 하고 생각하면서 걷고 있을 때, 저 앞의 마을 입구에 일장기가 펄럭이고 있는 것이 보였다. 마을 입구까지 왔을 때 의식을 잃고 쓰러져버렸다.

큰 소리로 부르는 듯한 느낌이 있어 언뜻 정신을 차리니 집안에 눕혀져 있었고, 두세 사람의 병사가 나를 둘러싸고 있었다. 아, 살았구나 생각하면서 다시 정신을 잃었다.

곁의 병사가 내 소지품을 조사해서 일본인 같다고 곧 의무실 침대로 데려간 모양이었다. 두 번째 정신이 들었을 때는 의무실 침대 위였다. 의식을 회복하자 내 신병은 곧 헌병대에 인도되었다. 헌병대에서 엄중한 심문을 받았다.

"너 같은 놈이 대륙에서 방랑하다가 비적단에 들어가게 된다."

일본군에게 방해가 된다고 생각되면, 앞으로 일본의 적으로 간주할 수밖에 없다는 것이었다.

"이번에 일본 군용선이 들어오면 일본으로 돌려보낼 테니 그때까지 취사장에서 일해라."

취사당번이라고 해도 하는 일은 물을 퍼 올리는 것이었다. 중국인 마을 가까이 흐르는 강에서 석유통 두 통에 물을 담아 1km 정도 떨어진 거리를 하루 몇 번씩인가 나르는 것이 내가 하는 일이었다.

　취사장 일을 맡아 그럭저럭 매일 세끼 밥을 먹을 수는 있었지만, 군용선이 들어오면 일본에 강제송환 될 것이다. 그러면 죽을 각오로 산동반도를 횡단한 수고가 물거품이 되고 마는 것이다. 지금에 와서 일본으로 돌아갈 수는 없었다. 강제송환 된다면 다시는 중국으로 돌아오는 것을 기약할 수 없을 것이다. 어떻게 해서라도 군대에 머물 기회를 잡자고 생각했다.

취사계에서 회계담당으로

고레카와 긴조

일본의 군용선이 도착하는 것은 20일 후였다. 그때까지 군대에서 일을 잡지 않으면 강제송환 되고 마는 것이다. 취사담당을 하면서 기회를 엿보고 있었는데 일본군이 숙박하고 있는 청도에서 가까운 마을은 소등 시간이 되면 집집마다 전부 불을 꺼 암흑이 되었지만, 매일 밤 한 집만은 밤늦게까지 등불을 켜놓고 있었다. 무엇을 하나 하고 들여다보니 그곳은 회계실이었다.

소위를 중심으로 실내에서 서너명의 병사가 전표를 산처럼 쌓아두고 주판을 튕기고 있었다. 서툰 손놀림으로 주판을 튕기는 병사를 보고, 여기는 경리 경험이 없는 병사뿐이군, 하고 생각했다. 주판을 잘못 놓아 몇 번이고 같은 전표를 다시 계산하는 것이었다. 그것을 보고 뇌리에 섬광이 스쳐갔다.

곧 취사장으로 가서 인스턴트 커피를 타서 병사들 방에 들어갔다.

"매일 고생하십니다. 커피 좀 드세요."

커피를 건네면서 분위기를 보았다.

"여러분 주판이 서투신가 본데 제가 좀 도와드릴까요?"

나는 고베의 '요시모토상회'에 있을 때 부기와 주판을 독학으로 공부했었다.

"너, 잘하는데."

내가 주판 놓은 것을 보고 회계 소위가 감탄했다.

"너, 내일부터 취사당번 그만두고 여기로 와서 사무계로 일해라."

그때까지 별 볼일 없이 고된 일만 하는 취사당번이었지만, 이제는 일본군의 현지 고용 군속으로서 월급 1엔에 정식으로 군대에서 일하게 된 것이다.

그때까지 서너 명의 병사가 하루 걸려 했던 장부정리와 전표정리를 나는 반나절 만에 끝내버렸다. 매일 밤중까지 일을 하지 않아도 된 병사들로부터 고맙다는 인사를 받았다.

그때 회계담당 소위에게 사정을 호소했다.

"실은 이번 화물선으로 일본에 강제송환 될 것입니다. 송환되지 않을 방도가 없을까요?"

소위는 '걱정하지 마라'고 말하고 곧 강제송환 취소를 얻어냈다.

이렇게 해서 느긋하게 곰곰이 장삿거리를 찾을 수가 있게 되었다.

회계실의 전표처리는 반나절이면 끝났으므로 남은 시간을 사용해서 무언가 장사를 하기로 마음먹었다. 회계담당 소위의 신뢰를 얻고 있음을 기화로 부탁을 했다.

"소위님, 군대는 닭, 달걀, 야채 등을 매일 중국인으로부터 사들이고 있는데, 이 납품의 일부를 저에게 맡겨주지 않겠습니까? 저라면 중국인보다 더 싼 가격으로 납품할 수 있습니다."

회계 사무실 일은 밤에 하므로 장사를 할 수 있도록 부탁한 것이다.

"그 정도로 자신이 있다면 해 봐라."

장사를 허락받았지만 중국인에게 물건을 살 돈이 없었다.

"소위님, 죄송하지만 물건을 살 돈을 빌려주실 수 있습니까?"

"바보, 공금 아니냐."

화를 냈지만 내가 그 돈을 가지고 도망칠 걱정은 없었고, 무엇보다 신뢰를 얻고 있었다. 내키지는 않았지만 소위는 나에게 물건을 살 돈을 빌려주었고, 편의상 내가 물건을 군에 납품한 후 군은 대금을 나에게 지불하는 형식으로 해주었다. 결국 전표정리는 내가 하므로 본래 그렇게 번잡한 것이 아니었지만, 역시 공금을 취급하는 '편의'가 필요했다.

처음에 300엔의 자금을 빌려 중국인 마을에 물건을 사러갔다. 그러나 돈을 보여주어도 중국어가 되지 않아 열여섯 살짜리 소년으로 생각하고 바보 취급하여 상대해주지 않았다. 처음부터 실패하면 다음 장사가 불가능하므로 나는 필사적이었다. 군대로 곧 돌아가 취사장에서 빈둥빈둥 놀고 있는 병사를 불러 좀 도와달라고 했다.

부정한 방법으로 돈을 벌 수 없다

고레가와 긴조

나는 모인 병사들에게 담배 한 갑씩을 나누어주었다.

"병사 여러분 죄송하지만 총검을 들고 마을에 함께 가주지 않겠습니까?"

취사계 때부터 안면이 있던 병사들은 기꺼이 내 부탁을 들어주었다.

자동차에 총검을 든 병사 세 사람을 태우고 다시 마을로 들어가 중국인 집으로 가니, 일본군 병사가 온 것에 마을 사람들은 깜짝 놀라 거미 새끼들이 흩어지듯 모두 도망쳐버렸다.

나는 집 안에 있던 달걀과 야채를 병사들에게 부탁해서 마차에 실었다.

도망친 것 같았던 중국인은 실제로 도망친 것이 아니라 어딘가 숨어 있다가 이쪽의 모양을 지켜보고 있었다. 아무도 없으니 물건을 그냥 가져가면 강도와 같다. 이렇게 해서는 나중에 장사를 할 수 없다는 것을 알고 있었다. 나는 그 자리에서 물건 값을 계산해서 테이블 위에 올려놓았다.

이 일을 계기로 마을 사람들은 이틀째부터는 나를 거래상대로 인정해주었다. 물론 총검을 든 병사들을 데리고 갈 필요도 없었다. 내가 돈을 놓아둔 것으로 오히려 중국인에게 신용을 얻고 입소문이 나서 점점 거래상대를 늘려갈 수 있었다.

그런 중에 부대에 납품하는 것 이외에 식량과 필요물자를 매일 전선에 보내는 일도 맡게 되었고 부대의 군수물자 운반업도 일거에 인수했다. 중국인을 두 사람 고용하고 운반 마차를 항상 백 대 준비시켜 놓았다.

1914년 11월 7일, 일본군은 독일의 직할지 청도에 총공격을 가해 이곳을 점령했다. 나는 청도함락과 동시에 군대를 따라 청도에 들어갔는데, 일본인 민간인으로서 첫 번째였다. 청도에 들어간 나는 곧 염원이었던 나 자신의 무역회사 '고야마양행(小山洋行)'을 설립하고, 취급상품을 확대함과 아울러, 4만 명이나 되는 청도 군사령부의 출입 군납업자가 되었던 것이다.

'고야마양행'의 사명은 실은 내 호적상의 이름 '고야마 긴조(小山銀藏)에서 따온 것이다. 고레카와(是川)가 성이 된 것은 1918년 4월 결혼 후에 아내 도요코(豊子) 집안의 양자로 연을 맺었기 때문이다.

'고야마양행'에선 처음에 낙화생과 서랍장의 원료인 오동나무를 중국에서 수출하고 일본의 잡화류를 중국으로 수입했다. 한편으로는 군대에 일용잡화용품과 식량을 납품했다.

당시 일본에서 부족하던 오동나무는 중국 여기저기에 자생하고 있었고, 야생 상태에서 굵은 기둥이 되어 있었다. 이것을 그대로 사들여 일본에 보내는 것이었다.

청도를 점령한 일본군은 긴장으로부터의 해방감과 승리감에 젖어 유흥에 빠진 병사들이 적지 않았다. 청도 점령과 동시에 일본으로부터 요리점과 게이샤들이 속속 들어왔고, 시가는 번화한 환락가가 되어갔다.

나도 군납상인으로, 하자는 대로 매일 밤 고급요정에 게이샤를 바쳐 장교들을 접대하고, 그들에게 용돈을 주었다. 이러한 무모한 장사를 했기 때문에 동업자의 시기를 받았고, 헌병대에 투서가 들어가게 되었다.

9월 어느 날 아침, 나는 아직 잠들어있던 시간에 두 명의 헌병이 와서 다짜고짜 나를 헌병대로 끌고 갔다. 그리고 그대로 감옥에 감금되었다. 군에 납품업자로 편의를 얻기 위해 군 고관에게 뇌물을 바쳤다는 뇌물공여죄로 체포된 것이다.

헌병대의 조사에서는 사실을 감추려고 해도 안 된다는 것을 알고 있었다. 그래서 사실대로 모든 것을 털어놓았다. 어느 정도 알고는 있었으나, 조사가 진행되면서 헌병대 쪽이 곤란해 하고 있음을 알았다. 뇌물 상대인 한 군인으로 사령부의 힘센 고관의 이름까지 나오게 된 것이다. 더욱이 내 신원을 일본에 조

회한 결과 미성년자임이 밝혀졌다. 결국 헌병대도 조사를 더 진행하지 못하고, 증거불충분으로 무죄 석방하게 되었다.

미성년자가 대규모의 뇌물을 주었다는 것을 조사한 헌병대도 경악했지만, 나도 체포되어 감옥에 들어간 것에 매우 큰 충격을 받았다. 헌병대에서 석방될 때, 조사 책임자였던 오카무라(岡村) 중위가 나에게 충고했다.

"고야마, 네가 한 일을 조사해보니 실로 지금까지 노력해온 것을 알겠다. 너에게 재능이 있으니 머리를 정도에 맞게 사용해라. 결코 부정한 길을 걷지 마라. 너만큼 재능이 있으면 노력하면 반드시 출세할 것이다. 이후 부정으로 돈을 벌거나 출세하려는 생각은 하지 마라. 정도를 걸어라."

이 말에 크게 깨닫고 나는 눈물이 멈추지 않을 정도로 양심의 가책을 받았다. 오카무라 중위에게 감사하면서 이후 일체 부정하게 돈을 벌지 않겠다고 결심했다. 나는 벌거숭이로 다시 출발하는 각오로 상점과 예금, 그밖의 모든 재산을 총지배인에게 양도하고 3일 후 배편으로 일본에 돌아갔다.

번뜩인 일리전

무일푼으로 귀국했기 때문인지 주위에서 나를 보는 눈이 차가운 것을 느꼈다. 새로운 일자리를 얻으려 해도 자리가 없이 그럭저럭 반년이 지났다. 일본에 이렇게 있다가는 '천하를 얻는' 장래는 오지 않을 것 같았다.

'역시 장사로 돈을 벌려면 중국밖에 없다.'

청도에서의 사업에 대한 인상이 아직 강렬하게 남아있었고, 이번에는 정도로 벌어보자고 생각했던 것이다.

중국에서 귀국해서 반년도 안지나 재차 중국을 향해 떠났다.

식민지 경영 하의 청도에는 무언가 한몫 잡으려는 젊은이들이 일본에서 속속 건너와 있었다. 실제로 머리만 굴릴 줄 알면 얼마든지 일은 있었다.

새로운 사업을 찾으려고 예전의 친구들을 찾아다니며 정보를 수집하던 중 다음과 같은 이야기를 들었다.

"일리전(一厘錢) 장사는 어때?"

당시 중국은 일리전이 일상 통화로서 사용되고 있었다. 그러나 매년 주조로 일리전의 발행량은 팽창했는데, 은행에 현금을 맡기는 사람은 거의 없었다. 시대는 원세개(袁世凱)와 손문(孫文)의 주도권 다툼으로 언제 정치가 뒤집힐지 모르고, 은행에 안심하고 현금을 맡길 수 없었던 것이다. 그 때문에 중국인 자산가는 지하 창고 속에 산처럼 일리전을 쌓아두고 있었다.

"이거다! 이 일리전 장사다."

번쩍하고 그때 섬광이 스쳐갔다. 일리전은 아연, 납, 그리고 동의 합금이다. 이것을 녹여 주괴로 만들면……

제1차 세계대전은 이탈리아가 삼국동맹을 탈퇴한 후 오스트리아에 참전하고, 일본은 중국의 원세개에 대해서 '21개조의 요구'⁽주⁾를 압박하는 등 전쟁 양상은 점점 수렁에 빠지고 있었다. 그

주) 1915년, 일본은 중국의 원세개(袁世凱) 정권에게 중국 침략의 토대가 되는 '21개조 요구안'을 받아들이도록 요구한다. 황제의 야심을 갖고 있던 원세개는 일본의 정치적, 군사적 도움을 받기 위하여 일부 조항을 제외하고 그 요구안을 받아들인다. 그 주요 내용은 크게 다섯 가지로 나누어져 있다. 1)산동성에 관한 독일의 모든 권리를 일본이 인수한다. 2)남만주 및 동부 내몽고에 관하여, 여순(旅順) 대련(大連)의 조차기간 및 남만주(南滿洲) 철도권을 99년 연장하고, 일본인의 광산 채굴권, 상공업과 농업을 위한 토지 소유 및 조차권을 인정한다. 3) 중국의 대제철회사인 '한야평공사(漢冶萍公司)'를 일본의 지도 하에 공동 경영한다. 4)중국연안의 항만, 도서를 외국에 양여, 대여하지 않는다. 5)희망조항으로서, 중국정부의 정치, 재정, 군사의 고문으로 일본인을 초빙할 것, 필요에 따라 중국 지방의 경찰을 일본과 중국이 공동 운영하거나 일본인 고문을 둘 것, 중국군대에 일정량의 무기를 일본이 공급하거나 일본과 중국 공동의 병기창을 건설 할 것 등이다. 일본은 '21개조 요구안'을 1919년 파리 평화회의에 회부해 서구열강의 승인을 얻게 된다. 원세개가 이 '21개조 요구안'을 받아들인 날이 1915년 5월 9일로, 중국인들은 이 날을 국치일로 여기고 있다.

때문에 비철금속은 품귀현상을 빚어 가격이 대폭등했던 것이다.

청도의 일본인은 당시 멕시코 달러라고 하는 1엔짜리 은화를 통화로 사용하고 있었다. 당시 중국인 사이에서 일본 엔과 일리전의 교환비율은 1엔 은화에 대해 일리전 1,000개였다. 이 일리전 1,000개분을 주괴로 하면, 2엔에서 2엔 50전에 팔렸다. 그러나 중국의 법률은 통화의 개조, 매매, 운반을 사형으로 규정하고 있었다. 하지만 일본인은 중국에서 치외법권을 갖고 있었으므로 법의 추적을 받지 않는 유리한 입장이었다.

곧 군납업을 할 때 거래했던 사람으로부터 신용 있는 중국인을 두세 명 동료로 불러들였다. 교환 비율은 1엔 당 일리전 1,000개였는데, 나는 1엔 당 900개를 교환하는 것으로 해서 남은 100개는 모아온 중국인에게 수수료로 주었다.

마차에 일리전을 가득 싣고, 일장기를 마차에 꽂은 다음 한밤중에 청도 교외의 내가 군납을 했을 때 자금을 내고 경영했던 청도철공소로 운반했다.

발각되지 않도록 밤중에 운반했지만 중국 경찰에 걸려 검문을 받았다. 실은 그 때를 위해서 일장기를 마차에 꽂았던 것이다.

"무엇을 운반하는지 내용물을 봅시다."

경찰이 물었다.

"무언지 모르지만 일본인으로부터 부탁받았다. 조사하려면 일본 경찰에 연락해라. 그렇지 않으면 내가 매우 곤란해진다."

나는 미리 이렇게 말하도록 중국인 운반인에게 일러두었던 것이다. 상대가 일본인이어서 괜히 관여했다가 자기 목이 달아날까 하는 염려로 검문이 흐지부지 될 것이기 때문이었다.

이렇게 해서 한밤중에 일리전을 공장으로 운반해서 청도철공소의 용해설비를 사용해서 주괴로 만들었다. 일본에 수출하면 그것은 순식간에 팔려나갈 것이 분명했다. 나는 다시 순식간에 큰돈을 벌어 성공할 것이었다.

그러나 상황은 그렇게 호락호락 전개되지 않았다. 중국 법률은 일본인을 치외법권으로 통과시켰지만 '일본'의 세관이 나의 거래를 막아서고 있었다.

일리전 수출금지

고레카와 긴조

청도 세관직원은 당연히 중국인이 근무하고 있었는데, 그곳의 우두머리인 세관장에 외국인이 취임하고 있었다.

중국 정부가 다액의 차관을 외국 정부로부터 빌렸기 때문에 수출입에 관한 관세가 그 담보로 되어 있었던 것이다. 따라서 세관장에는 반드시 돈을 빌려준 나라의 사람이 취임해 있었다. 청도는 일본 점령 하의 행정구역 내에 있었으므로 청도 세관의 세관장은 일본인이 파견되어 있었다.

일리전 거래는 처음에 나 혼자 하고 있었지만, 돈이 되는 장사로 알려져 순식간에 퍼졌고 이를 따라하는 사람이 늘어나 청도에서는 매우 큰 문제가 되어 있었다.

「통화의 개조, 매매, 운반은 사형.」

중국 법률로는 내가 하고 있는 일리전을 주괴로 만드는 행위는 그 자체로 극형에 해당하지만, 치외법권이라는 투명망토를 입고 있어서 중국 경찰은 손을 대지 못했다.

그러나 계속해서 일리전 거래가 늘어나 일리전이 대량으로 주괴로 만들어져 국외로 빠져나가자 청도 세관이 '중국의 법률을 위반하므로 일리전 수출을 금지하라' 고 더 이상 참지 못하고 일본 정부에 요청했던 것이다. 일본 정부로부터 연락을 받은 세관장은 곧 '일리전 수출 금지' 를 발표했다.

당시 청도에 약 2만명의 일본인이 거주하고 있었는데, 그 중 반수 이상이 일리전 장사에 어떻게든 관계해서 밥을 먹고 있었다고 해도 과언이 아니다.

그 재류 일본인의 중심적 사업이었다고 말할 수 있는 일리전 수출을 금지하는 것은 밥줄을 끊는 것이었다. 곧 청도 시내에 패닉 현상이 나타났다.

일리전 수출조합에서 연일 대책위원회를 열어 대표가 거듭 협상에 나섰지만 '본국 정부의 명령으로 수출을 금지한다. 불만은 청나라 정부에 말하라' 는 식의 대답만 돌아올 뿐 전혀 해결책이 없었다.

일본의 재무성에서 온 그 세관장은 청도에 부임하자 그때까지 월급의 10배를 받고, 정원이 딸리고 하인이 5, 6명이나 되는 커다란 멋진 관사에서 살고 있었다. 그러나 재류 일본인이 어떻게 일하며 생활하고 있는지 그것을 보려고도 이해하려고도 하지 않았다. 일본 정부의 명령을 단지 수행할 뿐, 아무 것도 하려 하지 않았다. 고급 관리이면서 아무런 도움도 되지 않는 사람이었다.

일리전 수출이 금지되고 한 달 정도 지난 뒤였다. 연배 높은 조합원이 연일 모여 대책회의를 열었지만 타개책이 나오지 않는 것을 보고, 나도 조합원이지만 그런 어른들을 참 안된 사람들이라고 생각했다.

나는 당시 18세. 물론 다른 사람에게 내 나이를 말하지 않았다. 그 때문에 그때까지 내 사업을 보고 있던 주위 사람들은 나를 한 사람의 어른으로 생각했지 정말 미성년자 어린애라고 생각한 사람은 하나도 없었다.

어른들의 협상 경과를 도저히 그냥 볼 수 없었지만, 그보다도 일리전 수출금지는 내 생활이 걸린 생사의 문제였다. 그래서 그 무대책의 모습에 화가 났다.

"여러분 아무리 해도 협상이 되지 않으므로 그 협상위원으로 나를 맡겨주지 않겠습니까?"

"이봐, 그렇게 말할 자신이 있는 거야?"

자신이 있든 없든 협상에 실패해도 본전이지 않는가?

"어떤 협상을 할 작정인가?"

이렇다 할 지혜도 없으면서 어른들은 허접한 질문만 하고 있었다.

"여러분, 지금까지 한번도 일리전 수출 금지 해제에 성공하지 못하지 않았습니까? 나에게 맡겨줘요."

최종적으로 조합의 결의를 얻어 내가 협상위원에 선발되었다. 다만 나 한 사람으로는 염려가 되었는지 50대의 조합원을 내 협상의 보조역으로 붙였다. 이렇게 하여 드디어 세관으로 함께 들어가기로 되었던 것이다.

권총 협상이 대성공하다

고레카와 긴조

세관장실은 출입구가 두 개였다. 보조역으로 따라붙은 남자에게 내가 신호를 보내자 문 앞을 가로막듯 서서 세관장의 재석을 확인하고 세관장실로 들어갔다.

이번에는 웬 아이가 왔나 하는 얼굴로 테이블 위로 귀찮은 듯 얼굴을 쳐드는 세관장을 바라보며 말했다.

"오늘은 제가 조합 대표로 왔습니다. 세관장님, 각오하십시오."

예기치 못한 인사에 일순 긴장감으로 얼굴이 굳어진 세관장을 노려보았다.

"당신의 답변 여하에 따라 여기서 당신 목숨을 거둘 것입니다."

상의 가슴 주머니에서 천천히 플로닝 12연발 권총을 뽑아들고 세관장 앞의 테이블에 놓자 순식간에 그의 얼굴에 핏기가 가셨다.

"이것이 오늘 협상 상대입니다. 괜찮겠습니까?"

순식간에 세관장은 의자에서 휙 일어나 두세 걸음 뒤로 물러섰다.

"이, 이보게, 그, 그런 난폭한 짓을 해선 안 돼."

세관장은 떨면서 양손을 앞으로 내밀어 나를 제지하려고 했다.

"난폭한 게 아닙니다. 부드럽게 대화를 하자고요."

공포로 엉거주춤하고 있는 세관장을 의자에 앉도록 권한 다음 나는 차분히 설명을 했다. 주괴의 수출이 중국 법률에 저촉되지만 그것은 통화를 매매할 때이고, 우리가 하고 있는 것은 황동 덩어리이다. 중국인은 식기로 황동을 사용하고, 그것을 부수어 일본에 수출하고 있다고 사정을 들려주었다.

"상황이 이런데 어디가 우리들 주괴 수출이 중국 법률에 위반됩니까?"

이렇게 묻고는 세관장의 대답을 기다렸다.

"당신들이 그렇게 말하지만 실은 일리전을 부수고 있잖나?"

"그런 일은 하고 있지 않습니다. 믿지 못하겠으면 우리 공장에 와 보십시오."

이를 대비해서 공장에 고물 황동을 매집하여 대량으로 쌓아두고 있었다. 세관장이 공장에 가보겠다고 말하면 그것을 보여줄 셈이었다.

그러나 세관장은 '보러가겠다' 고 하지 않았다. 만약 보러 간다면 자신이 질 것임이 뻔하다고 생각했을 것이다. 보러 오라고 한 이상, 무언가 공장에서 조작을 하고 있을 거라는 것 정도는 세관장도 생각할 것이기 때문이다.

사태는 진전의 조짐이 보이지 않고, 방법이 달리 없었다. 나는 권총 총구를 세관장을 향해 조용히 겨누었다.

"으악!"

큰소리를 내며 세관장은 의자에서 펄쩍 뛰면서 벌벌 떨었다.

사격 훈련은 항상 하고 있으므로 나는 표적을 명중시킬 자신이 있었다.

"세관장, 잘 생각하시오. 이 청도에 일본인 2만 명이 살고 있다고 합니다. 그 사람들이 도대체 어떻게 생활하고 있는지 생각해보았습니까? 대부분의 일본인이 일리전 장사 덕에 밥을 먹고 있는 겁니다. 그것을 당신이 금지시키려는 것은 어느 나라를 위해서 하는 일이오!"

위협하듯 세관장을 쳐다보며 말을 계속했다.

"일본군이 귀한 목숨을 희생해서 점령한 청도에서 일본인이 생활하는 방법은 이것밖에 없소. 그것을 일본인인 당신이 금지시키는 것은 어처구니없소. 당신은 우리 입장에서 본다면 반역자요. 경우에 따라서 당신의 목숨을 뺏을 수 있는 것은 바로 그 때문이오. 겁내지 말고 대답해보시오!"

내가 출입구를 막아선 것을 신호로 보조역도 다른 출입구를 막아섰다.

이제 거기서 도망쳐 도움을 청할 수도 없다는 것을 알고, 결국 세관장은 체념하고 말았다. 그때까지 새파랗게 질렸던 얼굴도 드디어 핏기가 돌고, 혈색이 돌아왔다.

"알았습니다, 나도 일본인입니다."

쥐어짜는 듯한 목소리로 말했다.

"처치 방법은 알고 있겠죠?"

"결심했습니다."

그날은 거기까지로 세관장실을 뒤로 했다. 협상은 승리했던 것이다. 그로부터 2, 3일 후 세관장은 중국정부의 요인 5, 6명을 데리고 우리 공장을 방문했다.

"지금부터 몇 시간 후에 공장 시찰을 나가니 잘 준비해주십시오."

세관장으로부터 사전에 연락을 받아놓았기 때문에 준비에 만전을 기했다. 미리 준비해둔 고물 황동을 산처럼 쌓아둔 창고로 안내하여 그것을 녹이고 있는 현장을 보여주었다.

"보시는 대로 일리전 같은 것은 어디에도 없습니다."

그 후 곧 세관장명으로 황동 수출은 무방하다는 포고가 내려졌다. 그리하여 전과 마찬가지로 일본인은 일리전 거래를 계속할 수 있게 된 것이다.

지금 생각하면 무모하다고밖에 할 수 없다. 정말 이런 형편없는 인생을 젊은 시절부터 살아와 지금까지 목숨이 붙어있는 게 이상할 정도로, 스스로도 어이없는 짓이었다고 생각한다.

일리전 거래는 재개와 동시에 순조롭게 회전하여 일본은 전시 경기로 황동 주괴가 날개돋친 듯 팔렸다. 순식간에 나도 많은 돈을 벌었다. 그러나 인생은 산이 있으면 후에 반드시 골짜기가 있는 법. 특히 나의 경우, 산이 있은 후에는 정해진 듯 그 이상의 커다란 골짜기가 기다리고 있었던 것이다.

삼만 엔 기부의 멋진 이야기

고레카와 긴조

　일본이 중국에 대해 '대중국 21개조'를 압박한 이래 중국의 독점시장화를 노리는 일본에 대해서 원세개 대총통은 배일 운동을 강행, 중국 각지에서 일본군과 중국군의 무력충돌이 빈발했다.

　이로 인해 일본군은 원세개 정권의 타도를 위해 손문을 지원했다. 손문은 1911년 신해혁명으로 임시 대통령에 취임한 이후 원세개의 음모로 실각해 있었다. 손문은 혁명군을 이끌고 일본 청도수비군의 보호를 배경으로 중국 각지에서 봉기를 준비하고 있었다.

　그런 상황에서 청도 수비군 참모인 중좌가 나를 찾아왔다. 그리고 최근의 전시상황을 이모저모 듣던 중에 손문의 혁명군 이야기로 이어져, 손문이 만주에서 데려온 300명의 비적에게 청도수비군이 전투기술을 가르치고, 무기와 탄약을 공급해서 혁명군으로 배치하려 한다는 것이었다.

그러나 300명의 비적을 만주에서 데려와 훈련하는 동안 식량이 필요한데 군에 그런 비용이 없다는 것이었다. 그래서 미안하지만 국가를 위한다고 생각하고 돈을 내달라고 했다.

"얼마나 필요합니까?"

"3만 엔이면 충분합니다."

3만 엔이라면 지금으로 말하면 5억 엔이나 6억 엔에 해당한다. 그런 거금을 나라고 무조건 빌려줄 수는 없었다.

"3만 엔을 낼 수는 있으나 그 보상이 있습니까?"

참모는 주위를 돌아보고나서 목소리를 낮추어 말했다.

"곧 청주(靑州)의 정부군을 공격합니다. 정부군이라고 해도 중국은 용병이므로 약간의 포격으로 도망칠 것이 확실합니다. 점령하면 그 도시의 일리전 사업의 독점권을 당신에게 주겠습니다."

산동성의 중심부인 청주는 예부터 수도로 부잣집들이 모여 있었다. 더구나 당시 부자는 정정불안으로 은행에 돈을 맡기지 않고 자택 지하에 굴을 파서 그곳에 일리전을 산처럼 쌓아두고 있었다. 이 일리전 사업을 한 손에 넣는 것이다. 멋진 이야기였다.

그리고 이어서 참모는 두 번째 조건을 내밀었다.

"점령 후는 혁명군의 징발로 당신의 자금은 배로 상환하지 않겠습니까? 국가를 위해서니 부탁을 들어주기 바랍니다."

이렇게까지 말하는 것을 듣던 나는 결심했다.

"좋소, 해봅시다."

다음날, 곧 청도에 와있던 손문의 비서가 나에게 3만 엔을 가지러 왔다.

"드디어 밤중에 청주성 야습을 행하니 보러가지 않겠는가?"

혁명군의 스폰서로서 승리의 순간을 보는 것도 결코 나쁘지는 않다고 생각했다. 참모 중좌를 따라 청주역으로 가는 길에 그가 말했다.

"중국 정규군은 1개 연대 약 천 수백 명, 이에 대항하는 혁명군은 300명이지만 저쪽이 전의가 결핍된 용병임에 비해 우리는 막강한 비적으로 살인자 무리들이오. 더구나 야습이라면 우리의 승리임에 틀림없소. 우하하하."

듣기만 해도 이 참모 중좌의 이야기에는 위세가 당당했다. 패전은 털끝만큼도 머릿속에 없었다.

한밤 자정 무렵, 야음을 틈타 성내에서 쾅쾅쾅 포격하는 소리가 들리기 시작했다. 드디어 혁명군의 전투가 시작되었다. 그로부터 1시간 정도 정규군과 혁명군의 전투 소리를 들으면서 승리의 보고를 기다리고 있었다. 두세 시간이면 승리할 예정이었는데, 아무리 기다려도 보고가 오지 않았다.

그러는 동안 성내를 도망치듯 빠져나와 역 구내로 기어들어가는 병사들이 많은 것을 알게 되었다. 정규군의 패잔병인가 보았더니 아무래도 모습이 달랐다. 철도 양측 500m는 일본의 치외법권 구역이었기 때문에 아무리 패잔병이라 해도 이곳으로 들어올 리가 만무했다. 이상하게 생각하고 있던 차에 중좌가 중얼거렸다.

"좀 상황이 이상하네."

곁에 있던 참모 중좌가 당황하여 역 구내의 피투성이 부상병이 있는 곳으로 달려갔다.

총성이 멈추고 밤이 밝았다. 나도 역 구내에 들어가 보고 쓰러질 정도로 경악했다. 피투성이, 진흙투성이의 부상병들은 만에 하나라도 지지 않을 것이라던, 절대 승리해야만 하는 혁명군이었던 것이다. 아침 무렵, 어깨를 축 늘어뜨리고 창백한 얼굴로 나에게 돌아온 참모 중좌에게 물었다.

"내 3만 엔은 어떻게 할 셈입니까?"

닦달하듯 묻는 나에게 중좌는 괴로운 표정으로 대답했다.

"제2차 공격을 기다리시오. 절대로 공격합니다. 당신과의 약속은 헌신짝 버리듯 하지 않습니다."

그 이상 말하지 않았기 때문에 할 수 없이 나는 청도로 돌아갔다. 이미 일리전 사업의 독점 이야기는 없어져버린 것이다.

죽지도 못하고 살지도 못하고

고레카와 긴조

청도로 돌아와서 '제2차 공격을 기다리라'고 말한 참모 중좌가 나타나기를 목이 빠지도록 기다렸다. 얼마 후 나타난 참모 중좌에게 즉각 '제2차 공격은 언제 있습니까?' 하고 물었다. 3만 엔이 허공에 날아갈 판이었다. 나는 필사적으로 물었다.

"전열을 정비하고는 있는데, 어느 정도 시간이 걸릴 것 같습니다."

돌아가는 낌새가 심상치 않았다. 완승한다던 전투가 완패로 끝났는데도 이런 한가한 소리만 늘어놓고 있는 것이다.

"또 비용이 필요하겠지요?"

"그렇습니다. 전의를 다시 일으키지 않으면 안 되고, 혁명군의 식량에 신경 좀 써주세요."

"……….."

"이미 한 배를 탔는데 어찌 하겠습니까?"

참으로 군인이란 것은 자신은 돈도 벌지 않으면서 타인의 돈만 우려내서 잘난 척 의기양양하는 것이 보통이지만 이 참모 중좌는 실로 그 전형이었다.

잠시 그냥 있었는데, 내 창자가 다 뒤집힐 지경이었다.

아무리 생각해도 완전히 승리할 전투를 지는 이런 형편없는 군인과 관계해서는 내 장래가 사라진다고 생각했다.

"이제 양해해주십시오. 돈을 내는 것은 그만두겠습니다."

참모 중좌와 연을 거기서 끊어버렸던 것이다.

그러나 그로부터 일주일 후, 북경(北京)의 일본대사관 만찬에 초대받은 원세개는 그날 밤 자택에서 급병으로 쓰러지고 말았다.

다음날 그 참모 중좌가 나에게 웃음 띤 얼굴로 찾아왔다.

"원세개가 죽어 사태가 호전되었습니다. 그러나 정권을 잡은 손문 혁명군이 와도 돈은 나오지 않습니다."

일부러 그 말을 하려고 왔던 것이다. 혁명군이라 해도 원래 비적이다. 무기를 쥐어주면 무슨 짓을 할지 모를 무리였으나 나에게는 그런 것보다도 빌려준 돈이 궁금했다.

"저 3만 엔은……"

"그거요, 그것은 국가를 위해 헌금했다고 생각하고 포기하세요."

정말 뭐 이런 군인이 있나 싶을 정도였다.

3만 엔이라는 거금을 날려버리고 '포기'하는 것으로 끝내려는 것이다.

생활을 위해, 다시 일리전 사업을 할 수밖에 없었다. 그러나 그해 12월, 독일 황제 카이저가 미국의 윌슨 대통령에게 대전의 강화를 의뢰하고, 윌슨은 그것을 받아들여 연합국 측에 강화를 제안했다.

이것이 '제1차 세계대전의 종결 임박'으로 간주되어, 비철금속의 시세는 하룻밤에 대폭락했다. 그 영향을 직접적으로 받은 주괴는 매수자가 완전히 실종되어 버렸다.

혁명군에 3만 엔의 대손실, 일리전 사업의 타격이라는 더블펀치를 맞고 나의 사업은 도저히 유지할 수 없게 되었다. 그때까지 '청년실업가'로 평판을 얻고, 청도 시내를 어깨를 으쓱거리며 활보했으나, 급전직하하여 땅바닥에 머리를 박고 채권자에게 사정을 하는 입장으로 전락해버렸다.

매일, 주머니에 권총을 넣고 자살할 장소를 찾아 헤맸다.

본래라면, 어딘가에서 자신의 머리를 쏘아 자살했을 것이다. 그러나 그때 나에게는 도저히 죽을 수 없는 사정이 있었다. 사업이 순조로웠기 때문에, 고베에서 부모님을 청도로 불러 세 식구가 함께 살고 있었던 것이다. 자식을 많이 낳고 가난하고 고생스럽게 살아온 부모님을 조금이라도 행복하게 해줄 요량이었다. 당시 대학 출신의 초임 급여가 12, 3엔이었을 때, 몇 만 엔이나 벌고 있는 모습을 보여주고 싶었기 때문이었다.

그래서 도산했다고 해서 부모님을 저버리고 자살할 수가 없었다. 그러나 채권자에게 쫓겨 머리를 숙이는 모습은 내 유년시절 기억 속의 아버지, 어머니의 모습 그대로였다. 때문에 도저히 손으로 땅바닥을 집고 엎드려 채권자에게 빌 수는 없었다. 그러나 한편 주머니 속의 권총의 방아쇠를 당길 수도 없었다.

밤새 청도 거리를 방황하고, 새벽녘 동쪽 하늘을 보고서 확 정신이 들었다. 다시 한번 일어서자. 인생은 칠전팔기다. 산이 있으면 골짜기가 있다. 이번에는 노력해서 이 골짜기를 오르자 하고 결심했다.

다음날 열린 채권자 회의에서 나는 전재산을 내놓고 머리를 숙였다. 내가 징병검사 전인 19세인 것이 알려져 채권자들은 놀라서 내 장래를 격려해 주었다. 예상 이상으로 따뜻한 대응이었다.

1916년 12월 31일, 나는 다시 빈털터리가 되어 부모님을 모시고 청도에서 일본으로 건너갔다. 그날의 일은 눈꺼풀에 새겨질 정도로 지금까지 잊혀지지 않는다.

과거를 돌아보면, 모두 즐거웠던 것으로 생각된다. 사람이란 쓰라리고 고통스러운 것은 날이 갈수록 그것이 부드러워지고, 즐거운 추억으로 남게 되는 것이다. 내 경우, 보통 사람 이상으로 고통스러웠던 일이 많았던 만큼, 즐거운 추억도 제법 많은 것이다.

그야말로 나는 칠전팔기로 기회를 잡아왔다. 나의 산 있고 골짜기 있는 인생은 청도에서 돌아온 후, 더욱 큰 인생의 파도에 휩쓸리게 된다.

호사다마

징병을 피하다
공장경영을 강요받다
21세에 종업원 260명을 거느리다
인간은 백년을 살 수 있다
간토 대지진, 아연철판을 사라
무서운 남자로군
대공황의 여파로 회사 도산
빈궁한 중에 도서관을 다니다
우리 아버지는 보통 사람이 아니야
자본주의 경제는 붕괴하지 않는다

'도쿄는 전멸이다!'
나는 전 사원을 사장실에 모아놓고 모두에게 수표 5, 6매씩 쥐어주고
아연철판, 주석판, 못을 가격은 묻지 말고 상대가
부르는 값에 살 수 있는 만큼 사오라고 명령했다.
지진으로 요코하마가 전멸했다면,
도쿄도 괴멸적인 타격을 받았음에 틀림없었다.

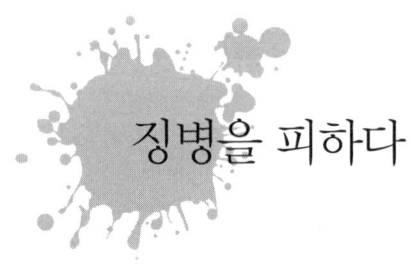# 징병을 피하다

당시는 만 20세가 되면 징병검사를 받지 않으면 안 되었다. 1917년 5월경 중국에서 귀국한 지 반년 정도 지났을 때 나는 이번에는 남방으로 날아갈 기회를 엿보고 있었다. 그러나 조금씩 내 기미를 알아챈 아버지는 이렇게 생각하셨다.

'긴조도 군대에 들어가면 (남방에 가는 것을) 단념할 것이다.'

내가 징병되는 것을 내심 기대했던 것이다. 옛날 사람은 군대에도 가지 못하는 인간은 얼간이 취급하여 상대해 주지 않았다. 그러므로 보통의 아버지는 모두 아들이 군대에 가는 것을 희망하고, 징병되면 팥밥을 해서 축하하고, 주위에 그 소식을 알렸다.

우리 부모님도 예외는 아니었다.

'군대의 엄한 교육으로 단련되어 마음도 몸도 건장한 좋은 인간이 되었으면 한다.'

정말로 그렇게 생각하셨던 것이다.

그러나 일단 군대에 가면 전쟁터에 이등병으로 총을 들고 나아가지 않으면 안 된다. 나와 같은 인간을 그런 식으로 사용하면 국가적인 손실이라고 진심으로 그렇게 생각하고 있었다. 그러므로 군대에 징집되지 않기 위해서 어떻게 해서든 징병검사에 불합격해야만 했다. 그래서 군의관을 지내고 개업의를 하고 있던 지인에게 상담했다.

"당신이 징병검사관이라면 나는 갑종, 을종 중 어느 쪽인가?"

다그치듯 묻고 나서 그 대답을 기다렸다. 당시 나는 키가 167센티 정도였다.

징병검사에는 갑, 을, 병의 검사결과가 있고, 갑종은 징병 합격, 을종은 갑종 합격자 수가 예정에 미달할 때 을종에서 선발하는 이른바 보결 합격자였다. 그리고 병종은 징병검사 불합격이었다.

"좋아, 검사해보자. 옷을 전부 벗어."

의사가 지시하는 대로 진찰을 받았다. 이리저리 살펴보더니 의사는 이렇게 말했다.

"네 몸은 튼튼하여 갑종 합격, 지금 당장이라도 병사로서 전쟁터에서 사용될 수 있다."

물어본 내가 새파랗게 질릴 대답이 돌아왔다.

이래서는 안 되는 것이었다. 이대로 징병검사를 기다렸다가는 군대에 징집될 것임에 틀림없다고 생각해서 곧 그 의사에게 부탁했다.

"어떻게 해서든 징병을 피할 수 있는 방법을 가르쳐주세요."

부끄러움도 체면도 잊어버렸다. 훌륭한 인간이 되지 않아도 좋았다. 어쨌든 나는 징병되어서는 안 된다고 생각하여 징병검사 불합격의 비책을 진지하게 상담했다. 그러자 엉터리 같은 놈이라고 처음에는 웃으며 대응하던 의사는 내 열의를 받아주었는지 다음과 같이 물었다.

"어딘가 너와 인연이 있는 사람이 사는 곳 중에서 매우 건강한 사람이 모여 있는 지역은 없는가?"

징병검사 불합격의 비책을 전수해주려 하고 있었다.

"사촌이 살고 있는 오카야마현(岡山縣)의 가타카미(片上)이라는 어촌은 매우 건장한 젊은이가 모여있습니다만."

"좋아, 곧 알아보겠네."

잠시 나를 기다리게 하더니,

"너는 어서 그곳에 가 살아라."

갑자기 전거를 권했다. 왜냐하면 내 사촌이 사는 오카야마현 가타카미는 세토나이카이(瀨戶內海)에 면한 반농반어의 마을로 어업과 농업, 산에서 하는 일 등으로 마을 사람들의 몸이 단련되어 건장했기 때문에 매년 갑종 합격자수가 많고, 징집 예정을 크게 상회하므로 갑종합격자의 삼분의 일 정도는 병역을 면제받는다는 것이다.

검사 방법은 본적지의 주민이 검사를 마치면 지역에 기류하고 있는 사람이 검사를 받는 식이었다.

"아무리 네 몸이 건장해도 바다 일과 산 일을 하는 사람에 비하면 근육이 다르므로 아마도 검사에서 을종 합격될 것이다. 갑종 합격이 되어도 본적지 주민의 신체검사가 끝난 다음 기류자 순서가 되므로 그때는 이미 모집 인원이 넘었을 것이다."

더구나 아침부터 검사를 계속 검사하다보니 군의관도 지치고, 갑종 합격자가 예정 인원에 달하면 진지하게 검사하지 않는다는 것이었다.

이거 괜찮은 것을 들었다고 생각하고 징병 검사를 받기 전에 분가해서 새로운 호적을 만들어 오카야마현 가타카미의 친척집에 기류했다. 징병 검사는 근린 마을에서 스모선수 같은 거구나 프로레스링 선수 같은 우람한 체격들만 검사를 받으러 왔고, 그에 비해 나는 체력으로 도저히 그들의 상대가 되지 않았다. 내심, 잘 됐다고 나도 모르게 웃음을 짓고, 조언해 준 군의관 출신 의사에게 최대한의 예의로 감사했다.

생각대로 검사결과는 을종이었다. 마지막으로 가타카미 마을의 촌장과의 면접에서 가타카미에 기류한 이유에 대해 질문을 받았다.

가타카미는 반농반어의 마을인데, 인베(伊部)구이(備前燒:비젠구이)[주]라는 도자기의 산지였다.

주) '인베 구이' 또는 '비젠 구이'라고도 하며 오카야마에서 생산되는 도자기를 말한다. 일본 고래(古來)의 6개 도자기 생산지 중 하나로 오랜 역사를 자랑한다. 인베 구이는 조선에서 전해져 발전되어 왔으며, 미적 감각과 함께 실용적인 면이 강조되어 떨어뜨려도 깨지지 않는 것으로 호평을 받고 있다. 특히 차 도구로서 인기가 높아 도요토미 히데요시 등이 즐겨 사용했다고 한다.

"나는 가타카미의 인베구이 도자기를 구미에 수출하면 많이 팔 수 있을 것이라고 생각합니다. 그 사업화를 위해 기류하고 있습니다."

"그래요, 수고 많습니다. 여기는 일자리도 없고 젊은이들이 취직하기 곤란한 곳입니다. 할 수 있는 한 마을로서도 편의를 봐 줄 테니 공장을 지어 사업을 확장해 주십시오. 잘해보시기 바랍니다."

임기응변의 절묘한 내 대답에 면접관인 촌장도 말려들어 징병을 피하기 위해 기류한 것을 조금도 의심받지 않았다.

기류지에서의 징병 검사에 나는 을종 2번으로 합격하고, 기류지에서 병역을 면할 수 있었지만, 내 본적지인 고베시에서는 갑종 합격의 결원이 여러 명 나와 그것을 을종 합격자로부터 보충하여 선발한다. 고베시의 을종 이외에 기류지의 을종도 대상이 되는데, 더구나 기류지는 본적지의 번호보다 상위에 들어간다. 예년 을종 합격자의 열 번째 정도까지는 갑종 보충으로 확실하게 선발되고 있었다.

이대로 가만있다가는 본적지 고베에서 갑종 합격자의 보충으로 뽑힐 위험이 크고, 모처럼 고심한 것이 물거품이 될 것이었다. 그래서 본적지를 고베시에서 그때 기류하고 있던 가타카미로 옮겨버렸다. 따라서 이번에는 본적지의 을종 2번이 되어 절대로 군대에 징집되지 않았다.

제1차 세계대전 중, 전 군의관과 통모하여 합법적으로 징병

면제를 받은 위법행위는 아마도 나뿐일 것이다. 그 정도로 나는 진심으로 내가 전쟁에 징발되면 국가의 손실이 될 것이라고 생각했다. 당시부터 무서운 것은 하나도 없었던 것이다.

군대를 면제받았기 때문에, 자, 이제는 남방 행을 실행하자고 생각했다.

공장경영을 강요받다

고레카와 긴조

군대에 징집되어 훌륭한 인간으로 훈련받을 것을 기대했던 부모님은 내가 멋지게 징병을 면제받은 것에 충격을 받았다. 이대로 내버려두면 정말로 남방에 가버릴 것이다. 남방에 가버리면 무엇을 할런지 알 수 없다고 생각하셨다.

"어쨌든 침착하게 성실하게 살아라. 한번 고베에 와라."

자꾸만 설득하므로 내키지 않았지만 집으로 돌아갔다. 본적은 징병검사를 마친 후 다시 곧 고베로 옮겼다.

아버지는 고베에서 조개 단추 수출판매 회사를 하고 있던 매부와 의논해서 나를 어떡하든 사업을 하게 하면 남방에 간다든가 하는 바보 같은 생각은 하지 않을 것이라고 생각했다.

"유럽에 수출할 조개 단추 제조공장을 해보지 않겠나?"

매부와 부모님은 열심히 나를 설득했다. 조개 단추는 일본의 특산품 중 하나로 당시 효고현의 다츠노시(龍野市)에는 조개 단추 제조공장이 십수 개 늘어서 있을 정도로 수출이 활발했다.

"네가 공장을 하면 상당한 실적을 올릴 것이 틀림없다."

내 발을 묶기 위해 일을 만들어 꼼짝 못하게 하려는 부모님의 의도를 알고 있었지만, 그래, 모두가 그렇게 걱정한다면 1년이나 2년 정도는 해보자고 마음먹었다.

"알았습니다. 그러나 공장 하려고 해도 돈이 없잖아요."

나는 반쯤 포기한 듯 말했다.

"그런 것 걱정하지 마라. 돈은 전부 내가 낼 테니까. 제품도 모두 인수하겠다."

설득이 성공했기 때문에 밝은 얼굴로 매부는 앞으로 할 일들을 계속 이야기했다.

경영자금의 애로도 없고, 판매도 곤란하지 않았으므로 무리인 줄 알면서도 시키는 대로 다츠노시에서 수출을 위한 조개 단추 제조공장을 하게 되었다.

사장이라고 해도, 아버지, 형제로부터 억지로 설득 당해 할 수 없이 시작한 공장이었다. 적극적으로 몸을 던져 일하고 싶은 마음도 없었고, 적당한 때를 봐서 나가자고 생각하고 있었다. 당연히 일년도 못 가 마음속에 울컥 솟아오르는 것을 참을 수가 없었다. 본래 아무리 부모, 형제가 눈물로 집에 붙들어 매려고 설득한다고 해도 효고현 촌구석에서 썩을 계획은 눈곱만큼도 없었으므로, 공장 경영자로 부르든 사장으로 부르든 그곳에 꾹

눌러앉아 있을 이유가 없었다.

1918년은 참으로 제1차 세계대전의 한복판에 있었다. 일본은 러시아 혁명을 간섭하기 위해 시베리아 출병을 단행했다. 전쟁은 더욱 격렬해지고, 경제도 전쟁경기에 의해 활황을 되찾았다.

공장은 매일 나와 보지 않아도 지배인에게 맡겨두면 괜찮아서, 나는 다음 사업을 하려고 오오사카로 나갈 일만 생각하고 있었다.

당시, 전시 수요로 철강을 비롯해서 동, 아연, 주석, 백금, 니켈 등 비금속이 부족하고, 시세는 폭등했다.

"다음 사업은 철강 관련 일이다. 능숙하게 철을 들여와 판매하면 사방에서 상당한 수수료를 얻을 수 있다."

더 이상 효고의 시골에서 단추를 만들 상황이 아니었다. 그래서 바로 위 형을 졸랐다.

"공장을 그대로 넘겨줄 테니 내일부터 사장을 해."

처음엔 부모님과 형제들을 생각해서 대답을 하지 않았지만, 형은 내심 기뻐 어쩔 줄 몰랐을 것이다.

"나처럼 하면 절대 실패하지 않을 거야. 세계의 수요는 점점 늘어나고 있으니 지금 이상 벌 수 있지."

나에게 떠밀려 형은 기꺼이 공장을 인수했다. 그리고 나는 다른 형제나 부모님의 반대를 누르고 결국 공장에서 벗어났다. 자신의 힘을 마음껏 발휘할 수 있는 넓은 세계로 웅비할 수 있다는 생각으로 나도 몰래 몸이 후들거리는 것을 느꼈다.

21세에 종업원 260명을 거느리다

고레카와 긴조

1919년 7월 나는 산요본선(山陽本線)을 타고 다츠노에서 오오사카로 향했다. 장마가 걷히고, 한여름의 태양이 콩나물시루 같은 만원 열차를 쨍쨍 내리쬐는, 몸을 움직일 수조차 없는 차내에는 사람들의 체온과 땀 냄새, 열기로 가득 차 있었다. 그러나 내 얼굴은 환했고, 이미 마음은 오오사카로 날아가, 머릿속은 온통 그곳에서의 사업에 대한 생각으로 가득했다. 오오사카에서는 철 브로커를 하기로 이미 결심했다.

제1차 세계대전 발발 후의 일본 경제는 금융완화, 쌀값폭등, 해운계 대호황, 군수품 수출의 증가 등의 호재료가 겹쳐 일본은 제1차 세계대전의 종결(1918년 11월)까지 정화(正貨)로 약 27억 엔이나 되는 거액의 이익을 얻었다. 지금의 금액으로 환산하면 2조 7천억 엔 정도의 외화를 확보했던 것이다. 특히 일본의 해

운업계의 발전은 선박의 세계적인 부족으로 경이적인 발전을 이루어, 해운사와 조선소의 신설, 확장이 이어졌다.

전쟁 경기를 구가하고, 철 등 금속 업계도 선박과 마찬가지로 활황을 보였다. 선박 부족으로 자재인 철 시세는 폭등하고, 고베의 스즈키상점(鈴木商店)의 대표자 가네코 나오요시(金子直吉:1866-1944) 등은 대규모로 철을 매집하여 일거에 수천만 엔이나 벌고 있었다. 또 구리광산을 갖고 있던 구하라 후사노스케(久原房之助:1869-1965)는 구리 생산으로 자산을 불려 효고현의 스미요시(住吉)에 부지 3만 5천 평의 별장을 짓고, 낙성식에는 오오사카, 고베의 게이샤를 총동원하고, 별장 앞을 밤에 통행하는 사람은 누구라도 차별 없이 맛있는 음식을 베푼 호사가였다. 철과 금속업계는 그만큼 공전의 호경기였던 것이다.

철 브로커는 작은 것은 냄비, 솥으로부터 큰 것은 선박까지 철이라고 이름 붙으면 무엇이든지 사 모은다. 당시의 선박부족으로 현물만 있으면 모두 날개 돋친 듯 팔려나갔다.

철 브로커로서 처음 시작한 사업으로 조선소에서 노후선을 사고, 지인에게 부탁해서 철강 중개인을 통해 50톤의 철을 모으는데 성공했다. 모은 50톤을 곧 시장에 내놓자 예상했던 대로 쉽게 팔려 한번에 6,000엔을 벌 수 있었다. 1919년 당시 6,000엔이면 지금 화폐가치로 약 1만배인 6천만 엔에 해당한다. 오오사카에 와서 처음 시작한 사업으로 6천만 엔을 벌었던 것이다. 바로 그 무렵, 철의 압연기술을 독일에서 가져온 사람이 있었다.

"고철을 그냥 모아서 판매하는 것보다 압연가공해서 팔면 가격이 더 높아진다."

이런 새로운 사업 이야기를 들으면 나는 반드시 심장이 뛰고, 개척자 정신이 부풀어 오르곤 했다.

고철을 섭씨 600도에서 700도로 가열해 녹여, 압력을 가하면 늘어나는 철의 성질을 이용해서 특수 롤을 이용해 압연해 환봉이나 평철을 만드는 기술이었다.

"곧 압연 공장을 지읍시다."

"좋아, 공장의 자금은 내가 만들죠."

오오사카 미나토(港)구에 신철공장을 만들어 경영을 시작했던 것이 1919년 끝 무렵, 내가 21세 때였다. 다음해, 오오사카 아연 도금공장을 매수하여 두 개의 공장을 경영했다. 종업원은 260명을 고용했다.

1920년은 공전의 주식 붐으로 증권계는 황금시대를 맞고 있었다. 주식이라고 이름 붙으면 어떤 종목이라도 프리미엄이 붙어 팔리던 시절이었다.

'일본수력'(日本水力)이라는 주식회사가 간사이(關西) 지방에서 발족했는데, 아직 조업을 개시하지도 않았는데 주식을 공모하니 3천7백배의 신청이 쇄도하여, 기타하마(北浜)의 주식투자가들을 경악시켰다. 이러한 응모자의 대다수는 인수하여 주주가 되려 하는 것이 아니라, 이른바 선물 매수로 권리주의 이익을 벌고자 했던 투기꾼이었다.

"당신, 회사를 두 개나 하고 있으니까 주식회사로 해서 주식을 시장에 내놓으면 비싸게 팔 수 있습니다."

친해진 증권회사가 자신들에게 맡겨달라고 해서 신철공장과 도금공장 양쪽의 사업명을 따서 '오오사카 신철아연도금 주식회사'를 설립했다. 나는 그 회사의 전무로 회사의 중심적 내용을 담당했다.

그러나 주식회사로 하여 주식을 팔려고 하는 참에 사장을 맡았던 증권회사의 사장이 본업인 주식에 실패해서 주식 매도는 커녕 자신의 회사가 도산해버렸다. 할 수 없이 빚을 내서 불입한 주식을 모두 내가 인수하고, 새로이 내가 사장이 되어 회사를 경영했다.

인간은 백년을 살 수 있다

고레가와 긴조

압연공장은 섭씨 700도라는 고열에서 철을 가열하기 때문에 공장 내는 건조하고 아무리 물을 뿌려도 분진이 날아다녔다. 조업은 2교대제로 1조가 아침 4시부터 오후 5시, 2조가 5시부터 다음날 4시까지로 주야작업으로 풀가동하고 있었다. 철 부족으로 주문은 쉴 새 없이 들어왔고, 나는 5시부터 밤 11시까지 분진으로 가득한 공장 안에서 정신없이 일했다.

이런 열악한 노동환경 속에서 휴식도 없이 일했던 것이다. 아무리 내가 젊고 건강하다고 자만해도 서서히 병마가 내 몸을 갉아먹고 있었던 것도 무리는 아니다. 매일 오후 2시부터 3시 경이 되면 38도 전후의 열이 나고, 열이 나면 일도 무엇도 할 기력이 없어졌다.

"폐결핵입니다. 과로 때문입니다. 곧 요양하는 편이 좋습니다."

예상대로 과로로 가슴에 병이 들고 말았다.

"이대로 일을 계속하면 죽습니다. 회사는 다른 사람에게 맡기고 요양을 떠나세요."

목숨을 대신할 것은 없다는 의사의 진단을 들으면서 참으로 어이없었다. 이것은 요양까지는 아니더라도 우선 입원하지 않으면 안 되었다. 할 수 없이 일주일 정도 일을 쉴 작정으로 오오사카의 병원에 입원했다.

이때 병원 침대 속에서 인간은 왜 빨리 죽기도 하고 늦게 죽기도 하고, 병으로 목숨을 잃게 되는 것인가, 자꾸만 생각했다.

'인간의 목숨이란 도대체 무언가?'

인간의 육체와 생명의 구조는 어떻게 되어 있는 것일까, 심각하게 자문했다. 병원에 와 있던 아내의 간호를 받고, 점차 의학서를 사오게 해서 공부를 시작했다. 그중에 미국의 의학자 두 사람이 수십 년에 걸쳐 인간의 생명에 대해서 연구한 보고서의 번역본이 있었다. 실로 정밀하게 성심껏 연구한 책으로 큰 깨우침을 얻었다. 결론부터 말하면, 이 저자는 다음과 같이 결론 내리고 있다.

"인간의 생명은 자연의 법칙을 따라 생활하면 백년 이상 살 수 있는 구조로 되어 있다. 60년, 70년, 80년 살면 장수한 것이라고 말하는 것은 인간이 자연의 법칙에 반하는 생활을 하기 때문이다."

왜 자연의 법칙을 파괴하기 시작한 것일까?

그것은 인간의 생활이 향상되고, 정도를 넘어선 소비를 하려

하기 때문에 인간의 생명은 본래의 생명력만큼 살 수 없게 되고 만 것이었다.

그 최대의 폐해가 알콜, 그 다음이 매독. 이 둘만 범하지 않고 자연대로 살면 특별히 건강법을 갖지 않아도 백년 이상 반드시 살 수 있다고 설명하고 있다. 나는 거기서 처음으로 인간의 생명의 본성을 안 것 같은 느낌이 들었다.

자연의 법칙에 따른 생활이란 자연스럽게 공급된 것을 먹는 것이다. 즉, 야채, 과일, 곡류를 주식으로 하고 육류는 가능한 한 섭취하지 않는 식사를 하는 것이다. 그때까지 나는 고기를 좋아해서 야채는 거의 먹지 않고 육류만 먹고 있었다. 그때부터 육류는 먹지 않고 채식으로 바꾸었다. 과일은 물론 야채는 불로 익히지 않고 소금물로 씻기만 해서 먹기로 했다. 물론 최대의 폐해인 알콜은 원래 마시지 못했지만, 좋은 기회라고 여기고 이후 완전히 끊어버렸다. 매독은 전혀 걱정할 게 없었다. 젊은 시절부터 사업을 경영하고 있었으므로 마음만 먹으면 얼마든지 오입질을 할 수 있었지만 그런 길은 애초에 들어서지 않았다. 덕분에 매독에도 걸리지 않을 수 있었다. 이후도 오입질은 절대 안 하겠다고 굳게 다짐했다.

이런 자연에 따르는 생활을 시작해서 일주간 정도 지나자, 오후 2시부터 3시가 되면 반드시 38도의 열이 나던 것이 점점 낮아지고, 3주간 지나자 보통의 체온으로 돌아와 몸도 매우 좋아지게 되었다.

혈색이 좋아진 내 얼굴을 보고 의사는 깜짝 놀라 물었다.

"무얼 먹었습니까?"

나는 책이 가르친 대로 따라서 식생활을 고친 것뿐이었다.

결국 요양을 하지 않고도 회사를 쉰 것만으로 완치되었다.

그때 나는 이대로 생활 태도를 계속하면 백년을 살 수 있다고 생각했다. 실제로, 그 후로도 술도 멀리하고 오입질도 하지 않고 살아왔다. 덕분에 94세까지 건강하게 살고 있다고 생각한다. 지금은 백년이라 말하지 않고 십년 더, 백십 년까지는 장수할 수 있다고, 그 정도는 너끈하다고 생각하고 있다.

사장이므로 술과 여자의 유혹은 늘 있었다. 그러나 그런 유혹에 절대 넘어가지 않았다. 만약 그런 유혹에 넘어갔다면 옛날에 관 속에 들어갔을 것이다. 얼마든지 그런 유혹에 넘어갈 수 있는 입장에 있었지만 그렇게 하지 않은 것은 지금 생각해보면 역시 나는 보통이 아니었다고 생각한다. 나는 아마도 의지가 강한 성격을 선천적으로 갖고 있었음에 틀림없다.

이거다라고 생각하면 어떤 곤란이 있어도 해낸다. 그러나 해서 안 될 것은 어떤 유혹이 있어도 손을 내밀지 않았다. 이 강한 의지가 지금의 투자가 고레카와 긴조를 만들었다고 생각한다.

경제문제에도 사람의 의견을 듣는 것만으로는 절대 납득하지 않는다. 정말 그런 것일까 하고 자신이 분석해서 확신이 설 정도까지 파고들어 납득한다. 스스로 경제분석을 하지 않으면 목숨 다음으로 소중한 거금을 걸고 시세 판단을 하는 것은 도저히 불가능한 것이다.

간토 대지진, 아연철판을 사라

고레카와 긴조

1923년 9월 1일, 그날도 오전 일을 마치고, 막 점심 도시락을 펼쳐놓았을 때, 갑자기 흔들흔들 했다. 옆으로 흔들렸기 때문에 진원지는 먼 곳이라고 판단했으나, 오후 2시경, 아사히신문 호외가 나왔다. 호외를 보니, 「요코하마(橫浜) 대지진, 쓰나미의 위험 닥치다」라고 되어 있었다.

기사는 요코하마 항구 밖의 기선으로부터 무선으로 아사히신문의 오오사카 본사에 보내진 것이었다.

「요코하마에서 대지진이 일어나 전 시내에 화재가 발생, 본선은 쓰나미의 위험이 있으므로 항구 밖으로 피하고 있는 중.」

간토(關東) 대지진이 발생했던 것이다. 정오에서 2분 지난 때 갑자기 간토 지방에 일어난 대지진은 순식간에 사망 9만 천 명, 피해가옥 52만 7천 호, 피해총액 55억 엔이라는 전무후무한 대참사였다. 아사히신문의 호외는 오오사카의 사람들이 읽었을 것이었다. 그 때 내 머릿속에 번쩍 섬광이 일었다.

'도쿄는 전멸이다!'

나는 전 사원을 사장실에 모아놓고 모두에게 수표 5, 6매씩 쥐어주고, 아연철판, 주석판, 못을 가격은 묻지 말고 상대가 부르는 값에 살 수 있는 만큼 사오라고 명령했다. 사장으로부터 갑자기 그런 명령을 받은 사원들은 영문을 모르고 반문했다.

"그런 거 사서 뭐하게요?"

"뭘 우물쭈물 거리는 거야. 일각을 다투어 빨리 사들여라."

지진으로 요코하마가 전멸했다면, 도쿄도 괴멸적인 타격을 받았음에 틀림없었다. 집이 무너지고, 불탔다면 무엇보다도 우선 바라크를 짓지 않으면 안 된다. 그 때문에 반드시 아연철판과 못이 필요한 것이다.

그러나 사원들은 그런 것에는 생각이 미치지 못하고, 여우에 홀린 듯한 얼굴로 사장의 명령을 듣고 있었다. 시간 싸움이었다. 사원을 다그쳐서 내보낸 뒤, 나도 철강 거간이 몰려있는 곳으로 달려갔다. 그리고 친한 함석전문 거간인 Y상점으로 들어갔다.

"당신 파판(波板) 얼마나 있어? 함석판 재고 얼마나 있지?"

"2만장 정도 있는데."

"그것 모두 내게 팔아."

보통 20장이나 30장 정도의 거래를 하던 곳에 갑자기 그것도

2만장이나 되는 함석판을 산다는 것이다.

"모두 팔아버리면 우리 장사 못하잖아."

"장사 못하면 나중에 곧 다시 들여오면 되잖아."

숨이 차게 가게로 들어와 갑자기 가게의 상품을 전부 달라고 압박했기 때문에 아무리 생각해도 이상하다고 생각한 모양이었다.

"2만장 있으면 모두 팔아."

반신반의로 고개를 갸웃거린 Y사장도 내 부탁에 졌다는 표정이었다.

"모두 주는 것은 곤란하니 오늘 재고의 절반만 가져가."

이 가게 한 곳의 협상으로 긴 시간을 보낼 수는 없었다. 1장에 60전에 사서 6,000엔의 수표를 끊었다.

"왜 갑자기 함석판이 그렇게 많이 필요하지?"

이상하다는 느낌을 받은 Y사장은 심문하듯 몇 번이고 물어보았다. 그러나 사정을 말해버리면 팔지 않을 것이 분명했다. 벌이가 달아나도록 할 수는 없는 것이다. 그래서 Y상점에 오면서 그 이유를 미리 생각해 두었다.

"실은 조선에 있는 내 친구가 무언가 큰 건축을 맡아 함석판이 몇 만 장이나 필요하니 사달라고 부탁을 받았어."

사정을 말한 후, 내일 물건을 넘겨받는 것은 안 된다고 말하는 것도 잊지 않았다.

'물건은 이 인환증으로 언제든지 양도합니다'라는 서면을 받고 Y상점을 떠났다.

회사에 돌아오는 중에 제2의 호외가 나왔다.

「도쿄, 대지진으로 전멸! 간토 지방에 미증유의 대지진이 일어나 도쿄 전 시내 화재 발생. 사망자 다수 예상.」

정확히 내 예상이 적중했던 것이다. 내가 회사에 돌아오자, Y사장이 날듯이 뒤를 쫓아왔다.

"고레 씨, 당신 지독하잖아, 이 호외 알고 있었지?"

몹시 흥분한 표정으로 나를 공박했다.

"당신은 '요코하마 화재'라는 제1호 호외를 읽고 아무것도 느끼지 못했나? 나는 도쿄가 전멸했을 것이라고 금방 알아챘는데."

잘 몰랐다는 표정인 Y사장에게 오타 도칸(太田道灌)이 에도성(江戶城)을 지을 때 이야기를 해주었다.

"우리 집은 솔밭 이어지고, 바다가 가까이……"

즉 간토 지방은 도쿄를 중심으로 한 바다를 매립한 것이다. 충적층으로 되어있어 지진에 약한 델타지대이기 때문에 지진으로 요코하마에서 쓰나미와 화재가 발생하면 그곳에서 40km밖에 떨어지지 않은 도쿄는 당연히 전멸상태가 되는 것이다. 그러므로 나는 도쿄는 전멸한다고 판단하여 함석판을 사러갔다고 설명했다.

"음……"

팔짱을 낀 채 잠시 생각에 잠겼다. 당했다는 난처한 표정이었지만, 그럼에도 포기하지 않는 것이 장사꾼의 습성이다.

"그렇지만 한 장에 60전에 사간 것은 맞지 않아."

그거 취소해줘 하면서, 포기하지 않고 끝에 가서는 계약서의 파기까지 요구해왔다.

"계약서를 취소하려면 당신 가게 간판을 내려."

Y사장이 울며 애원한 끝에 결국 함석판의 절반인 5천장만 사기로 했다.

오오사카에서 살 수 있는 만큼 함석판과 못을 상대방이 말하는 가격으로 수표를 끊고 매집했던 것이다. 문제는 현물교환인 다음날의 지불이었다.

무서운 남자로군

사원에게 함석판, 철판을 매집하도록 하고, 나는 즉시 당시 치요사키바시(千代崎橋)에 지점을 막 개점한 '노무라은행'(野村銀行:현재 '다이와은행'(大和銀行))의 히로세 야스타로(廣瀨安太郎) 지점장에게 전화를 걸었다. 오후 4시에 만나기로 약속했다.

히로세 지점장은 나중에 '다이와은행' 창립할 때 주요 멤버가 되었다. 후에 전무이사가 되었고, 이 사건 이후 평생의 친구로서 친교를 다져왔다.

약속한 오후 4시에 치요사키바시 지점으로 히로세 지점장을 방문, 수표를 끊어 오오사카의 함석판을 매집했다고 설명했다.

"내일 수표를 갖고 오는 업자가 은행 창구에 현금을 인출하러 올 것인데, 지불을 부탁합니다."

전혀 두려움 없이 은행에 융자를 강요하러 갔던 것이다. 나의 일방적인 이야기를 들으면서 지점장은 어처구니없었을 것이다. 그러나 그는 그런 내색을 전혀 하지 않고 물었다.

"우리 은행에 예금이 얼마나 있습니까?

나는 당시 '노무라은행'을 포함해서 세 은행과 거래를 하고 있었는데, '노무라은행' 치요다사키바시 지점은 개점 직후인 점도 있고 해서 거의 예금이 없었다.

"음......"

히로세 지점장은 잠시 팔짱을 낀 채로 있었다. 지긋이 내 얼굴을 보면서 생각하고 있었다.

"당신에게는 절대로 폐를 끼치지 않겠습니다. 하룻밤 지나고 내일 아침이 되면 함석판과 못 가격이 틀림없이 폭등할 것입니다. 제발 융자를 부탁드립니다."

내가 히로세 지점장을 방문했을 때는 이미 함석판과 못의 가격은 수배나 뛰어오르고, 매수세가 거간과 전문점에 쇄도하고 있었다. 내 판단은 적중했던 것이다. 지점장은 다시 한번 내 얼굴을 바라보며 물었다.

"만약 당신 생각대로 도쿄가 전멸하지 않았다면 당신은 어쩔 작정이오?"

"요코하마가 전멸하면 도쿄가 무사할 리 없지요. 따라서 나는 곧 집을 지을 재료를 생각해낸 것입니다."

재료가 폭등할 내일을 생각하니 흥분이 저절로 되었다. 그러나 흥분상태로 융자를 의뢰하는 나와는 대조적으로 히로세 지점장은 냉정한 대응을 유지한 채, 다시금 내 판단의 진의를 묻는 것이었다.

"그러나 내가 내일 수표와 현금을 교환하는 것을 거절한다면 어떻게 할 것입니까?"

결정적인 질문이었다.

"그때는 어쩔 수 없습니다. 돈을 버는 것은 알지만, 잡아둔 물건은 모두 싸게 처분해서라도 선수금을 받아 당신에게 맡겨 수표 교환에 대비해야겠지요."

"그런가요?"

그때까지 내 얼굴을 노려보듯 바라보며, 평정한 자세로 말을 계속하던 히로세 지점장의 어깨에서 쑥 힘이 빠졌다. 얼굴을 부드럽게 하고 테이블에 내어놓은 찻잔에 비로소 손을 내밀어 마시다가 갑자기 물었다.

"올 해 나이가 몇이지요?"

"스물여섯입니다."

어, 하고 몸을 뒤로 제치며 감탄사를 냈다.

"무서운 남자로군."

그리고 마시던 찻잔을 손에 든 채로 독백처럼 중얼거리는 것이었다.

"좋아, 내일 수표는 융자해주지. 그러나 자네 이런 대담한 짓은 두 번 다시 하지 말게나."

그때까지의 불안과 긴장의 실타래가 한번에 풀어져 나도 몰래 가슴 속에서 '해냈다' 라고 만세를 부르고 있었다.

날이 밝자 내가 예상했던 대로, 전일 60전에 샀던 함석판은 1장에 5원으로 10배 가까이까지 대폭등했던 것이다. 나는 사람들로부터 결코 손가락질 받을 일을 한 것이 아니었다. 다른 사람보다 한 발 앞서 상황을 읽고 행동했던 것이다. 소위 거래의 철칙을 준수한 것뿐이었다.

이 큰 벌이로 그때까지 빚을 모두 갚았다. 그러나 아무리 장사라고 해도 타인의 불행으로 돈을 번 것이었으므로 조금은 사회에 환원해야겠다는 생각에서 수입의 반을 오오사카부(大阪府)에 기부했다.

내 행동을 보고 매우 위험하다고 생각했던 '노무라은행' 의 히로세 지점장은 충고했다.

"다시는 이런 짓 하지마라. 빗나가면 단번에 파산이니까."

재삼, 재사 그 후 나를 친절하게 대해주면서 걱정해주었다. 히로세 지점장에게 있어서는 나의 행동은 무모한 것으로밖에 받아들여지지 않았을 것이다. 그 친절한 충고에 대해서 나는 이렇게 말했다.

"인생, 탈 것인가 말 것인가입니다. 승부의 때가 오면 저는 합니다. 그러나 빗나갈 것 같은 일은 하지 않습니다. 안심하십시오."

듣는 사람에 따라서는 이런 오만한 놈이 있나 하고 생각할 것이다. 그러나 나는 마음속으로 그렇게 생각했던 것이다. 한번 결정하면 누가 뭐래도 흔들리지 않는 강한 의지에 대한 자신감은 역시 보통 사람과 달랐다.

나는 젊은 시절부터 제 나이를 넘어선 일을 해왔다. 일부러 내 나이를 다른 사람에게 말하지 않았다. 세상 사람들은 내가 하고 있는 일을 통해서 나를 볼 것이다. 오오사카 신철아연도금회사를 설립하고 전무로 일할 때도 정말 사람들은 내가 스물두세 살이라고는 생각조차 못했을 것이다.

"나이에 어울리지 않게 대단한 남자다."

함께 일을 했던 사람들은 모두 나에 대해 이렇게 말했다. 세상 사람들은 내가 하고 있는 일을 통해서 내 나이를 평가해 주었던 것이다.

그러나 인생이란 것은 실로 유쾌한 것이다. 어쩔 수 없이 야반도주라도 해야겠다고 생각했을 때에 무언가 기회가 불쑥 나타나는 것이다. 물론 그것은 기회에만 해당되는 것이 아니다. 행복의 절정으로부터 돌연 나락의 밑바닥으로 떨어지는 케이스도 적지 않다.

대공황의 여파로 회사 도산

고레카와 긴조

　오오사카 신철아연도금회사는 쇼와시대(昭和時代)에 들어서도 순조로운 경영을 지속했다. 그러나 작은 일이 계기가 되어 이번에는 시련의 길로 떨어졌다. 그것은 전혀 예상하지 못한 사건이었다.

　1927년 3월 14일 중의원 예산회의 석상에서 와카츠키 레이지로(若槻禮次郎) 내각의 가타오카 나오하루(片岡直溫) 재무대신이 당시 방만 경영을 지적받은 '도쿄와타나베은행'(東京渡邊銀行)에 대한 야당의 질문에 대해서, 실정도 모르면서 불쑥 "금일 정오를 기해 도쿄와타나베은행이 도산했습니다"라고 말해버렸던 것이다. 그러나 그 시각에 '와타나베은행'은 영업을 계속하고 있었고, 도산 같은 일은 없었다. 그렇지만 그런 재무대신의 실언으로 문제가 아주 커져버렸다.

'도쿄와타나베은행'은 그때 이미 자금난에 부딪쳐 3월 14일 어음교환을 끝냈을 때 실은 휴업하려고 했었고, 실제는 가타오카 재무대신이 그런 발언을 하지 않았어도 휴업할 운명이었다고 한다. 그러나 일국의 재무대신이 은행의 발표 전에 도산을 공표했기 때문에 예금인출 소동이 벌어져 다음날부터 '도쿄와타나베은행'은 휴업하고 말았다. 같은 날, '아카지저축은행'(あかぢ貯蓄銀行)도 자금난으로 지급 불능상태가 되어 휴업을 선언했다. 이러한 휴업이 일반 예금자의 불안을 야기하여 전국의 은행 창구에는 예금자가 예금을 인출하기 위해 장사진을 쳤다.

3월 19일에는 '나카이'(中井), '나카노'(中野) 양 은행이 휴업에 들어갔고, 22일에는 '무라이'(村井), '나카자와'(中澤), '하치쥬욘'(八十四), '사우타'(左右田)의 각 은행이 휴업했다. 이어 4월에 들어 메이지(明治), 다이쇼(大正)에 걸쳐 일본의 재계를 대표한 '미츠이물산'(三井物産)과 어깨를 나란히 해온 대상사인 '스즈키상점'(鈴木商店)마저 도산하고 말았다.

1927년 3월부터 4월에 걸쳐 은행의 예금인출 사태는 중소은행에 그치지 않고 재벌계의 대은행으로까지 번져, 정부 은행이었던 '타이완은행'(臺灣銀行)을 비롯해서 화족 등을 주주로 한 명문인 '쥬고은행'(十五銀行), 더욱이 '오우미은행'(近江銀行), 고베의 '로쿠쥬고은행'(六十五銀行)마저 휴업했다.

이 때문에 전국의 은행은 예금인출을 진정시키기 위해 1927년 4월 22일, 23일 양일간 일제히 휴업에 돌입했다. 동시에 정부는 긴급대책으로 3주간의 지불정지령(모라토리움)을 발령하게 되었다. 참으로 전대미문의 금융공황이 시작된 것이다.

이때, 나는 세 은행과 거래를 하고 있었는데, 운이 나빴는지 내 예금은행이었던 두 은행이 예금인출 소동으로 도산한 반면, 내가 대출받고 있던 '노무라은행'은 살아남았다. 인생은 참으로 재미있는 것이다. 더구나 또한 아이러니이기도 했다.

히로세 야스타로 치요사키바시 지점장과는 그때까지 신뢰관계가 돈독하여 나는 그 은행으로부터 거금을 대출받고 있는 상태였다. 그 히로세 지점장이 도쿄 본사로 돌아가게 되어, 융자받은 것을 정리해달라고 하므로 나는 그를 실망시킬 수가 없어 그때 무리를 해서 전액 변제했다. 히로세 지점장은 내게는 대은인이었다. 그 사람이 본점으로 돌아간다는데, 그것에 누를 끼쳐서는 안 된다고 생각했던 것이다.

그러나 내 회사에는 무리한 그 부채 변제가 타격을 주었다. 거금의 부채 변제를 위해서 다른데서 돈을 빌리지 않으면 안 되었던 것이다. 결국 1927년 연말, 자금 회전이 막혀 도산하고 말았다. 채권자 회의석상에서 채권자들은 닦달하기보다는 오히려 나를 위로해 주었다.

"당신 회사의 도산은 당신 혼자의 책임이 아니다. 지금까지의 채권은 유보할 테니 이후에도 회사를 계속해서 이익을 내면 그때 가서 채권을 변제해도 좋다."

그러나 이런 고마운 제안을 받으면서 나는 채권자 한 사람에게 회사를 넘기고 물러났다. 사업은 그대로 계속하고 그때까지의 사원과 비정규직 공원들을 포함한 직원은 한 사람도 실업자가 되는 일 없이 사장인 나만 물러났다. 그리고 필수품을 제외한 내 재산 전부를 채권자에게 제공하고, 아이 넷과 아내, 가족 다섯 명을 데리고 교토(京都)의 아라시야마(嵐山)로 들어갔다.

예측하지 못한 경제 공황으로 큰 벌이에서 다시 무일푼이 되고 말았다. 그러나 나는 내가 무일푼이 되었다는 생각보다 혹시 이 패닉이 마르크스, 레닌이 주장하는 자본주의의 붕괴현상은 아닐까, 라는 큰 의문에 사로잡혀 그 의문을 풀 생각에 골몰했다.

빈궁한 중에 도서관을 다니다

금융공황으로 사회적인 신용이 가장 두터운 은행이 줄줄이 도산하는 자본주의 경제의 미증유의 혼란은 혹시 자본주의의 종말 현상이 아닐까 하고 생각했다. 마르크스, 레닌이 말하는 자본주의 붕괴현상의 제1보일지도 모른다고 생각했던 것이다.

그러므로 채권자의 호의대로 사장을 계속했다면 세상의 흐름에 역행하는 것일지 모른다. 자본주의가 붕괴하고 공산주의사회가 되면, 나는 물론이고, 다음 시대를 살지 않으면 안 될 네 명의 아이들은 자본가의 자식들이라고 해서 불행해진다. 회사의 경영자로서 복귀하기 전에 현실의 혼란이 불가피하게 일어난 원인이 자본주의 말기의 붕괴현상으로 보아야 하는지, 아니면 일시적인 혼란 현상인지 확인하지 않으면 안 된다. 당시 나는 아직 31살, 그 때문에 2년이나 3년 늦어진다고 해서 문제될 것 없지 않나 하고 생각했다.

교토의 아라시야마에 살게 된 것은 지인에게 부탁해서였다. 그곳 사람들의 기풍은 온순했다. 방 한 칸을 세 얻었는데 집세는 삼년간 내지 않았으며, 쌀집 주인은 아내에게 2년간이나 쌀값을 청구하기는커녕 역으로 격려해 주었던 것이다.

"아주머니, 우리한테는 아무 신경 쓰지 마세요. 댁 남편은 꼭 출세할 겁니다."

그리고 네 명의 아이들을 가진 5인 가족을 데리고, 집세는 내지 못하고, 쌀값도 낼 수 없는 빈궁한 생활 속에서 3년간 매일처럼 아라시야마에서 오오사카의 도서관을 다니면서 경제관계 책과 자료를 뒤졌다.

도쿄대학 교수를 지내다 아사히신문에 들어가 설화사건으로 퇴사, 다시 도쿄대학으로 돌아간 요시노 사쿠조(吉野作造) 박사의 「제삼혁명 후의 중국」과 「일본무산정부론」, 또 다이쇼(大正) 데모크라시(주) 시기에 사회운동을 실천하고 와세다대학(早稻田大學) 교수의 몸으로 노동농민당 중앙위원장에 취임하여 무산정치운동의 선두에 섰던 오오야마 이쿠오(大山郁夫)의 「현대일

주) 러일전쟁기부터 다이쇼 천황 재위기에 일어났던 일본의 민주주의 운동으로, 그 내용은 군비확장 반대, 악세 폐지, 중국 동북지역의 포기, 보통선거, 의원내각제 등이 있다. 그 대표적 인물인 요시노 사쿠조(吉野作造)는 무력에 의한 팽창정책을 반대하고 한국과 중국의 민족주의를 존중할 것을 주장했다. 그러나 이 운동이 이룩한 일련의 민주주의적 성과는 1930년대 군국주의 세력이 정권을 잡으면서 중단된다.

본의 정치과정」과 가와카미 하지메(河上肇)⁽주⁾와 함께 감수한 「마르크스주의 강좌」와 같은 정치, 경제에 관계된 저작을 모두 독파했다. 세계 각국의 수십 년에 걸친 경제통계를 조사하고, 물가, 경기, 주가의 변동과 소비동향을 철저히 분석했다.

처음에는 1, 2년에 결론이 나겠지 하고 생각했지만 2년이 지나도 전혀 앞이 보이지 않은 채로 3년간이나 도서관을 쉬지 않고 다녔던 것이다.

주) 1879~1946. 일본의 경제학자로 교토대학(京都大學)에서 마르크스 경제학을 연구하다가 교수직을 사임하고 공산주의 운동가로 활동을 했다. 일본 공산당에 참가하여 지하운동을 하다가 검거되어 투옥되었으며, 수감 중 스스로 공산주의 운동의 패배를 인정하는 성명을 발표하여 충격을 주기도 했다.

우리 아버지는 보통 사람이 아니야

고레카와 긴조

이 기간 동안, 수입은 한 푼도 없었기 때문에 먹고사는 생활은 참담하기 그지없었다. 돈으로 바꿀 수 있는 것은 모두 팔고, 지인과 친척 등 돈을 빌릴 수 있는 곳은 다 손을 벌렸다. 아내, 아이들은 이런 생활에 아무런 불평 없이 따라주었다.

아내는 회사가 도산하고 가재도구에 압류 딱지가 붙을 때, 장가(長唄)를 부르면서 삼매선(三昧線:일본의 전통 현악기)을 뜯고 있을 정도로 담이 큰 여자였다. 나를 믿어주었던 것이다.

"우리 남편은 어떤 곤궁에 떨어져도 반드시 몇 년 후에는 다시 일어날 것입니다. 그러므로 나는 내일 먹을거리가 없어도 조금도 걱정하지 않습니다. 믿고 있으니까요."

이렇게 말하는 여자였다.

나도 도서관에서 점심으로 우동 한 그릇 사먹을 돈이 없었다.

전철 운임을 낼 수도 없어서 신게이한철도(新京阪鐵道:현재의 한큐전철阪急電鐵)의 사장에게 무리하게 부탁해서 잡역부용의 무임승차권을 받았다. 그러나 텐로쿠(天六:텐마바시스지 로쿠쵸메 天滿橋筋六町目)역에서 도서관까지의 편도 6전의 전차표를 살 수 없어서 왕복 걸어서 다녔다. 아침엔 괜찮았지만 밤이 되어 아라시야마로 돌아갈 때가 힘들었다. 점심 먹을 돈도 없어 맹물을 마시고 공복을 참으며 물로 배를 채우고 나카노시마(中之島) 도서관에서 텐로쿠까지 2.5km를 걸어갔던 것이다.

아라시야마로 이사했을 때, 초등학교 6학년이었던 큰딸(淑子)은 다음해 여학교에 입학했다. 그러나 교복을 사주지 못하고, 교과서를 살 수도 없고, 도시락도 싸주지 못했다. 그때 아내가 자신의 옷을 고치고 염색을 해서 여학교 교복으로 만들었다. 아내의 봉재 솜씨는 천재적이었다. 교과서는 교토의 중고서점을 찾아다니며 구해서 사용했다.

교토라는 곳은 '오오사카의 호식', '교토의 성장(盛裝)'이라는 말이 있을 정도로, 전통적으로 옷을 잘 차려 입는 경향이 있다. 그래서 여학교 학생의 교복은 유젠염(友禪染)이나, 니시진천(西陣織)(주)으로 만들어 입어 교토 학부모들의 허영심과 맞아떨어졌다. 그러한 분위기에서 딸은 염색이 보잘 것 없고 본래 염색이 남아있는 제복을 당당히 입고 여학교를 다녔다. 딸은 마

주) 유젠염(友禪染)은 일본 전통 옷감 염색의 일종이며, 니시진천(西陣織)은 교토 니시진에서 생산되는 일본 전통 옷감의 일종이다.

음속에, 여학교의 동급생들이 뒤에서 자신을 손가락질하는 것도 알고 있었을 것이다.

"얼마든지 경멸해라. 그 대신 내 성적을 따라올 수 있을까? 지금 가난해도 언제까지나 가난한 사람은 없다. 우리 아버지는 보통 사람이 아니야."

아버지를 존경하고, 비록 아이였지만 스스로 상당한 자신감을 갖고 있었다. 그러므로 집안은 항상 명랑했다.

아이들은 모두 학교에서 계속 1등이었다. 여학교에 다니는 딸도, 입학해서부터 졸업할 때까지 계속 1등을 놓치지 않았다. 어쩌다가 내가 집에서 공부하고 있을 때, 가정방문을 온 큰딸의 담임교사가 물었다.

"아버님은 가정에서 어떤 공부를 가르치고 있습니까?"

훌륭한 학생이 나왔다는 듯한 어조였다. 나는 아이들에게 공부를 강제하지 않는다. 노는 것도 공부도 자유롭게 하도록 한다. 그러므로 아이들은 학교에서 돌아오면 가방을 내던지고 놀러 다니는 편이다.

"모르는 게 있으면 아버지에게 물어보고, 나머지는 네가 알아서 해라."

이런 것이 유일한 교육방침이었다고 말할 수 있다. 물론 지금의 아이들처럼 가정교사와 학원이라는 특별한 것은 아무 것도 없었던 것이다.

나중에 내가 한국에 갔을 때, 여학교를 졸업한 큰딸을 비서 대신 데리고 갔는데, 거기서 연이 닿아 조선총독부의 직임관(直任官)으로 한센병 권위자였던 니시카메(西龜) 박사의 장남으로 각본을 쓰는 작가인 니시카메 겐테이(西龜元定)와 결혼하여 서울에서 결혼식을 올렸다.

딸 자랑 같지만, 큰딸은 눈앞의 상황에 흔들리지 않고 여성으로서 장래를 바라보는 분명한 입장을 여학교시절부터 갖고 있었던 것이다.

큰딸을 비롯해서 아이들은 빈곤한 생활 중에도 비굴하기는커녕 결코 명랑함을 잃지 않고 아버지를 존경했던 것이다.

자본주의경제는 붕괴하지 않는다

고레카와 긴조

상상을 초월한 빈곤한 생활 속에서 나는 장래 살아갈 길을 발견하기 위해서 필사적으로 공부를 계속했다. 도서관에서 돌아온 후에도 매일 밤 집에서 12시, 1시 넘어서까지 노트를 정리하고, 자신만의 자료를 만들었다. 이러한 생활을 정신없이 3년간 계속하는 동안, 10kg이나 야위었으나, 서서히 그 길이 보이기 시작했다.

마르크스, 레닌의 이론은 경제의 실태를 파악하지 못한 것으로 이론적으로 오류인 것을 알았다. 자본주의의 경제변동에 시대를 넘어선 원리적인 하나의 일정한 큰 리듬이 있다. 내가 말려든 금융패닉도 이 경제 변동의 하나인 파도에 지나지 않는다는 결론에 도달했다. 그 결과 '자본주의는 붕괴하지 않는다' 라는 확신을 얻고, 동시에 마르크스, 레닌이 말하는 공산주의로는 절대로 가지 않겠다고 결심했다. 경제의 실태는 학문으로 설명할 수 있는, 확연히 정해진 변동이 아니다. 하나의 같은 형태로 정해진 경제변동은 없다, 라는 것이 경제의 실태라는 하나의 법칙을 나는 발견했던 것이다. 자본주의 경제는 끊임없이 다음 상태로 이행해가는 파동을 반복한다. 금융공황이 일어나는 등의 일은 그곳에 있는 이윤추구의 구조, 그것이 혼란을 일으킨 것으로 이윤을 추구하는 이상 경제의 변동이 불규칙적이지만, 일정한 큰 리듬으로 일어나는 것을 피할 수는 없다. 소위 경제변동은 경제의 실태에서 오는 자연현상인 것이다.

예를 들면 경제의 파도가 하강선을 그리면 그것은 영구적인 하강이 아니라, 내려가는 것은 다음의 상태로 이행하는 에너지를 비축하는 것이다. 또 경제가 상승선을 그릴 때도 그것은 다음의 상태로서 하강의 에너지를 비축해 간다. 경제변동의 파도에 커다란 차가 있는 것은 그 시대의 정치를 비롯한 경제를 둘러싸고 있는 환경조건에 변화가 있기 때문인 것이다.

'경제에는 영원한 번영도 없으며, 영원한 쇠퇴도 없다.'

이것이야말로 자본주의 경제의 본질인 것이다. 그리고 경제변동의 큰 리듬은 주식시세의 실태로 나타나고 있음을 간파했던 것이다.

그렇다면 지금까지 피땀 흘린 노력으로 공부하고, 체득한 것을 주식의 세계에서 살려보자고 나는 결심했다.

백발백중의 선견력

주식으로 승부하고 싶지만 밑천이 없다
백발백중
선생님, 사무실을 마련했습니다
고레카와 경제연구소
미국의 금본위제 중단을 간파하다
억만장자의 기회를 잃어버리다
정보의 진위를 가려내다
헌병대에 국제정세를 강의하다
제2차 세계대전을 예견하다

시세를 판단하는 것은 투전도 도박도 아니다.
정확하게 실제경제에 뒷받침 된 경제 행위인 것이다.
그러므로 판단을 잘못하면 불을 보듯 뻔한 결과를 초래하는 것이다.

주식으로 승부하고 싶지만 밑천이 없다

1931년 12월, 전쟁 전 최후의 내각으로 불렸던 이누카이 츠요시(犬養毅) 내각이 탄생하고, 이누카이 수상은 취임하자마자 금 수출 금지를 재차 단행했다. 이에 따라 주식시장은 일제히 급등, 시장의 중심 종목이었던 신동주(新東株:도쿄 증권거래소 신주의 약칭)는 12월 10일 119엔 50전에서 다음날 11일에 135엔 30전, 더욱이 20일에는 143엔 50전으로 대폭등을 연출했다.

자본주의 경제 기구 중에서 물가의 변동, 주가의 변동이라는 것에 일정한 법칙적인 것이 있는 것을 발견했을 때, 나는 다시 한번 실업계로 컴백할까도 생각했었지만, 지금부터는 주식으로 나 자신의 인생 활로를 열어 나가자, 라고 결심했던 것이다.

'좋아, 그렇다면 사업은 별로다. 주식거래라는 천하의 도박판에서 승부를 걸어보자.'

당시 주식시장은 거래량의 80%를 개인이 매매하고 있었다. 현재와 같이 법인에 의한 매매는 거의 없었다. 그러므로 주식시세는 당연히 개인투자가에 의해 움직여졌다.

그러나 그들이 하는 것은 내가 보기에 실로 유치한 방법으로 시세를 판단하고 있었다.

'이런 사람들이 주식을 하고 있다면 해볼 만하다.'

개인투자가들의 매매를 보고 절로 웃음이 나왔다.

그들 중에는 경제를 과학적으로 분석해서 시세를 판단하는 투자가는 거의 없었고, 경제지식은 매우 유치한 것이었다. 일은 부딪혀봐야 안다고, 그들과 직접 이야기해보면, 겨우 신문기사가 스승이 되는 정도의 내용밖에 없었다. 그러므로 모두 단순한 판단력밖에 갖고 있지 않았던 것이다.

주식에 인생을 걸자고 결심은 했지만, 주식투자의 밑천이 될 돈이 없었다. 도산해서 3년간 수입 없이 아이도 네 명이나 끌어안고 빚에 허덕이는 생활을 하고 있었으므로 집에는 전당잡힐 물건은커녕 이미 돈을 빌릴 곳마저 없는 상태였다. 증권계에는 물론 아는 사람이 있을 리도 없었다. 주식시장에서 승부하자고 결심한 이상, 밑천이 없으면 움직일 수 없었다. 역시 아내에게 부탁할 수밖에 없었다.

"제발 한 번만 주식을 하게 해줘. 그러려면 어쨌든 밑천이 있어야 돼. 미안하지만 얼마든지 좋으니 어디 가서 돈을 빌려와, 부탁해."

머리를 숙여 부탁했지만, 자신의 기모노는 이미 전당잡히고, 장롱 속에는 한 벌도 남아있지 않았는데, 어떻게 해서라도 돈을 마련해달라고 하니, 말도 안 되는 이야기였다. 그러나 어쨌든 나를 믿어주었던 아내는 말없이 내 얼굴을 보면서 이야기를 듣고 있었다.

그리고 며칠 후 어디서 만들어왔는지, 나에게는 알 이유도 없었으나 쥐어짜는 듯한 목소리로 70엔을 건네주었다.

"이 이상은 아무리 해도 안 됩니다. 이것으로 맘 편안히 하고 싶은 일을 하세요."

당시 주가의 1회 매매단위는 10주였다(현재는 천 주). 그리고 그 10주를 매매하기 위한 증거금으로 200엔이 필요했다. 그러나 밑천은 70엔밖에 없다. 하지만 고생해서 만들어준 아내에게 그 이상을 만들어달라고는 도저히 할 수 없었다. 아내가 여기까지 애써준 것이 할 수 있는 모두였던 것이다. 70엔 있으면 충분하지 않은가, 앞으로 내 수완에 달렸다, 어떻게든 되겠지, 라고 생각했다. 1919년 7월, 고향 다츠노시에서 사업의 꿈에 불타 산요본선을 타고 오오사카로 향했던 때를 생각해내고, 새로운 희망으로 다시 가슴이 벅차올라 온몸을 떨었던 것이다.

백발백중

아내가 고생해서 만들어준 70엔을 갖고 오오사카의 기타하마 주식시장으로 달려갔다. 가네다타츠후지 상점(金田辰藤商店)의 오오사카 주식거래소 중개인인 후쿠다 켄이치로오(福田堅一郎:후일 '이치요시증권'(一吉證券)사장)를 방문했다.

후쿠다 씨의 누나의 사위가 나에게 아주 커다란 신세를 진 일이 있었다. 내가 신철회사를 경영하고 있을 때, 그 사위에게 수천만 엔의 손실을 입어 회사가 도산하는 원인이 되었던 것이다. 그때 후쿠다 씨가 나에게 그를 데리고 와서 용서를 빈 이래 교분을 가져왔다.

그러므로 주식시장에서 승부를 하려고 결심했을 때, '매매는 저 사람에게 부탁하자'고 결정했다.

"이것으로 매매를 해주게."

기타하마의 가네다타츠후지 상점에 도착해서 후쿠다 씨를 불러, 아내가 만들어준 돈 70엔을 앞에 놓고 부탁했다.

"최저 증거금이 200엔인데 70엔으로 어떻게 해볼 수 없겠나?"

후쿠다 씨의 얼굴에는 어이없는 친구라는 표정이 역력했다. 황당한 얼굴로 내 말을 듣고 있다가, 내가 한 치도 물러서지 않는 것을 알고는 말했다.

"적어도 그 절반(100엔)은 어떻게든 안 되겠습니까?"

"안 되네, 절반은커녕 단 1엔도 안 되네. 모자라는 만큼 돈을 대신 내주게."

"그건 곤란합니다."

"자네 월급을 상당히 받고 있으니, 30엔 정도는 아무것도 아니지 않나. 30엔 정도 대체해준다고 해서 큰일 나는 거 아니잖나?"

물론 누나의 사위가 끼친 손해의 몇 분의 일도 되지 않는다는 것도 덧붙였다. 의리를 방패로 무리하게 차용을 요구했다. 그때 당시도 증권회사 직원의 월급은 높았고, 일반회사의 월급이 60엔이었을 때 중견증권회사의 전무 정도면 200엔이나 되는 고액의 급료를 받고 있었다.

"손실을 보면 어떻게 하실 겁니까?"

"증거금이란 것은 매매로 손실이 날 때를 위해 맡겨두는 것 아닌가?"

"그렇습니다."

그렇다면 주식의 매매로 손실을 보지 않을 것이 확실한 것이므로 증거금에 필요한 돈을 빌려주어도 손실은 없는 것이다.

"나는 절대로 손실이 없을 것이다. 70엔도 여분의 돈이다. 다만 그것으로 모양이 안 된다면 30엔을 더해서 100엔으로 매매할 수 있게 해주게."

후쿠다 씨는 질린 표정이었으나, 나에게 의리를 생각해서 거절하지 못하고 결국 승낙했다.

"어떻게든 해보겠습니다."

70엔의 원금으로 매매를 승낙 받아, 드디어 나의 주식투자 인생이 스타트를 끊었던 것이다. 1931년 34세 때였다.

한 구좌 10주로 최초로 손에 넣은 것은 신동주였다.

당시 아이 네 명과 아내, 여섯 식구의 한 달 생활비로 100엔이 필요했다. 70엔의 원금으로 100엔씩 아내에게 건네줄 생활비를 벌면서도 자본금은 계속 늘어가기만 했다.

그해 연말에는 70엔의 원금이 백배인 7,000엔으로 불어나 있었다. 일단 그해 연말에 매도한 주식을 전부 청산하고 남은 돈을 달라고 후쿠다 씨에게 말하자 3,500엔 정도의 돈이 들어왔다.

매매는 연전연승, 백발백중으로 들어맞았고, 기타하마에 이상한 사람이 나타나서 사도 팔아도 백발백중, 무언가 비밀이 있지 않을까 하고 나를 찾는 사람이 늘어갔다.

선생님, 사무실을 마련했습니다

오오사카의 기타하마에 주식을 백발백중으로 맞추는 이상한 사람이 있다, 저 사람이 하면 백발백중으로 잘 된다고 하더라 하는 소문이 퍼져, 그 평판은 도쿄의 가부토쵸(兜町)에도 전해졌다.

투자 교훈을 부탁하는 사람, 회사의 고문이 되어달라고 하는 사람도 많았다. 연일 사무소 겸 자택으로 지도를 받으려는 사람들이 드나들었다.

그러던 중에 항상 내가 있는 곳을 출입했던 한 남자가 어느 날 갑자기 말했다.

"선생님, 사무실을 만들었으니 한번 보러와 주십시오."

나에게 비밀로 하고 자기 마음대로 사무실을 준비했던 것이다. 기타구 도지마(北區 堂島)의 오오에(大江) 빌딩의 한 방으로 가보니 세 사람의 남자가 있었다.

"선생님, 사무원으로 써주십시오. 부탁드립니다."

그 사람이 머리를 숙이는 것이다. 사무실이 생겼다고 놀라고 있는데 이미 세 사람의 사무원까지 준비해두었던 것이다.

"자네는 누구한테 월급을 받나?"

"선생님으로부터는 받지 않습니다."

"선생님으로부터라니, 이런, 나는 자네를 고용한 기억이 없는데."

나도 만만치 않지만, 신속 용의주도함에 어안이 벙벙했다.

"아닙니다. 간사가 '이번에 증권계에 대단하신 분이 나오셨는데, 자네들 월급은 걱정 말고 옆에서 선생님에게서 여러 가지 배워라. 장래 출세의 실마리를 잡을지도 모른다'고 했습니다."

그러므로 2, 3일 전부터 여기에 와있었다는 것이다. 옆에 있던 간사가 부탁했다.

"선생님, 우리들 매일 여기에 모이니까, 가르쳐주십시오."

"무엇을 가르치는가? 나는 가르칠 자신이 없다. 다만 자네들이 무언가 묻고 싶은 것이 있다면 꺼릴 것 없이 말해라. 그것뿐이다."

"그것으로 족합니다. 그럼 내일부터 이곳으로 와주십시오."

회원은 모두 주식증권계의 이른바 프로들이었다. 주식 매매로 경험을 쌓은 사람들의 눈으로 보면 지금까지 주식평론가와 연구자와는 나는 기질이 다른, 매우 기이한 느낌이 들었을 것이다.

1919년, 오오사카 기타구 도지마의 빌딩 한 쪽에 '쇼와경제연구소'(昭和經濟硏究所: '고레카와경제연구소'의 전신)의 간판을 걸고, 주식과 상품의 연구 지도를 하게 되었다.

아라시야마에서 도서관으로 3년간 다니면서 일본과 세계의 경제를 분석, 상품 동향을 조사한 결과의 챠트와 지수가 내 머릿속에 확 들어박혀 있었다. 매일 신문을 읽고 항상 3년 후의 경제의 동향을 추측하고, 그것을 배경으로 주식 종목의 실적을 읽었던 것이다.

내 설명에 납득하고 만족하여 지시대로 매수하면 정확하게 들어맞았다. 회원은 기뻐서 나를 신처럼 대했던 것이다.

돈을 벌게 해주었으니 보답한다고 토요일 오후가 되고 장이 끝나면 요정으로 나를 데리고 갔다.

"선생님, 저녁 잡수러 가시지요."

"한 턱 낼래?"

북쪽 신개발지의 화류계에 가까운 고급요정에서 멋진 여자들을 불러 돈을 뿌리는 것이 매주 계속되었다. 어쨌든 벌었다고 일단 마시고 보는 사람들이었다.

"이런 만남을 매주 계속할 수는 없네, 양해하게."

이야기도 무엇도 맞지 않는 사람들이었다. 그러므로 결국 밥 먹으면 가야하니 빨리 식사 가져와, 하고는 밥만 먹고 집으로 가고 말았다.

나는 16세 때에 독립한 이래, 오입질과 술만큼은 절대 하지 않겠다고 맹세했다. 술이 없으면 이룰 수 없는 교제는 미련 없이 거절했고, 게이샤의 요염한 자태에도 유혹당하지 않았다. 지금까지 그것을 정진정명(正眞正銘) 굳게 지켜왔던 것이다. 그러므로 그들과 함께 마시고 흥청거리며 노는 것을 싫어했다. 하고 싶은 것은 그밖에도 얼마든지 있었다.

고레카와 경제연구소

'쇼와경제연구소'를 발족시키고 2, 3개월 지나자 내 소문을 듣고 지도를 받고 싶다는 많은 사람들이 끊임없이 나를 찾아왔다. 이렇게 되자, 본격적으로 연구를 하지 않으면 안 되었다. 그 때문에 연구원을 양성했던 것이다. 각 테마별로 담당자를 정해서 연구를 하게 하고, 모르는 것이 있으면 나에게 질문하라고 하는 경제연구소 다운 체제가 만들어졌던 것이다.

'쇼와, 이런 의미가 불분명한 이름은 안 되겠다.'

당당하게 내 이름을 내세워서 경제연구를 하자고 새롭게 '고레카와 경제연구소'(是川 經濟硏究所)로 간판을 바꾸었던 것이다.

'고레카와 경제연구소'는 소위 청년학당 같은 성격으로 연구원, 즉 내 제자는 전성기에 50명을 헤아렸다. 신문과 구인광고 모집을 보고 응모한 10대부터 20대의 젊은이들이다. 학술 시험과 면접으로 채용을 결정했다. 인간적으로 일국일성(一國一城)의 주인이 될 소질이 있는 젊은이들을 골랐다. 재능이 있어도 의외로 성격이 편향되어 아무 것도 할 수 없는 사람이 있다. 그러므로 소질이 있는 사람을 선별하기 위해 엄중한 테스트를 반복해서 여러 각도에서 인간을 보았다. 세 번이나 면접을 하고 우수한 인재만을 픽업했다.

그때그때의 신문을 장식한 정치, 경제 문제를 들어 강의를 했다. 정치경제 대한 정확한 판단을 할 수 있는 인재를 양성하고자 했기 때문이다. 연구생 중에는 낮에는 연구소에서 일하고, 밤에는 내가 학비를 대서 대학 야간부 학생으로 다니는 사람도 있었다.

니시가키 기쿠조(西垣菊三)도 그 중 한 사람으로서 간사이대학(關西大學)의 야간전문부에 다니고 있었다. 어느 날, 그 니시가키의 주임교수인 후루카와 다케시(古川武) 경제학 박사가 연구소를 찾아와서 나를 만나고 싶다고 했다.

"선생님, 니시가키 기쿠조라는 청년은 훌륭한 인재입니다."

내 얼굴 보자마자 돌연 제자를 칭찬하는 것이었다.

"그의 답안만은 채점할 수 없었습니다. 나 이상의, 내가 써도 도저히 쓸 수 없는 답안을 그가 써냈습니다. 누구에게 이런 답안을 쓸 수 있도록 배웠냐고 물으니, '고레카와 경제연구소'의 고레카와 긴조 선생님에게 가르침을 받아 공부하고 있다'고 하므로⋯⋯."

그러므로 오늘은 어떻게 해서 니시가키가 그 정도의 성적을 낼 수 있었는지, 어떤 방식으로 내가 가르치고 있는지를 알고 싶어서 왔다고, 연구소에서 들어서자마자 단숨에 말했다.

"선생님에 대해서는 이미 들어서 알고 있습니다. 그러나 십대의 청년이 이 정도로 답을 쓸 수 있게 된 것에 놀랄 뿐입니다. 참으로 염치없습니다만, 매주 토요일 강의를 저도 들을 수 있겠습니까?"

"그건 안 됩니다. 당신은 유명 대학의 교수가 아니오. 예의에 어긋나는 일입니다."

"아닙니다. 그런 거 생각하지 않으니 가르쳐주십시오."

사양할 틈도 없이 자기 마음대로 강의를 들으러 왔다. 그러더니 대학에 강의를 부탁했다.

"우리 대학에 한 달에 한두 번 강의하러 오지 않겠습니까? 학생들에게도 꼭 들려주고 싶습니다."

이번엔 이쪽이 놀랄 지경이었다. 결국 후루카와 교수의 끈기와 열의에 못 이겨 초등학교 출신인 내가 대학의 강단에 한 달에 두 번 꼴로 등장하게 되었던 것이다.

그러나 강의와 학생으로부터의 질문에 답하기 위해서는 상당한 규모의 조사가 필요했다. 결국 강의에 할애하는 시간이 너무 많아져 내가 하는 일에 지장을 주게 되었고, 나는 4, 5회 강단에 선 다음 정중히 후루카와 교수에게 사양하겠다고 말하고 강의에서 물러났다.

나는 50세까지 사업경영을 한 다음 정치에 뛰어들 작정이었다. 정치가가 되려면 돈이 필요했다.

"자네들은 그때를 위해 정치자금을 준비해. 그 의무를 담당해야 돼."

나는 당당히 연구원들에게 말했다. 젊은 연구원들은 순진한 사람들이었기 때문에 모두 그럴 작정으로 일국일성의 주인이 될 것을 목표로 공부했다.

미국의 금본위제 중단을 간파하다

고레카와 긴조

1932년, 만주사변을 계기로 일본은 만주를 점령하고, 일본 관동군은 청나라 최후의 황제 부의(溥儀)를 집정으로 하여 만주의 독립을 선언했다.⁽ᵎ⁾

주) 만주사변(滿洲事變)은 1931년 9월 18일에 중국동북부에 주둔한 일본 관동군에 의해 시작된 전쟁을 말한다. 이 사건을 계기로 일본 군부는 일본의 정치에 발언력을 강화하고, 결국 대륙침략의 야욕을 드러내면서 중일전쟁의 시발점이 되었다. 1931년 9월 18일 밤 10시 무렵, 봉천(奉天) 북부의 철도에 폭발이 일어나 선로가 파괴되는 사건이 일어난다. 관동군은 이것을 중국의 장학량(張學良)의 동북군에 의한 파괴공작으로 단정하고 즉각 중국 동북지방의 점령에 나섰다. 그러나 이 철도 폭파는 관동군이 저지른 것으로서 관동군의 자작극이었다. 이 사건은 처음부터 관동군이 일본정부 몰래 일으킨 사건으로서, 이후 일본정부의 외교적 수습을 무시하고, 일본 군부는 자위를 위해서라고 강변하며 전선을 확대했다. 그러나 국제여론의 악화로 인해 관동군은 만주전역을 점령하려던 계획을 포기하고, 1932년 3월 1일 청나라 마지막 황제 부의(溥儀)를 집정으로 한 괴뢰정권 만주국을 세웠다. 1932년 9월 일본과 만주국 사이에 '일만의정서'(日滿議定書)가 체결되어 일본의 기득권 승인, 관동군의 주둔이 인정됨으로서 사실상 만주는 일본의 식민지가 되었다. 이후 일본은 현지 주민의 토지를 빼앗아 대량의 일본인을 만주에 이주시켰다. 1932년 1월, 미국 국무장관 스팀슨은 일본의 만주 침략에 의한 중국 영토와 행정의 침해와 극동의 평화와 현상유지에 관한 '파리평화조약'에 위배되는 일체의 행위를 인정하지 않는다는 '스팀슨 독트린'(Stimson Doctrine)을 발표하고, 중국은 물론 영국과 유럽 각국이 이를 찬성함으로서 일본은 국제적 고립을 자초하였다.

일본은 군사 색채를 더욱 강화하여 태평양 전쟁의 발발이라는 소용돌이 속으로 점점 빠져 들어간 시대였다.

당시 1933년의 주식시장도 그러한 세계정세와 마찬가지로 폭풍과 같은 해를 맞고 있었다. 매물이 매물을 부르며 시장은 하락압력이 강화되면서 자연스레 반락하고 연초부터 3월에 걸쳐 주가는 급락하고 있었다.

3월 24일, 전년의 만주사변으로 일본이 건국한 만주국이 국제연맹에서 논의된 결과, 42대 1로 일본의 만주 철수 권고안이 결의되고, 일본의 국제연맹 대표인 마츠오카 요스케(松岡洋右) 대사가 총회를 퇴장, 27일에는 국제연맹을 탈퇴하는 사건이 일어났다. 미국에서는 금융공황이 발생하여 주식시장의 하락은 더욱 가속화되고 있었다.

이러한 정치, 경제의 혼란 상황 속에서 나는 주식시세를 정확히 읽고자 경제의 흐름, 실로 시대의 흐름을 열심히 공부했다.

나의 판단은 이러한 격동 속에서도 틀리지 않았다.

1931년 9월에는 영국이 당시의 세계의 기본 통화체제였던 금본위제⁽주⁾를 중단 하는 것을 수일 전에 판단 적중시켰다.

주) 금본위제는 통화의 안정성을 확보하기 위하여 중앙은행이 보유한 금만큼의 통화만 발행하는 것으로, 경제 규모가 작을 때는 시중에 유통, 보유중인 금이 지급수단이자 화폐발행의 기준척도와 교환수단이 되었다. 금본위제하의 각국의 통화는 일정량의 금의 양으로 표시되었으며, 지폐(태환지폐)는 액면금액만큼 금태환을 보증하는 보조화폐였다. 그러나 제1차 세계대전에 의해 각국 정부는 금본위제를 중단하고 관리통화제도로 이행한다. 이는 전쟁으로 인해 증대한 대외지불을 위해 금화를 정부에 집중할 필요가 있었고, 금 수출의 금지, 통화의 금태환을 정지하지 않을 수 없었기 때문이다. 이후 1919년 미국이 다시 금본위제로 복귀한 것을 계기로 각국이 금본위제로 복귀하였으나, 1929년 대공황으로 다시 그 기능이 정지되었다. 한정된 금에 얽매여 화폐발행량에 제한을 받으면 경제 활성화에 적극적으로 대처할 수 없기 때문이었다.

이 시점에서 미국의 금본위제의 중단을 간파한 사람은 나 혼자였다. 연구자와 투자가들이 시대를 읽고자 열심히 연구하여 정확한 판단을 내리고자 할 때에 나는 정통으로 판단을 적중시켰다. 그러면 무엇이 다른 연구자와 다른가? 이것은 당시에도 현재에 있어서도 나에게 가르침을 받으려는 사람들이 가장 궁금해 할 것이다.

당시는 '뉴욕 연방준비은행'이 지폐 발행액과 예금 잔액, 금의 보유고를 매주말에 발표하고 있었다. 나는 이 세 통계를 10년, 20년의 간격으로 나누어 그 숫자를 계속해서 매주 리얼타임으로 비교하여 지켜보고 있었다. 금본위제를 실시하고 있는 나라는 법률로 정화준비가 지폐 발행액에 대해 몇 %를 유지할 수 없을 경우 금본위제를 중단한다는 법률 규정이 있는데, 미국의 경우는 40% 이하에서 태환을 정지하지 않으면 안 되도록 되어 있었다.

'뉴욕 연방준비은행'은 지폐 발행액과 예금 잔고, 금의 보유고를 매주 금요일에 발표하고 있었다. 나는 매주 이 숫자를 쫓는 가운데, 정화준비가 41%, 40.5%로 태환을 정지하지 않으면 안 되는 40%에 육박하고 있음을 포착했다.

그러한 수치에 대해 반응하는 주초 뉴욕의 외환시세와 은행의 움직임을 간파하고 미국이 금본위제를 중단할 것으로 판단했다.

'금주 수요일은 반드시 정화준비율이 40%를 깰 것이다. 미국은 즉각 금본위제를 중단한다.'

물론 미국의 금본위제 중단으로 일본의 주식시장은 급속히 대

혼란에 빠질 것으로 보았다.

당시 나는 오오사카의 기타하마 시장의 거의 모든 증권사와 거래를 하고 있었는데, 그 거래처 증권회사에게 일제히 보유주식 전부를 매도하라고 지시했다.

"고레카와 씨, 그렇게 매도해도 괜찮습니까? 이유가 무엇입니까?"

내 의뢰에 놀라 '가네다증권'의 후쿠다 씨가 찾아왔다.

"당신 주식도 함께 팔아두게. 모레 수요일에 미국으로부터 금본위제 중단 뉴스가 들어올 것이야. 그렇게 되면 도쿄도 오오사카도 거래 정지야."

곧 보유주식과 금을 팔라고 하는 내 지시에 그는 망설였다.

"음, 어쩐다……"

후쿠다 씨는 판단을 내리지 못했다. 그는 내 분석결과에 대해 반신반의하며 듣고 있는 모습으로 내 의견을 듣고 움직이려 하지 않았다.

어쨌든 빨리 매도해야 한다고 생각하고, 내 것은 증권회사에 부탁해서 모두 팔았다. 증거금 1전도 남김없이 전부 팔았던 것이다. 그야말로 사느냐 죽느냐의 모험을 건 것이다.

"그렇게 무모하게 해도 될까요?"

"괜찮아. 자네가 가장 많이 (수수료로) 벌겠지."

후쿠다 씨는 내 배포를 알고 있었기 때문에 내 결정을 근심스러운 듯 바라보았다.

억만장자의 기회를 잃어버리다

고레카와 긴조

1933년 루즈벨트는 미국 대통령에 취임함과 동시에 뉴딜 정책(불황대책)을 실시했다.

4월 19일, 수요일. 뉴욕의 연방준비은행으로부터 통화상황이 발표되는 날이었다.

7시 50분을 조금 지났을 때였다. 기타하마 주식거래소에서는 거래개시 준비로 바쁜 시간이었다.

「미국은 금본위제 폐지를 결정. 뉴욕 증권거래소는 거래 중지……」

갑자기 이른 아침 긴급 뉴스에 거래준비에 쫓기던 기타하마 시장은 대충격을 받았다. 시장은 즉각 패닉 상태에 빠지고, 거래 개시가 문제가 아니었다. 장이 설 수 없는 상황이었다.

'자, 이렇게 해서 한몫 벌었다.'

나는 시장의 대혼란을 곁눈질하며 홀로 편안하게 웃었던 것이다. 아마도 세계에서 미국의 금본위제의 중단을 사전에 판단했던 사람은 나 혼자였을 것이다. 더구나 그 날짜까지 정확하게 적중시켰던 것이다.

사태를 읽고 이미 나는 보유주식을 팔고 떠나있었다.

예상대로 주식시장은 하락에 하락을 거듭하여 대폭락했다. 장이 서지 못한 채 끝난 거래소를 뒤로 하고 내일, 모레의 엄청난 수익을 오싹오싹한 느낌 속에서 마냥 생각했다.

예상은 멋지게 적중했다. 그러나 다음날도 거래는 중지, 그 다음날도 거래중지가 이어졌다.

'이래선 안 되는데.'

이번엔 나쁜 예감이 들었다.

당시 신용거래 보증금으로서 대금 20%를 증권회사에 납입하는데, 시세가 반값이 되면 대금의 30%를 증권회사에 더 내야 했다. 따라서 시세는 반값은커녕 매도가 쇄도하고 매수세 실종으로 장이 서면 시세는 없는 것과 마찬가지였다. 이대로 가면 모든 증권회사가 30%의 대치금에 몰려 도산할 위기감마저 있었다. 그러므로 장을 세우는 것이 불가능했던 것이다. 그런데 그것은 나에게 있어서 역으로 재앙이었다. 모처럼 큰 수익의 찬스를 놓쳐버린 것이다.

결국 '미국이 금본위제를 중단' 한다는 뉴스가 들어온 4월 19일 수요일 이후 그 다음 주 초까지 장이 열리지 않았고, 거래정지가 계속되었다. 나는 주식을 모두 미국이 금본위제를 중단하기 직전에 매도했다, 라는 기분은 고무되어 있었으나 형세는 나빴다. 이미 매매하고 있는 주식에 대해서 증권거래소는 다음과 같은 판단을 내렸던 것이다.

「미국이 금본위제를 중단하기 전의 종가로 결제한다……」

나는 손실을 보지 않은 대신 한 푼도 벌지 못하게 된 것이다. 증권회사를 도산으로부터 지키기 위해 금본위제 전일의 종가로 결제한다는 것이다. 이 때문에 나의 억만장자의 꿈도 사라져버리고 말았다.

'내 매도가 유효했다면, 확실히 일생일대의 부를 축적했을 것이다.'

경제를 예상하고, 판단을 정확히 적중시키면서도 아무런 효과를 얻지 못했다. 그러나 억만장자는 되지 못했으나 영국에 이어 미국의 금본위제를 적중시킨 것으로 기타하마 구석구석까지 내 이름이 알려졌다.

이처럼 국제경제의 흐름을 체계적으로 비교하고, 자료를 철저히 분석한 결과, 그것으로부터 일어날 수 있는 변화를 선취하여 판단을 내리는 것이다. 이것이 나의 기본적인 공부 방법이었던 것이다.

정보의 진위를 가려내다

고레카와 긴조

나는 젊었을 때부터 큰 국제관계의 변화를 포착하는 것에 재주가 있었다. 경제문제에서도 사람들의 의견을 듣는 것만으로는 만족하지 못했다. 상대방이 말하는 것이 정말인지 아닌지, 내 스스로 그것을 분석해서 확신이 설 때까지 파고들지 않으면 납득하지 못했다.

1933년에 '고레카와 경제연구소'를 개설했던 것도 결국 스스로 세계경제를 관찰하여 분석하지 않으면 목숨 다음으로 중요한 거금을 걸고 시세를 판단할 수 없다고 생각했기 때문이다. 늘 피를 토하는 심정으로 공부한 것을 무기로 주식시장에 홀로 승부를 걸었으므로 증권업계에서는 이색적인 존재가 되어버렸다.

물론 현재도 국제경제의 분석을 스스로 하고 있다. 매일 아침 8시에 각 증권회사로부터 외신이 들어온다. 이것으로부터 내 하루의 일이 시작되는 것이다. 뉴욕, 런던, 프랑크푸르트 시장의 주가지수와 금, 은, 구리 등 비철금속과 재고, 입출고 상황, 물론 외환시세, 금리 등 적어도 반드시 이것만큼은 매일 기록한다. 이미 몇 십 년 동안이나 이 기록을 쉬지 않고 해온 것이다. 90세를 넘긴 지금도 전화로 외신의 내용을 받아 그것을 내 손으로 노트에 적는 다.

"훈련하면 인간은 누구라도 이만큼의 능력을 유지할 수가 있다."

하자고 결정하면 어떤 난관이 있어도 해내고, 해서는 안 될 일은 어떤 유혹이 있어도 하지 않는, 이 정도의 강한 의지가 없으면 자신의 돈을 걸고 시세를 판단하는 것은 불가능하다고 생각하는 것이 좋다.

그렇다고 해서 단지 정보만을 보고 있으면 틀리는 경우가 있다. '정보 속에는 엉터리 정보가 있기' 때문이다.

물론 들어온 정보 속에도 거짓 정보가 들어있다. 그러나 이것을 분별하는 것이 프로다. 증권회사의 직원들이라도 독자적으로 조사기관을 갖고 거기서 얻은 정보라면 믿어 의심치 않는다. 그러므로 일반투자자들은 거짓 정보인지 아닌지를 분별할 수 없는 것이다. 따라서 손님은 증권회사의 직원이 갖고 온 거짓 정보에 놀아나 매매를 하고 있는 것이다.

내 경우, 증권회사가 갖고 온 정보를 앞에 두고, 그 정보가 정말인지 아닌지 곰곰이 생각한다. 정보의 발신원은 어딘가, 누가 어떤 목적으로 보냈는가를 생각하다가 보면, 각통신사의 해외특파원이 보낸 케이스가 자주 발견하게 된다. 이것이 수상한 것이다.

해외의 경제기관이 발표하는 숫자를 특파원이 그대로 전달하면 좋지만, 특파원이 그 숫자에 해석을 붙이는 경우가 있다. 자신의 주관으로 숫자를 분석해서 예상까지 한 정보를 흘리는 것이다. 이것을 일본의 증권회사 조사기관은 의심도 없이 그대로 받아들인다.

나는 다르다. 정보를 듣는 것만으로, 이것은 특파원이 제멋대로 보낸 정보라는 것을 안다. 오랜 시간 연구를 계속해온 결과, 적절한 판단을 내릴 수 있게 된 것이다.

전해진 기록도 단지 듣고 쓰는 것이 아니다. 하나하나 정확한지 틀렸는지 판단하지 않으면 쓰지 않는다.

그러므로 내가 시세를 말할 때는 지금까지 한번도 그때의 즉흥적인 생각에서 말한 적이 없다. 세계 경제를 진지하게 연구하고, 분석한 결과를 내 판단으로서 말하는 것이다. 즉흥적인 시세관은 어쩌다 우연히 맞는 경우가 있어도, 그런 판단은 연구재료로는 사용할 수 없고, 귀담아 듣지도 않는다.

초보자는 정보의 맞고 틀림을 판단하려 하지 않고, 즉흥적으로 매매하려고 하기 때문에 큰 손실을 입게 되는 것이다.

나는 엄밀히 경제를 분석한 결과, 그 판단에 기초하여 시세의 동향을 발표하고 있다. 시세를 판단하는 것은 투전도 도박도 아니다. 정확하게 실제경제에 뒷받침된 경제행위인 것이다. 그러므로 판단을 잘못하면 불을 보듯 뻔한 결과를 초래하는 것이다.

헌병대에 국제정세를 강의하다

경제를 통해서 보면, 실제로 국제정세도 잘 알게 된다. 그러나 사정을 너무 지나치게 잘 보는 것도 곤란할 때가 있다.

'고레카와 경제연구소'를 개설한 1933년의 일이었다. 강연장에서 만주사변을 비판했다고 해서 헌병대에 처음으로 끌려갔다.

나의 그때까지의 국제경제의 관찰, 분석으로 보면 만주사변의 발발은 아무리 이해하려 해도 납득이 가지 않고, 판단이 서질 않는 것이다.

만주사변의 계기는 1931년 9월 18일 밤 자정 무렵 장학량(張學良)의 군대가 만주철도를 폭파하고 관동군이 이에 자위권을 발동하여 장학량의 주력부대가 주둔한 지하영(地下營)을 공격하고 점령했던 사건이었다.

그러나 내가 중국에 있었을 때의 경험으로 보면, 중국의 군대는 저녁 8시나 9시에는 소등시간으로 그들은 일본의 군대와 달리 소지하고 있는 무기는 모두 무기고에 넣고 취침하는 것으로 알고 있다. 그렇지 않으면 당시의 총 한 정이 100엔, 탄약은 한 발에 10엔이라는 큰돈에 눈이 먼 병사가 무기를 소지한 채 도망가 비적에게 팔기 때문이었다. 이것이 중국의 군벌 간부의 최대의 고민이었던 것이다. 그러므로 사건이 한밤중에 일어났다고 하는 발표를 듣고 아무래도 묘하다고 생각했다.

더욱이 이 중국군이 세계최강으로 불리는 일본의 관동군을 상대로 만주의 생명선인 만주철도의 간선을 폭파하는 그런 일은 상식적으로 생각할 수 없는 일이었다. 일본 만주철도대의 발표만으로는 목격자가 없고, 신문 사진의 중국 병사는 모두 비무장이었다. 나에게는 이치가 맞지 않는 것이었고, 그런 일은 믿을 수 없다고 말했던 것이다.

아마도 강의를 들으러 온 청중 중에서 누군가 헌병대에 고발한 바보가 있었던 모양이다.

"고레카와가 일본 군대를 비방하고 있다."

다음날 헌병대가 우리 집에 들이닥쳤다.

"잠깐 가자."

갑자기 나를 연행한 후에 가택수색으로 강연 속기록과 원고를 압수했다.

"왜 당신은 만주사변을 비판하는 짓을 하고 있는가?"

"공범이 또 있는가?"

마치 스파이 용의자로 체포된 것처럼 헌병대의 심문은 엄중했다.

그러나 나는 자신의 신념, 판단에 자신을 갖고 있었으므로 그들에게 반문했다.

"사실이므로 말한 것이다. 당신들 정말 중국 군대를 알고 있는가?"

나는 오히려 헌병들에게 알아듣기 쉽게 설명을 했다. 우는 애도 울음을 그친다는 헌병대에게 말로 답변을 했던 것이다. 심문은 열기를 띠고, 점점 더 엄중해졌다.

그러나 내가 이 정도로 강하게 나온 것도 실은 이유가 있었다.

나는 연행되어 집을 나오기 전에, 오쿠 무메오(奧むめお) 씨의 남편으로 내 초등학교 은사였던 사사이 가즈아키(佐佐井一晁) 선생님에게 아내를 통해 속히 연락하도록 부탁해 놓았다. 사사이 씨는 현직 중의원 의원으로 당시 군의 수뇌부와 친밀한 우익의 거물이었다.

내가 헌병대에서 엄중한 조사를 받고 있을 때, 도쿄의 헌병 사령관으로부터 오오사카의 헌병대로 전화가 걸려왔다.

"고레카와를 신병 구속하지 말라. 그가 하는 이야기를 듣고 공부해라."

그때까지 엄중한 조사를 받다가, 그 전화 후 나는 수 시간에 걸쳐 중국을 중심으로 한 국제정세에 대한 지론을 헌병대에 강의하게 되었다. 물론 헌병대를 나올 때는 헌병대장 이하 간부가 현관까지 배웅해 주었다.

당시 가부토쵸의 증권회사 사람들이 역시 내 이야기를 듣고 싶어 하여 수십 명의 유지가 '고레카와회'(是川會)를 만들었는데, 그 때문에 도쿄에 일 개월에 한 번 정도 들르고 있었다.

헌병대는 내가 강연에서 어떤 이야기를 하는지 매우 신경 쓰였을 것이다. 내가 도쿄에 갈 때는 반드시 특고형사(特高刑事: 사상문제를 담당했던 비밀경찰)가 따라붙어 함께 기차를 탔다. 그리고 도카이도선(東海道線)의 시즈오카(靜岡)까지 오면 도쿄의 경시청에서 온 형사에게 나를 인도한다. 그리고 도쿄 역에 도착하면 이번에는 헌병대가 기다리고 있었다. 이런 상황은 대담한 나도 거북스러웠다. 그러나 나의 언동은 그것만으로도 센세이션을 일으켰다는 것을 반증하는 것이 아니었을까.

내가 강연하고 있으면, 특고와 헌병대 양쪽이 강연회장에 왔다. 그리고 강연을 속기하는 것이었다. 강연 이외의 때에도 사무실에 자주 왔다. 젊은 헌병과 특고 간부들은 이따금씩 얼굴을 내밀었다. 나는 그때마다 미영과 일본은 결전을 피할 수 없는 상황이 날이 갈수록 심해지고 있다고 설명했다. 이대로 나가면 일본은 파멸한다. 그것을 저지하기 위한 방법을 강구하지 않으면 안 된다는 일념으로 세계정세를 설명하고 분석해왔던 것이다.

그해 해외 주요국의 재정계획, 예산의 동향을 분석한 결과 곧 상상도 못할 사태가 도래하고 있음을 느꼈다.

제2차 세계대전을 예견하다

고레카와 긴조

숫자의 인쇄를 잘못했나 생각할 정도로, 믿을 수 없는 움직임이 나타나기 시작했다. 미국, 영국, 소련, 중국, 네덜란드로 이어지는 열강의 예산에 불필요하다고 생각되는 예산이 급격히 팽창하는 특이현상이 나타났던 것이다.

예를 들면 소련의 예산에서는 시베리아 개발비와 인도 농업개발 예산이 예년에 비해 급격히 팽창하고 있었다. 각국 모두 이 정도의 예산을 특별 지출한다고 하면 당연히 해당분야에 그만큼의 신경을 쓸 것이다. 그러나 어느 나라도 예산에 걸맞는 행동은 하지 않았다.

'이건 이상하다. 시베리아 냉한지 농업개발을 그렇게 급히 진행할 리 없는데.'

더욱 철저하게 조사한 결과 소련은 극동의 군사력을 증강하고, 상비병력을 30만에서 60만으로 배로 증강시키고, 시베리아 철도의 복선화 계획을 꾀하고 있었다.

러일전쟁에서 러시아 제국이 일본에게 고배를 마신 것은 극동군의 군사력을 증강했으나 시베리아 철도가 단선이므로 병력과 군수품의 수송이 원활하지 못했던 것이 가장 큰 원인이었다. 지금 소련은 이 시베리아철도의 복선화에 집중적으로 착수하고 있는 것이었다.

한편 영국은 어떠했는가 하면, 영국은 미국과 마찬가지로 관영조선소가 없으므로 민간 조선회사의 경영을 모조리 조사하고 있었다. 그러면서 전함의 수주가 계속되었던 것이다. 영국이 전함을 대량발주하고 있는 것에 미국이 무관할 리 없었다. 미국의 조선회사 전체의 경영자료를 분석하니 역시 전함과 항공모함이 대량으로 발주되고, 해군력의 증강이 훤하게 들어왔다.

결국 시베리아 개발이라든가, 인도의 농업개발 예산이라든가 하는 명목의 평화적인 예산항목으로 포장하고 실제로는 비밀리에 군사력을 증강하고 있었던 것이다. 이것은 미, 영, 소, 중국의 일본 포위의 공동작전이 시작된 것이라고 직감했다. 대일전의 준비에 들어갔다는 확신이 섰다.

"일본은 이제 미, 영과의 전쟁은 불가피하다. 긴급하게 전쟁체제를 갖추고 군사생산력을 증강하지 않으면 안 된다."

이대로 가면 일본은 곧 파멸을 맞을 것임을 재계, 군 참모본부에 호소했다.

그러나 당시는 미일 친선을 외교의 기본정책으로 하고 있었고, 나의 호소에 귀를 기울이는 사람도 적었다. 그런 중에 군의 수뇌부로 육군의 경제통으로 알려진 누마타 다케조(沼田多稼藏) 소장(후에 중장으로 남방군 총참모장)으로부터 호출을 받았다.

"고레카와 씨, 미영과 전쟁이 불가피하다는 주장은 어떤 것을 조사한 데서 그렇게 보시는 것입니까. 근거가 있으면 자료를 군에 제출해주십시오."

군의 수뇌가 내 주장을 무시하지 않은 것이다.

"우물쭈물 하다가 순식간에 미영은 대일 임전태세를 완료할 것입니다."

나는 지금까지 조사한 통계자료를 펼치고 분석결과를 모두 말했다. 누마타 소장은 참으로 군의 경제통으로 알려져 있었고 국제 경제의 흐름을 이해하는 판단력이 빨랐다. 소련의 시베리아 개발, 미영의 전함 수주 이야기를 듣고는 말문이 막힌 듯 잠시 팔짱을 낀 채 생각에 잠겼다.

"음, 거기까지 분석하고 있었습니까? 사태는 점점 심각해지는군요."

나는 계속 설명했다.

"일본의 최대의 약점은 철강으로, 미영소 삼국의 연간 철강 생산량 1억 수천 톤에 비해 일본은 겨우 6백만 톤인데, 이것으로는 전쟁에 이길 수 없습니다. 적어도 1천만 톤의 생산 확보가 불가피합니다."

이제 친선외교를 제창하고 있을 시기가 아니었다. 응전을 위해서 병력증강을 하루라도 빨리 진행시킬 필요가 있다고, 지금 생각하면 불덩어리 같은 신념을 설명했던 것이다. 어쨌든 스스로 연구해서 확신을 얻은 것에 대해서는 어떤 힘에도 굴하지 않았으며, 그 신념을 관철했던 것이다.

스스로 한번 확신한 것을 타인의 간섭으로 휘둘리는 것은 결국 연구, 분석, 판단이 아직 거기까지 서지 않은 것이다.

무엇보다 내 경우, 이 신념을 외곬으로 달려 흔들리지 않는다. 대 미영 결전 불가피론을 주장하다보니 점점 깊이 빠져들어, 누마타 소장과 접촉한 이래, 어떤 의미에선 군의 주전파의 고문역이라고 할 정도까지 되어버렸던 것이다.

40세에 일어서다

한국에서 광산개발과 제철소 설립
고이소 구니아키 조선총독과 교우하다
입각 요청을 사양하다
둘째딸의 배필을 찾다
직인을 열 개 만들라
나를 체포하면 네 목이 달아날 것이다
차용금액은 모른다
패전, 재산 몰수 그리고 체포

나는 체포되어 형무소에 갇히게 됐다.
그러나 나는 이미 그 정도는 각오하고 있었다.
아차 잘못하면 정말 사형당할 처지였다.
그때 내가 수감된 것을 안 회사의 한국인 직원 중 한 사람이
구명운동을 펼쳤다. 수백명의 서명을 가지고 한국인 간부가
사법당국에 가서 나를 교수형에 처하면
한국 새 정부의 명예를 손상하는 것이라고 설득했던 것이다.

한국에서 광산개발과 제철소 설립

1933년부터 38년까지, 즉 '고레카와 경제연구소'를 설립하고 한국에 갈 때까지 나는 전시 정세에 대해서 국제경제의 면에서 어드바이스와 진언을 계속했다.

그러나 일본은 열강의 진군에 대해서 곧 군사력을 정비, 응전태세를 갖추지 않으면 안 될 시기에 주식의 매매를 위한 경제연구 같은 것을 한가하게 하고 있을 때가 아니다, 주식매매의 지도 따위는 쓸모없다고 생각되었다. 이렇게 되자, 단지 입을 다물고 가만히 있을 성격이 아니었다.

군사력 증강을 위해 당시 일본은 철강자원의 개발이 급선무였다. 전력 향상에 조금이라도 공헌하기 위해서는 내 자신이 철광을 개발해야 한다고 생각했다.

1927년, 금융공황의 폭풍을 맞아 오오사카 신철아연도금회사가 도산하고, 사장직을 물러난 지 약 10년, 일본이 죽느냐 사느냐의 기로에 선 지금 다시 철광 개발의 경영 지도를 하려 하는 것이다.

'미츠비시광업'(三菱鑛業)의 기사에게 부탁해서 한반도와 만주의 미개발 철광 자원의 조사를 2년에 걸쳐 하도록 했다. 그 결과 한반도에 한 곳, 유망한 철광의 미개발 자원이 있는 것을 발견했다.

'고레카와 경제연구소'의 직원들에게 한반도로 가자고 권했다.
"너희들도 모두 함께 조선으로 가자. 나와 함께 일하자."

당시 50명 정도였던 직원 중, 그 중에는 가정 사정으로 도저히 함께 갈 수 없는 사람도 있었는데, 함께 갈 수 없는 사람은 어쩔 수 없었다. 남은 직원에게는 전원 취직을 알선한 후, '고레카와 경제연구소'를 폐쇄하고 당시 내 전재산 백만 엔을 자본금으로 '고레카와광업'을 설립하고, 15, 6명의 직원을 데리고 한반도로 건너갔다. 1938년 7월, 41세의 나이였다. 참으로 남자 나이 40에 일어선 것이다.

'미츠비시광업'으로부터 기술자를 세 명 파견 받아 곧 개발을 시작했으나, 나는 광산개발에 전혀 초보자였다. 조선총독부의 지질연구소에 매일처럼 다니면서 지질학, 광상학을 공부하고, 우선 스스로 광산개발에 관한 지식을 철저하게 공부하는 것으로 시작했다. 그리고 틈이 나는 대로 한반도의 거의 모든 산의 지질 조사를 다녔다.

오오사카 신철아연도금회사가 도산하고 도서관에 3년을 다니며 피를 토하는 심정으로 필사적으로 세계와 일본의 경제학을 공부하여 주식시장에 뛰어들었을 때도 그랬다. 지금 또 한국에서 필사적으로 광산개발을 위한 연구를 하는 것이 미지의 분야에서 자신의 판단, 분석력을 철저하게 단련하는 것이 될 것이라고 확신했다.

무엇이든 그 핵심을 추구하지 않으면 성이 차지 않는 성격이야말로 사물을 보고 정확한 판단을 내릴 수 있는 것이다.

'고레카와광업'이 최초로 개발한 광산은 강원도 횡성군 안흥면의 정곡금광(井谷金鑛)이었다. 이 금광산을 개발했을 때의 독학과 경험이 실은 1981년부터 가고시마현(鹿兒島縣) 히시카리(菱刈) 금광 개발에 의한 '스미토모 금속광산' 주식 매매로 대승을 거둔 원인이 되기도 했다.

1939년 가을에는 '미츠비시광업'의 기사가 발견한 한국 강원도 삼척군 북평면 삼화리의 삼화철광도 개발하고, 동시에 삼화철광 가까이에 있는 동양척식회사 소유의 광구를 양도받고, 1941년 가을부터는 무연탄을 사용해서 소형 용광로에 의한 제철의 연구를 시작했다.

다음해 1942년, 산업설비영단, 소위 국책회사에 대해 자금공급을 하는 정부기관으로부터 2,700만 엔의 정부자금을 빌려 자기 자금 300만 엔과 합하여 자본금 3,000만 엔으로 '고레카와제철주식회사'를 설립했다.

'고레카와제철'은 37만 평의 부지에 20톤의 소형 용광로 10기를 건설하고, 종업원은 3천 명, 하청업자를 포함하면 1만 명에 달하는 한국 유수의 대기업이 되었다.

앞의 '고레카와광업'과 '고레카와제철', 나아가 고원지대에 십수만 헥타르의 토지를 갖춘 '북선개척흥업'의 재건도 의탁 받아 한반도에서 세 개의 회사를 경영하는 참으로 국책회사답게 사업을 확장해나갔던 것이다.

그러나 일개 개인 회사에 3천만 엔이나 되는 자금융자를 받고, 회사의 재건을 의뢰받는 등 일이 쉽게 이루어진 것처럼 생각할지 모르나, 아무리 전시 하의 국책회사라고는 하지만 일이 일사천리로 풀린 것은 아니었다. 그때그때 회사 설립시마다 조선총독(주)의 크나큰 뒷받침이 있었다.

주) 당시 총독 고이소 구니아키(小磯國昭 1880~1950)는 1942년 5월에 조선총독부 제8대 총독으로 부임하여 하여 1944년 7월까지 재임했다. 고이소는 일본 육군사관학교 출신으로, 조선군 사령관과 육군대장을 지냈으며, 한국인에 대한 가혹한 정책으로 '조선의 호랑이'라는 별명을 가질 정도였다. 고이소는 태평양전쟁의 장기화에 대비하여 군사력 증강을 위해 전 한국인을 동원하는 국민총력운동을 전개했다. 고이소는 전략물자의 증산, 노동자의 대량 징용, 군사수송력 강화 등 결전비상조치를 취했다. 고이소는 1942년부터 국민동원계획 아래 수많은 한국인을 일본 각지의 탄광, 군수공장, 군사기지 등에 강제 연행했다. 1943년 8월에는 징병제를 실시하였고, 1944년 1월에는 학도병제를 실시하여 수많은 한국 청년들을 전쟁터로 몰아넣었다. 고이소는 또한 책임생산제를 도입하여 한국인들에게 가혹한 공출물량을 할당하여 한반도 전역을 수탈했다. 1944년 도조 히데키(東條英機) 내각이 사임한 뒤 총리대신으로 임명되어 전쟁을 이끌었으나, 전쟁 후에 A급전범자로 종신형을 선고받고 복역중 사망했다.

고이소 구니아키 조선총독과 교우하다

1941년, 미국과 일본과의 전쟁이 금방이라도 발발할 것 같은 위기 속에서, 노무라 기치사브로(野村吉三郎) 주미대사는 헐 국무장관과 전쟁을 회피하기 위한 협상을 계속했으나, 미국이 동년 10월 도조 히데키 내각의 성립에 태도를 경화했다. 미국은 일본에 대해 중국, 인도차이나로부터 군대를 철수할 것을 요구하는 강경한 자세를 취했기 때문에, 결국 12월 일본군은 하와이의 진주만을 공격하여 미국, 영국, 중국, 네덜란드의 ABCD 포위망을 형성한 연합국 대 일본의 태평양전쟁이 발발했던 것이다.

1933년부터 기회 있을 때마다 군부와 재계를 설득하고 다녔던 대 미영 결전 불가피 주장이 적중했다.

그것은 어쨌든 1938년 개전을 예측하고 조금이라도 군사력 강화의 역할을 담당하려고 한반도에 건너온 것이었는데, 그 다음 해 1939년 조선총독으로 부임한 사람이 고이소 구니아키㈜였다.

고이소 총독과 친밀한 관계가 된 것은 내가 초등학교 시절의 은사로 18세에 나의 런던 행 목표가 되었던 사사이 가즈아키(佐佐井一晁) 씨였다. 이른바 지금의 고레카와 긴조는 사사이 가즈아키 씨와 만났기 때문에 있을 수 있었다고 해도 과언이 아닐 정도의 인물이다. 당시 사사이 씨는 런던에서 귀국하여 중의원 의원에 취임, 우익의 거물로서 이름을 날렸다. 이 사사이 씨로부터 고이소 총독은 다음과 같이 부탁을 받았다.

"조선에는 제자인 고레카와 긴조라는 이상한 사람이 있다. 국책에 따라서 철광산 개발을 하려 하는데 만사 편의를 봐주게."

이 관계로 해서 나는 고이소 총독과는 친밀하게 되고, 1939년에 취임한 이래 1944년 도조 히데키 내각의 후임 내각의 총리가 되어 일본으로 돌아갈 때까지 6년간 실로 공사에 걸쳐 가깝게 지내며 편의를 봐주었던 것이다.

'고레카와 제철'이 3,000만 엔 가까이 융자를 받기 위해 산업설비영단에 힘을 써준 것도 고이소 총독이었다.

1942년 설립된 산업설비영단의 초대 총재가 후에 '오지제지'(王子製紙)를 창립한 후지하라 긴지로(藤原銀次郎)였다. 후지하라 총재와 고이소 총독의 친밀한 관계로 인한 소개로 정부자금

주) 고이소 구니아키가 조선 총독으로 부임한 해는 1942년이나, 고레카와는 1939년으로 기록하고 있다.

3천만 엔을 융자받아, 제철공장을 건설할 수가 있었다. 이러한 고이소 총독과 나의 관계에 대해 매스컴에 다음과 같이 평판이 돌았다.

"고레카와 긴조는 총독의 심복이다. 총독의 숨겨둔 참모다."

실제로 종전(1945년)을 맞기 1년 전 무렵에는 반은 사업에 관계하고 반은 한국 정치에 관여했다고 해도 과언이 아닐 정도였다.

총독은 자주 전화를 걸어 저녁식사에 나를 불렀다. 관저에 가면 죽을 준비해놓고 기다리고 있었다. 그리고 저녁을 먹으면서 11시, 12시까지 한국 통치에 대해서 이야기 했었다.

공무원들은 이런 나와 고이소 씨의 교제를 보고 있었으므로, 국장 이하, 지사까지 내 환심을 사려고 했다. 무엇보다 총독의 말 한 마디에 목이 달아나는 시절이었다. 그 총독과 거의 매일 밤 만찬을 같이 했다고 하면, 아무리 고레카와를 싫어했다고 해도 별 수 없는 일이었다.

실제로 너무 심하게 한국인을 대하는 지사 두 사람과 국장 한 사람에게 대해서는 내가 알게 모르게 의견을 냈으나, 태도가 변하지 않으므로 파면된 경우도 있었다. 그들의 한국인에 대한 불성실한 태도는 파면되어도 당연한 것이었으나, 그 일이 있고난 이후 한층 그들은 나를 두려워했던 것이 분명했다. 그 정도로 나는 고이소 총독으로부터 신임이 두터웠고, 매우 사랑을 받고 있었다. 그렇다고 해서 내 자신의 입장을 결코 잊지 않았다.

입각 요청을 사양하다

고레카와 긴조

시간을 좀 뛰어넘어, 도조(東條) 내각의 총 사직으로 고이소 내각이 탄생했던 1944년 7월, 도쿄로부터 수상 비서관이 서울의 내가 있는 곳으로 날아왔다.

"어른(고이소 총독)께서 '마지막 봉사이므로 (고레카와에게) 전해주어라' 고 말씀하시기에 모시러 왔습니다."

나에게 내각에서 일을 도와달라는 것이었다. 그러나 나는 그 자리에서 '아니오' 하고 거절했다.

내가 거절한 이유는 복선이 있었다. 도조 내각이 조만간 무너질 것이라는 것은 누가 보아도 분명했다. 그러나 도조가 사직하는 것은 알지만 그 후의 내각을 누가 인계할 것인가, 적임자가 없는 것이 현실이었다.

나는 고이소 씨가 조선총독 재임 중일 때 총리직을 맡게 될 것 같다고 말했다.

"이 다음은 아무래도 각하에게 대명이 내릴 것 같습니다. 이 전쟁의 국난을 딛고 총리의 대임을 맡을 사람은 각하밖에 없습니다."

몇 번이고 총독에게 설명했지만, '다만 그것을 받아들여서는 안 됩니다' 라는 말도 힘주어 부언했다.

"왜(총리의 대명을) 받지 말라는 것인가?"

"이제 당신 같은 노인이 나올 무대가 아닙니다. 흥할까 망할까 최후의 순간에 와있으므로, 젊은 사람에게 정치를 맡기지 않으면 앞이 열리지 않을 것입니다."

당시 총독은 이미 65세의 고령이었던 것이다. 그 연령으로 하명을 받는 것은 오히려 천황의 신임에 응답하는 것이 아니다. 그러므로 사퇴하라고 적극 반대했던 것이다.

그러나 내 예상대로 총리대신의 대명이 내리자 역시 그는 총리대신이 되고 싶어 했다. 전황을 호전시킬 자신이 있어서 맡은 것이 아니었다. 저 시국에 그런 자신이 있을 리가 없었다. 총리의 의자라는 것은 실제로 손이 닿는 때가 되면 어떻게 해서라도 손에 넣고 싶은 것이 예나 지금이나 마찬가지다.

그래서 고이소 씨는 도쿄에 나를 불러 무언가 도움을 받고자 했던 모양이다. 아마도 나를 경제 관계의 대신직이라도 앉힐 작정이었을 것이다. 그러나 나는 이것을 거절했다. 아무리 고이소 씨와 사이가 좋다고 해도 대신직을 관선(官選)으로 받는 것을 나 자신이 허락할 수 없었기 때문이다. 관선의 대신이 아니라, 선거로 의원이 되어 대신이 된다면 괜찮다. 나에게는 그럴 자신도 확실히 있었다.

'고레카와 경제연구소'를 설립했을 때도 언젠가 정치에 나설 계획으로 연구원들을 키우고, 사장교육을 시켜 내 정치자금을 대도록 하려 했던 것이다.

패전만 없었으면, 나는 그해 총선거(1945년 10월)에서 한국의 중의원 의원 후보로서 출마하려고 했었다. 한국에서 선출되는 중의원 의원 15명 중에 조선 총독의 추천이 5명, 10명이 선거로 선출되도록 되어 있었다.

실은 한국지구로부터 선출되는 의원 선거제도가 발표되었을 때 총독은 나에게 임명직 중의원을 권한 적이 있었다.

"고레카와 씨, 이번 중의원 의원에 '고레카와 씨를 1번으로 추천한다'는 고이소 총독으로부터 지시를 받았습니다만, 물론 나오시겠지요."

고이소 총독의 비서관이 일부러 확답을 받으러 왔었다.

"안됐지만 그거 취소해주게. 나는 선거에 후보로 나가겠네."

나는 한국인의 표도 얻을 자신이 있었으므로, 총독 추천이 아니라 선거 쪽으로 돌려주기를 원했던 것이다.

그러나 10월 20일 총선거는 2개월 전의 8월 15일 패전으로 날아가 버렸고, 내가 정치에 나가 천하통일을 이루는 꿈은 일단 여기서 끊어져버린 것이다.

"서울에 있을 때 1톤의 철이라도 잘 만드는 것이 효과적이다."

이번만큼은 어른(고이소 총독)의 말씀대로 하지 않겠다. 눈물을 머금고 제안을 거절했었다.

둘째딸의 배필을 찾다

고레가와 긴조

1938년 한반도로 갈 때는 여학교에 다니고 있던 둘째딸(禎子)과 아내를 오오사카의 다카츠키시(高槻市)의 자택에 남겨두고, 여학교를 졸업한 큰딸과 장남, 차남 세 아이를 데리고 갔다. 큰딸에게는 내 비서를 담당하면서 주변의 일과 유치원에 다니는 막내 아들을 보살피도록 하고, 부자 네 사람이 2년 반 동안 서울의 호텔에서 생활했다.

아내와 둘째딸을 오오사카에서 서울로 불러들인 것은 1941년이었다. 큰딸과 조선총독부에서 직임관을 하고 있던 한센병의 권위자인 니시카메(西龜) 박사의 장남 니시카메 겐테이와의 혼사가 결정되었기 때문이었다.

둘째딸은 고이소 씨가 조선총독을 하고 있을 때 고이소 부부에게 사랑을 받고, 자주 총독관저에 딸처럼 드나들었다.

"혼담은 정해졌는가?"

그들은 둘째딸의 혼처마저 신경 써 줄 정도였다.

"그게 실은 곤란하게 되었습니다. 도쿄대학 공학부를 나온 남자 이외는 절대 결혼하지 않겠다고 고집하는군요."

"내 조카로 도쿄대학 법학부를 나온 애가 있는데, 어떤가?"

고이소 씨의 즉각적인 소개로 더구나 조선총독의 조카라는 과분한 혼담으로 생각하고, 딸에게 그 말을 전하니 '싫다'고 하며 들으려 하지 않았다.

"아버지, 도쿄대학에서도 법학부는 내 방침과 다르니 만날 필요가 없어요."

어찌됐든 도쿄대학 공학부만을 고집했다.

"그렇게 고집부릴 거냐. 총독이 일부러 소개해주는데 거절하다니."

"내가 고이소 댁에 찾아가서 사양할 테니 걱정 마세요."

아버지가 고민하고 있는 것을 전혀 관계치 않고, 총독관저를 찾아가서 사양하고 말았던 것이다. 아직 남녀차별이 남아있던 시대였다. 그런데도 당당했다. 이 애가 남자였다면 큰일을 했을 것이라고 생각했다. 그런데 진실을 말하면, 당시 조선총독의 조카와 결혼하면 내 출세도 틀림없을 것이라는 생각으로 딸을 앞세워 머리를 굴린 것도 사실이었다. 자식들에게 엄격했던 아버지로서 무슨 짓을 한 건지······

그런 일이 있어도 고이소 씨는 더욱 둘째딸을 중매하고자 했다. 다음에 소개받은 사람이 육군사관학교의 수재로 고이소 씨가 지켜보며 장래를 유망시한 육군 중위였다. 물론 사관학교 출신이라고 하면 무조건 거절할 딸인 것을 알고 있었다. 그래서 고이소 씨와 둘이서 계획을 세웠다.

"미리 법학부다 사관학교다 라고 말하지 말자. 우연인 것처럼 관저에서 두 사람을 만나게 하고, 함께 식사를 한 후 둘이서 이야기하게 하자."

나는 나를 닮았다고 생각하는 딸의 성격을 잘 알고 있었으므로 불안은 있었지만,

"남자답고, 재능도 있고, 저 인물이라면 딸도 반할 것이다. 첫인상만으로 자네 딸 마음에 들 것이다."

이렇게까지 고이소 씨가 말하므로 그 사관학교 출신 중위는 고이소 씨가 얼마나 관심을 두고 있던 사람인지 알 만했다. 고이소 씨의 말을 따르기로 했다.

나와 아내가 고이소 부부로부터 식사초대를 받은 것으로 하고, 딸을 데리고 관저에 가면 우연히 그 남자와 함께 자리하고 6명이 식사를 하는 것으로 세팅되었다. 고이소 씨의 부인의 계획으로 딸과 그 남자의 자리는 테이블 끝에 서로 마주보도록 되어 있었다. 식사를 마친 후에도 이야기가 계속되고, 딸도 그 남자도 대화를 계속하여, 테이블 끝에서 웃음소리도 들려왔다. 고이소 씨와 얼굴을 마주보며 무심코 '잘 되가는데' 라고 생각했었다.

집으로 돌아와서 잠시 있다가 딸에게 물었다.

"오늘 네가 친하게 대화한 그 사람 어떻게 생각해?"

지나가는 말투로 물어보려고 했는데, '어떻게 생각해?' 라는 말을 듣는 순간 딸은 얼굴색을 바꾸었다. 눈치 챈 것이다.

"그 사람을 내 후보자로 고른 거에요?" 그 사람 사관학교 나왔다고 들었어요. 군인 아닌가요?"

그리고 갑자기 화를 내며 말했다.

"싫어요. 절대 싫습니다. 고이소 씨는 엉터리야. 나를 속였어요."

나는 야단을 맞고, 고이소 씨는 나쁜 사람으로 되어버리고, 딸이 몹시 화내는 것을 보고 밤새 어찌할 바를 몰랐다. 다음날 딸은 일찍 총독을 관저로 만나러 갔다.

"아저씨는 엉터리에요. 나 그런 사람 싫습니다."

또 다시 직접 사양하러 찾아갔던 것이다. 모처럼의 중매를 두 번이나 거절하자 총독의 얼굴을 볼 면목이 없었다.

정말 고이소 총독도 딸의 고집에는 씁쓸한 웃음을 지을 뿐이었다. 그럼에도 그는 중매를 포기하지 않았다.

"어쨌든 좋은 사위를 찾아보자. 내게 맡겨줘."

진심으로 딸의 배필을 찾을 작정이었다. 그렇게까지 딸을 사랑했던 것이다. 그러나 1944년 내각 총리대신으로 임명되어 도쿄에 돌아가게 되었다. 전황이 엄중한 가운데 바빠서 딸의 배필을 찾을 여유가 없었을 것이라고 생각했다. 그러나 도쿄의 고이소 총리대신으로부터 아내에게 전화가 걸려왔다.

"좋은 신랑감을 찾았으니 속히 도쿄로 오게나."

물론 아내는 당황하여 서울을 뒤로하고 도쿄로 갔다.

전시 하의 총리대신으로서 잠잘 시간도 없는 다망한 중에, 둘째딸에게 소개한 사람은 틀림없는 도쿄대학 공학부 출신의 인물이었다. 세 번째의 중매였다. 게다가 나와의 약속을 잠시도 잊지 않고 신경써준 것에 대해 고이소씨의 신의와 친절에 감사하여 머리를 숙일 뿐이었다.

딸의 상대는 누마타 야스유키(沼田靖行)였다. 도쿄대학 공학부를 졸업하고 해군에 소집되어 구레(吳)의 군수공장에서 화학병기를 연구하고 있던 남자였다.

실은 이 누마타는 내가 한국에 오기 전, 도쿄에서 친하게 지냈던 참모본부의 누마타 다케조의 조카였다. 고이소 씨는 도쿄에서 전화로 누마타 야스유키에 대해 설명했다.

"육군사관학교 출신인 누마타 다케조라는 훌륭한 인물의 피를 이은 조카이므로 틀림없다. 알아보니 도쿄대학 공학부 출신이다. 이번엔 잘 될 거야."

내가 누마타 타케조오와 교분이 있다고 말하자, 아직 결정도 되지 않았는데 정말 기뻐했다.

"이번에는 잘 되겠지. 짐을 벗은 것 같아."

도쿄로 간 아내는 곧장 수상 관저로 가서 거기서 하룻밤을 잤다. 맞선 날짜를 언제로 할까 하고 수상이 딸에게 물었다.

"아저씨, 그렇다면 일부러 맞선볼 것까지 없어요."

고이소 총리도 나도 이 말에 또 한번 놀랐다. 도쿄대학 공학부 출신으로 나도 알고 있는 인물과 관계있는 젊은이인데 맞선을 안 보겠다는 것이다.

"결혼하기로 결정했습니다."

그리고 돌연 맞선도 보지 않고 결혼을 결심했다는 것이다.

"그럴 수는 없지. 학력만으로 결혼하는 바보가 어디 있나? 어머니가 도쿄에서 돌아오면 구레에 있는 누마타를 만나고 와라."

내 딸이면서 판단력의 신속함에 아버지인 나도 놀랄 뿐이었다.

아내는 도쿄에서 돌아와서 그대로 딸을 데리고 구레의 누마타 야스유키를 만나러 갔다. 그런 형편이었으므로 맞선 그 자리에서 혼사가 결정되었다. 구레에서 아내가 전화를 했다.

"자신이 이상으로 여겼던 인물이 나타나서 둘째딸은 매우 기뻐하고 있습니다. 게다가 아버지와 교분이 있는 누마타씨의 조카라는 것에 안심하고 결혼하기로 결정한 것 같습니다."

이미 패전은 농후해졌고, 내일 어떤 일이 일어나도 이상하지 않은 시대였다. 그렇다고 해도 그 뒤의 아내의 이야기에 놀랐다.

"결혼식은 여기서 올립니다. 게다가 둘 다 당장 식을 올리자고 하는데, 당신 곧 올 수 있습니까?"

맞선도 보지 않고 결혼하기로 결심한다더니 이번에는 당장 식을 올리자니 그 애는 어떻게 할 방도가 없었다.

"여기 일이 많은데 그렇게 급히 갈 수 있는가? 당신 알아서 해."

결국 아버지인 내가 결혼식에 참석하지 못한 채 딸은 맞선을 보자마자 결혼식을 올려버린 것이다. 염원이었던 도쿄대학 공학부 출신과 결혼하기까지 신념은 아버지의 눈으로 보면 어처구니없는 것이었다.

누마타 야스유키는 종전과 동시에 제대하고 도레(東レ)에 입사하여 그 후 부사장을 거쳐 회장으로 출세 코스를 달렸다.

한편 누마타 야스유키, 둘째딸의 중매역을 맡았던 고이소 수상은 1945년 4월에 총사직하여 내각을 스즈키 간타로(鈴木貫太郎)에게 물려주고, 전후에 A급 전범으로 종신형을 받았다.

직인을 열 개 만들라

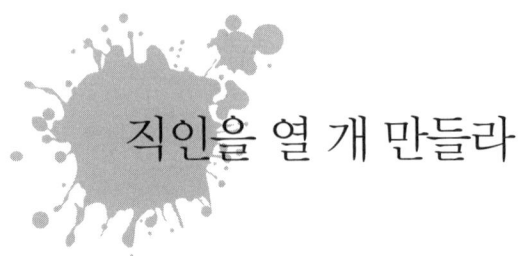

염원을 이루어 이상으로 여겼던 남자와 혼인을 한 딸의 결혼식에도 참석하지 못할 정도로 한국에서의 일은 바빴다. '고레카와광업', '고레카와제철', 그리고 '북선개척흥업'의 경영자로 한반도의 전토에 사업이 전개되었던 것이다. 물론 나 혼자서 그 모든 것을 감당할 수 없었다. 내 대신에 한국에 함께 온 '고레카와 경제연구소'의 직원들을 전무, 사업소 책임자로 전권을 맡기고 경영을 하도록 했다.

당시 재미있는 이야기가 남아있다. 본사는 모두 서울이었기 때문에 전국의 사업소에서는 새로운 사업과 관청에 제출할 서류에 대표이사 고레카와 긴조의 도장이 필요할 때마다 일부러 왕복 삼일이나 걸리는 본사로 왔던 것이다. 그러나 이렇게 해서는 도저히 일이 안 된다고 생각했다. 그래서 각지의 책임자에게 내 직인을 한 개씩 갖게 하자고 생각했다.

10개정도 만들면 되겠지 하고 생각하고, 도장집에 직인 10개를 빨리 만들어달라고 부탁했다.

"모처럼의 주문이지만 받을 수 없습니다. 대회사의 사장 직인을 열 개씩이나 같은 것을 만드는 것은 좋지 않습니다."

얼굴이 새파래져서 거절하는 것이다. 위조하는 것도 아니고, 같은 인감을 함께 여러 개 만드는 것뿐인데 하고 말했다.

"양해해 주십시오."

무언가 문제가 생기면 전부 내가 책임을 진다, 그러니 아무 말 말고 같은 것을 10개 만들어라, 반은 협박하듯 해서 만들었다. 그러나 생각해보면 한국의 대기업 사장의 직인을 더구나 10개나 만들라고 하니, 인감의 중요성을 알고 있는 도장집으로서는 난처했을 것이 당연하다. 나도 무모했던 것이다.

"이것은 서울의 법무성에 등록되어 있는 직인과 같은 것이다. 중요한 결재로 일부러 사장의 도장을 받으러 서울까지 올 필요 없이 자신이 도장을 찍어도 좋다."

물론 전권을 맡긴 부하에게 그렇게 해서 직인을 넘겨준 것이다.

"그 대신에 도장을 찍기 전에 내가 사장이라면 어떻게 판단할까 하고 생각하라. 사장으로의 판단이 서면 사장이 되었다는 생각으로 결재 도장을 찍어라. 서울의 나에게는 사후에 보고해도 좋다."

본사에는 올 필요가 없다고 말해도 그중에는 마음 약한 사람이 있었다.

"제가 만약 판단을 잘못해서 도장을 찍으면 어떻게 됩니까?"

울 듯한 얼굴로 묻는 사람도 있었다.

"그렇게 되면 별 수 없지 않나? 인간이 하는 일이므로 언제든지 100% 최고의 안을 낼 수는 없는 것. 내가 너를 장에 임명했으니 내가 판단을 잘못한 것과 같다. 걱정하지 말고 당당하게 해라."

오히려 용기를 주어, 어떤 커다란 문제라도 결재를 받으러 서울로 오는 것을 금지하고, 만약 오면 해고하겠다고 선언했다. 그리고 전쟁이 끝장을 볼 때까지 도장을 갖고 분발할 것을 엄명했다.

그러나 아무리 전쟁 한복판이라고는 하나 '내 직인을 갖고 너희들 최후까지 분발하라'고 한 것은 아무래도 경영자로서 할 일이 아니었다.

나를 체포하면
네 목이 달아날 것이다

고레카와긴조

1944년 전쟁 말기가 되자 일본의 경제산업계는 혼란 상태에 빠졌다. 고레카와 그룹도 어떻게 해서라도 경영을 유지하기 위해 경제 위반 행위를 지속했다. 실제로 조선총독부의 경찰당국도 내가 너무 무모한 일을 하고 있으므로 매우 곤란해 했다.

'고레카와제철소'의 건설도 전선 등 공사 재료가 부족했는데 통제물자여서 물건이 들어오기까지 반년도 일년도 기다려야 했다. 때문에 5배, 6배나 되는 암시장 물건을 사서 충당했다.

어느 날, 서울의 남쪽인 충청남도에서 전선류의 뒷거래가 있어서 '고레카와제철'의 사무소장이 3,000만 엔 정도 대량으로 매점했다. 그러나 이것이 경찰에 발각되어 검거된 것이다. 사무소장은 경찰에 붙잡히자 이렇게 말했다.

"내 뜻이 아니라 사장의 지시로 샀다."

"당장 사장을 출두시켜라."

몇 번이고 서울에 있는 나에게 전화를 걸어 출두하라고 명령하는 것이다. 그러나 나는 충청남도까지 가는 것이 귀찮았으므로 내버려두었더니, 하루에 몇 번이고 전화가 걸려왔다. 사무소장도 간청했다.

"사장님, 한 번이면 되니까 일단 얼굴이라도 비치시지요. 그렇지 않으면 제가 감옥에 들어갑니다."

그렇다면 할 수 없지 하고 경찰에 출두하자, 시골의 경찰 본부라는 것은 시국의 중대함을 모르고 있었다.

"전선을 몰래 대량으로 사서 법을 위반한 것을 알겠나?"

이 시기에 아직 법률을 내세워 위반이라고 엉터리 같은 소리를 하다니 전말이 좋지 않았다.

나도 화가 나서 반문했다.

"뭐가 엉터린가? 일본 국내의 물자로 군수공장을 건설 촉진하는 것이 뭐가 나쁜가?"

내가 역습하자, 조사하던 형사가 흥분해서 막 화를 내는 것이었다.

"경제위반으로 당신을 체포, 구속한다."

"이봐, 나를 감옥에 넣으면 곧장 당신 목이 달아날 것이다. 그것을 잘 알고 있겠지."

"그런 바보 같은 소리 하지 마라. 나는 법규에 따라 행동하고 있는 것이다."

이 전시에 시골 경찰은 아직 법규라든가 뭐라든가 하고 있는 것이다. 어쩔 수 없었다. 바쁜 몸으로 이런 곳에 반나절이나 있는 것은 말이 안 된다고 생각하고 전화를 빌려 총독비서관을 불렀다.

비서관에게 사정을 설명하자 곧 지사로부터 경찰서장에게 전화가 걸려왔다. 그리고 나를 조사하던 담당과장이 서장에게 불려갔다가 다시 내 앞으로 돌아왔을 때는 새파랗게 질린 얼굴이었다.

"'이 중대한 시기에 고레카와 사장님이 얼마나 중요한 임무를 갖고 있는지 아는가' 하며 얻어맞았습니다. 죄송합니다. 안녕히 가십시오."

겁에 질려 사과했다. 곧 자동차를 돌려 돌아왔으나, 당시 이런 일은 빈번히 있었다. 그때마다 나는 무리하게 밀어부쳤으므로 관리들은 사실 나를 곤란하게 생각했던 것이다. 물론 전시 하의 혼란기였다고 하면 그것으로 끝이겠으나, 지금 생각하면 황당한 일이었다.

나의 무리한 행동은 관리들뿐만 아니었는데, 역시 하이라이트는 은행과의 협상이었다.

차용금액은 모른다

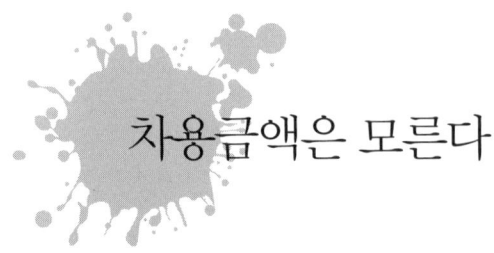

"급히 상담할 일이 있으니 와주십시오."

거래 은행의 은행장으로부터 호출이 왔다.

"오늘 또 당신 회사로부터 대출을 해달라는 요청을 받았는데, 이제 더 이상 융자는 불가능합니다."

은행장은 심각한 얼굴로 더 이상 돈을 빌려줄 수 없다고 통고해왔다.

"더 이상 빌려주지 않는다니, 이 은행으로부터 얼마나 빌렸습니까?"

놀란 표정으로 은행장이 말했다.

"네? 사장님은 얼마를 융자했는지 모른다는 말씀입니까?"

나는 어이가 없게도 정말 차용금이 얼마인지 몰랐던 것이다. 예금을 해두어도 일본의 지폐가 언제까지 통용될지, 휴지 조각이 되는 것은 시간문제였다. 그렇다면 가능한 한 필요한 자금을 빌려 쓰는 것이 좋다고 생각했다. 그러므로 솔직히 대출금액이 얼마인지 전혀 신경 쓰지 않았던 것이다.

"이 이상은 내 권한 밖입니다."

"우리는 돈이 필요한데, 안 빌려준다니 곤란하지 않은가?"

어디가 빌려주는 쪽이고 어디가 빌리는 쪽인지 모를 정도로 나는 무모한 주장을 했다. 그러자 은행장이 말했다.

"꼭 필요하다면 총독부의 보증서를 갖고 오십시오."

이 친구는 거절하는 방법으로 총독을 사용하는구나, 하고 생각했다. 총독이 민간기업의 대출보증을 할 리가 없고, 그렇게 할 수도 없다. 그것을 알고는 잘 이용하는 것이다. 대출 신청을 원만하게 거절하는 수단으로 '총독 보증'을 요구하는 것이다.

"총독보증서를 갖고 오면 얼마든지 빌려드리겠습니다."

그것을 가져오면 정말로 얼마든지 빌려준다고 한 것을 확인하고 은행을 잠시 떠났다.

그리고 총독부에 가서 둘도 없는 친구 시오타(鹽田) 광공업국장에게 사정을 설명하고, 우선 상담했다. 그러자 그는 매우 놀란 표정이었다.

"자네, 보증서를 써서 거기에 총독 도장을 찍어오라는 그런 전례는 들어본 적이 없네. 무엇보다도 조선총독부가 민간회사의 융자 보증인이 되다니 그런 바보 같은 짓이 가능한가?"

안 되다니, 지금 전쟁에 패하는가 승리하는가 기로에 서있다.

만약 이기면 우리 회사는 국책회사이므로 얼마든지 해결한다. 지면 대출금은 쓰레기가 된다. 그러므로 보증서에 도장을 찍어 달라고 부탁했다.

"안 돼, 아무리 자네 부탁이라도 그것만은 안 되네. 나는 국장으로서 할 수 없네. 꼭 그렇게 하고 싶으면 직접 총독을 찾아가 보증서를 받게."

"지금 총독을 만나 도장을 받아오겠네."

곧장 '은행의 대출금은 본직이 모든 책임을 지고 변제한다'는 문장을 쓰고 총독실로 들어갔다.

"총독님, 좀 이 서류에 도장을 찍어주지 않겠습니까?"

"무슨 서류지?"

나는 은행으로부터 돈을 빌리기 위해 총독의 보증서와 도장이 필요하다고 말했다.

"그래? 어떤 서류지?"

크게 놀라지도 않고, 서류를 달라고 손을 내미는 것이었다. 나한테 서류를 받아들더니 고이소 씨는 읽지도 않고 물었다.

"어디에 도장을 찍으면 되지?"

"맨 끝 조선총독부라고 써있는 곳에 이름을 쓰고 도장을 찍으십시오."

"그런가? 좋아."

펜을 들더니 내가 지정한 조선총독부라고 써있는 곳 밑에 고이소 구니아키라고 달필로 써넣었고 도장을 찍었다.

"이제 됐나?"

마치 보통 사무 처리의 서류처럼 나에게 건네주었다.

총독부를 나올 때, 국장에게는 일단 알릴 필요가 있다고 생각해서 들러 그 서류를 보여주었다.

"대단한 서류에 도장을 받았네, 앞으로 문제가 될 걸세."

그게 문제가 될 것인가, 전쟁에 이겨도 져도 그걸로 끝이다. 휴지조각이 될 것임을 알고 있었다. 일이란 생각하기 나름이다.

총독부에서 그길로 은행으로 가서 은행장에게 서류를 보여주자, 은행장은 크게 놀랐다.

"당신, 총독에게 이런 서류에 도장을 받았군, 나중에 문제가 될 거요."

이렇게 말하고는 아연실색하는 모습이었다.

"이거, 정말 총독의 도장이겠지요."

"당신이 믿지 못하겠으면 직접 총독에게 물어보시오."

그러나 아직 믿지 못하겠다는 표정으로

"음……"

계속 주저하다가, 생각을 굳혔는지 대출을 허락했다.

"음, 알았소. 더 이상 어떻게 할 수 없군. 이런 서류까지 만들어오다니 내가 졌소. 얼마든지 은행돈을 사용하시오."

이렇게 해서 내 회사는 이익이 늘지 않아도 걱정 없이 은행으로부터 돈을 빌려 경영해 갈 수 있었던 것이다.

지금에 와서 생각하면, 얼마나 무모한 짓이었는지, 나는 전시

하의 경제라는 것을 정확히 계산하고 행동했던 것이다. 전쟁에 이기기 위해서 나는 철강생산을 계속하고 있는 것이므로, 이기면 당연히 정치적 판단으로 해결되는 것이다. 자신의 판단에 확신을 갖고 있었기 때문에 아무 것도 무서운 것이 없었다. 거기에 더하여, 나의 무리한 요구에 말없이 도장을 찍어주었을 때 고이소 총독은 고레카와 긴조를 절대적으로 신뢰하고 있음을 알고, 눈물이 날 정도로 기뻤던 것을 기억한다.

패전, 재산 몰수 그리고 체포

1944년 7월 사이판섬의 일본군의 전멸로 퇴진했던 도조 히데키 내각을 대신해서 고이소 구니아키 내각이 성립했으나, 이미 전황은 결정적으로 미군에 유리하게 진행되었다. 동년 11월부터는 B29에 의한 도쿄 폭격이 연일 계속되고, 1945년 3월 9, 10일 도쿄 대공습으로 도쿄의 약 40%가 초토화되고, 도쿄와의 통신망이 파괴되는 괴멸적인 타격을 받았다.

4월에는 미군이 오키나와(沖繩)에 상륙, 동시에 고이소 내각은 겨우 10개월 만에 총사직하게 되었다. 그리고 이를 대신한 스즈키 간타로 내각이 성립하기는 했으나 전쟁은 결국 종전의 단계로 접어들었다.

폭격은 일본 본토뿐만 아니라 일본 통치 하의 한반도에도 B29가 날아왔다. 당연히 내가 경영하고 있던 제철공장은 공격

목표가 되었다. 1945년 4월 5일의 일이었다. 동해에 면해 꼭 한반도의 중앙부에 해당하는 삼척에 있던 '고레카와제철소'가 미국의 해군기 5대에게 공격을 받았던 것이다. 더욱이 해군기는 한반도의 해안선을 따라 그대로 남하해서 '고레카와광업'의 탄광까지 폭격했다.

'고레카와제철'은 10기의 소형 용광로(주) 중 8기를 가동하고, 생산량이 1만 톤에 달했던 때에 폭격으로 대피해를 받아 조업을 중지하지 않을 수 없었다.

1945년 8월 6일, 히로시마에 원자폭탄이 투하되고, 8일에는 소련이 일소중립조약을 파기하고 미영 측과 연합하여 참전한 끝에 결국 태평양 전쟁에서 일본은 패했다.

그리고 일본의 무조건 항복에 의해 한국에 있는 '고레카와광업', '고레카와제철', '북선개척흥업'으로 한 '고레카와 그룹'은 모두 사상누각으로 사라져버렸던 것이다. 사업만이 아니라 국책회사를 경영하고 있었기 때문에 모든 재산은 몰수되었다.

주) 이 용광로는 남한 최초의 근대식 고로(高爐)로서 10기 중 8호 고로가 2005년 문화재청에 의해 근대문화유산 보호를 위한 등록문화재로 지정되어 현재는 경상북도 포항시 '포스코 역사관' 야외전시장에 전시되어 있다. '고레카와제철'이 1943년에 삼척 공장에 설치한 이 고로는 철광석을 제련해 선철을 만들어 내는 용광로로, 하루 선철 생산량 20톤 규모다. 고로의 크기는 높이 25m, 직경 3m, 철피 두께 15mm, 중량 30톤의 소형급이다. 일제시대 북한에는 일본이 세 곳에 제철소를 세웠으나 남한에 세운 것은 '고레카와제철'이 유일하다. 해방직후 '삼화제철소'로 사명을 변경한 뒤 1971년까지 존속했으나, 1972년 동국제강이 인수한 뒤 1~7호기는 생석회 소성용으로 개조되고 8호기만 원형이 보존되어 왔다. 아파트 개발로 인해 1991년 철거위기에 놓이자, 포스코가 문화재 지정 신청을 했으나 강원도는 일제의 군사물자 조달을 위해 설립된 산업시설이므로 문화재로 가치가 없다고 거부했다. '포스코'는 1993년 이 고로를 매입해 '포스코'로 이전한 뒤 2003년 4월 당사 역사관 야외전시장에 복원했다.

서울의 집에는 한국인이 들어와 살고, 가재도구를 비롯해서 돈이 되는 모든 것은 전부 몰수당했다. 이 전쟁에서 나는 철저하게 일본의 군사력 증강에 협력했다. 한국인에게 대해서도 미력이나마 많은 철을 생산하자고 협력 요청의 연설을 하러 각 사업소를 돌아다녔기 때문에 한국인 입장에서 보면 전쟁에 적극적인 최선봉의 군국주의자로 생각되었을 것이다.

그러므로 패전과 동시에 총살이나 교수형 어느 쪽이든 사형당할 것이라고 생각했다. 실제로 한국의 임시정부의 경찰이 들이닥쳐 재산을 몰수하고, 나는 체포되어 형무소에 갇히게 됐다. 그러나 나는 이미 그 정도는 각오하고 있었다. 아차 잘못하면 정말 사형당할 처지였다.

그때 내가 수감된 것을 안 회사의 한국인 직원 중 한 사람이 구명운동을 펼쳤다. 수백 명의 서명을 가지고 한국인 간부가 사법당국에 가서 나를 교수형에 처하면 한국 새 정부의 명예를 손상하는 것이라고 설득했던 것이다.

내 회사에서 일한 한국인들은 매우 우수한 인물들이 많았다. 규슈대학(九州大學)을 졸업하고 종전 후에 경성일보(京城日報) 주간이 되거나, 서울대학의 교수, 또 실업계에서도 백화점 사장을 하는 등, 정관계와 실업계의 일선에서 활약하는 인물이 여럿 있었다.

이러한 우수한 인재를 나는 당연히 그 능력에 맞는 대우로 처우했다. 당시 한국에 진출하고 있던 일본의 회사는 아무리 학력과 재능이 있어도 일본인과 한국인 직원 사이에 급여와 직력에서 차이를 두고 있었다. 일본의 제국대학을 동시에 졸업한 동창생이라도 일본인이라는 것만으로 한국인의 배가 되는 급료를 받고 있었다. 또 한국인 직원은 출세해도 계장에 그치는 것이 통례였다.

그러나 내 회사에서는 우수한 사원은 과장으로도 삼았고, 급여도 일본인과 동액을 지급했다. 물론 정부로부터는 일본인 우선의 대우로 시정하라고 몇 번이고 지시가 있었으나 나는 자신의 주의를 굽히지 않았다. 또 일본인 계장과 주임 중에는 한국인 과장 밑에서 일하는 것을 싫어하여 불평을 하는 사람도 있었으나, 그런 일본인에게는 가차 없이 사표를 내게 해 그만두게 했다. 이런 때는 한국인 사원으로부터 환성이 울렸던 것이다.

더욱이 나와 함께 회사를 위해 일하고 있다면 학교교육도 동등해야 하는 것이다. 초등학교 의무교육 수준의 교육을 받게 하기 위해 제철소와 광산에서 일하는 직원들을 위해 학교를 지었다. 물론 학용품은 모두 회사가 지급했다. 이러한 한국인에 대한 나의 평등한 자세에 대해 그들은 좋은 평판을 주었다.

"한국인을 이해해 준 일본인은 고레카와 한 사람이다."

고맙게도 전시 상황이던 당시로서는 일본인에게는 이례적인 평판이었다.

내 회사에 있던 한국인 사원이 모여 만든 '고레카와회'(是川會)는 분명히 1960년대까지 존속했다고 그 후 몇 번이고 한국에서 사업으로 일본에 온 그들로부터 들었다. 전후 그들로부터 '재건한 한국에 와 달라'는 부탁을 받았다.

그들은 몇 번인가 왕복 비행기 값을 갖고 맞으러 왔지만, 지금까지 결국 한 번도 대한해협을 건너 한반도에 간 적은 없다. 왠지 체포 감금되었을 때의 일이 머리에서 떠나지 않는 것이다.

이모작 실천

맥아더는 일본인을 거세할 작정인가
이모작은 반드시 가능하다
농업시험장과 기상대를 다니다
연구비용을 함석판 재생으로 마련하다
이모작을 성공시킨 사람들의 온정

나는 한 직업으로 평생을 살 사람이 아니다.
그 시대와 운명에 휘둘리며 여기까지 왔던 것이나
어떤 일이라도 전심전력을 다해왔다.
어떤 일이든 전력을 다하지 않으면 주식뿐만 아니라
아무것도 성공하지 못한다. 1960년, '고레카와 농업연구소'를
폐쇄하고 증권계로 돌아왔을 때 이미 63세의 나이였다.

맥아더는 일본인을 거세할 작정인가

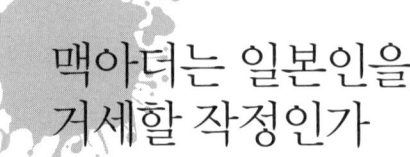

 1946년 1월, 한국에서 석방되어 빈털터리로 야마구치현(山口縣) 센자키항(仙岐港)에 도착했다.

 근처 다마츠쿠리(玉造) 온천으로 곧장 향해 2, 3일 한국에서의 피로에서 회복하기 위해 휴양을 했다. 주위는 패전에 의한 실의와 낙담으로 가득 차, 일본의 장래에 대한 불안으로 동요와 허탈 상태가 무겁게 퍼져있었다.

 그러나 나의 등에 진 배낭과 빛바랜 군복 모습은 주변 사람들과 마찬가지였지만, 정신은 그들과 달랐다.

 "몸만 건강하면 무엇을 해서든 살아갈 수 있다. 다시 새로운 인생의 발걸음을 내딛자."

 기력을 잃기는커녕 이미 새로운 도전 정신이 솟아났다.

 내가 질소냐 하고 패기가 끓어오른 이유는 전후 정세를 알려고 한 여관에서 손에 집어 든 신문기사 때문이었다. 거기에 실린 기사는 맥아더 원수가 일본의 점령 정책을 일본 국민에 통고한 포고문에 대한 것이었다.

그것에 의하면, 「일본 재건을 위해서는 무력을 포기하고, 유럽의 스위스와 같은 문화국가를 만들라. 그것을 위한 식량 생산 능력, 자원의 분포로 보아 국가로서 존립하기 위한 일본의 적정 인구는 4천 만 명이다, 일본 부흥을 위해 먼저 인구제한을 하라」는 것이었다. 이 맥아더의 포고에 일본의 매스컴, 저널리스트가 놀아나 인구의 축소론 등을 게재하고 있었으므로 아주 축하할 만한 일이었다.(주)

나는 이 포고문을 읽고서 심장이 폭발할 정도로 화가 치밀었던 것을 잊을 수 없다.

'이 놈, 장난치지 마.'

주) 일본은 제2차 세계대전 중 이미 심각한 식량 부족을 겪고 있었으며, 전쟁으로 국토가 초토화되고, 점령지로 나가 있던 일본인들이 패전으로 귀환하자 식량 문제는 더욱 심각하게 되었다. 점령지에 나가 있던 450여 만 명의 일본인이 일시에 귀국하였던 것이다. 또한 전쟁에 의한 사망에 대한 보상심리로 아이를 많이 낳으려는 경향이 팽배했다. 맥아더 사령부는 증가하는 일본의 인구가 더욱 식량과 원료를 압박하고, 생활수준을 저하시키며, 일본경제의 자립을 방해할 것으로 보았다. 맥아더 사령부는 따라서 일본은 불만을 가진 사람들로 가득 찰 것이며, 그렇게 되면 사회변혁을 꾀하려는 사회적, 경제적, 정치적 공약이 일본인들을 유혹할 것으로 보았다. 맥아더 사령부는 일본의 식량 부족과 이에 따른 사회불안을 해소하기 위하여 산아제한 정책을 발표했다. 당시 언론은 '자녀는 두세 명이 이상적'이라고 하며, 좁은 토지, 적은 식량, 증가하는 인구, 이것이 일본의 부흥을 가로막고 있다고 지적하고 산아제한의 필요성을 역설했다. 그러나 대통령 선거에 출마할 의사를 갖고 있던 맥아더는 산아제한 정책에 대한 미국의 종교단체의 비난을 피해야만 했다. 결국 맥아더 사령부는 이후 맥아더 자신이 일본의 인구제한 문제에 어떠한 연구나 고려도 하고 있지 않으며, 이 문제는 점령정책에 포함된 것이 아니며, 일본인 스스로가 결정할 문제라고 하는 성명을 발표하고, 인구제한 문제에 중립적 자세를 취했다.

무슨 일을 시키는 것인가? 일본을 영구히 일어서지 못하도록 하기 위해 일본인을 거세하려 하고 있었다. 이것이 미국의 점령 정책인가 하고 생각하니 가만히 있을 수가 없었다.

인구가 4천만 명밖에 되지 않는 국가로는 영원히 일류국가가 될 수 없다는 것을 역사가 증명하고 있다. 전쟁으로 한 번이나 두 번 패해도 다시 일어날 수 있었던 국가는 인구가 많은 민족이었던 것이다. 앵글로색슨, 러시아, 게르만 민족이 그것을 증명하고 있지 않는가? 그런데 일본의 인구는 사천만 명이 적정하다고 하고 있는 것이다.

'맥아더는 형편없는 놈이다.'

이대로 가면 일본은 다시 세계의 일류국가가 될 리 없었다.

'좋아, 나는 인구가 일억 명이 되어도 식량은 자급할 수 있는 체제를 만들겠다.'

이것으로 재건 일본의 스타트를 끊자. 나 혼자 힘으로 맥아더와 대결해보자고 결심했던 것이다.

일본의 식량 연구 전문가는 농업기술로는 도저히 식량자급은 불가능하다고 어이없게도 맥아더의 정책에 찬성하고 있는 것이다. 확실히 일본의 국토 중에서 농지라고 해야 논이 대부분이다. 그리고 비가 많이 오는 기후이다. 이러한 천연의 조건을 이용해서 식량을 생산한다면 결국 논에서 쌀을 만드는 것 이외에 일본농업이 갈 길은 없다.

맥아더에게 이 약점을 잡혔던 것이다.

그러나 나는 몇 번인가 여행했던 시코쿠(四國)의 고치(高知)에서 1년에 쌀이 두 번 수확되는 것을 보았다. 고치는 여름이라고 해서 일본의 다른 지역과 더위가 그렇게 다르지 않다. 일본의 각지에서 1년에 쌀을 두 번 수확할 수 있는 이모작의 기술을 개발하면 일본의 식량자급은 해결될 것이다. 내 일은 쌀의 이모작 연구라고 결심했다.

다마츠쿠리 온천에서 몸을 회복하고 나서 아내와 자식들과 함께 효고현 다츠노의 집으로 돌아가 금후의 일을 생각하려 하였으나 이제부터 내가 할 일은 이미 정해져 있었다.

"너희들은 이대로 집으로 돌아가라. 나는 여기서 곧장 고치로 간다."

갑자기 아내에게 아이를 데리고 먼저 가라고 하자 아내는 만류했다.

"나이 드신 부모님이 당신을 걱정하여 기다립니다. 일단 같이 집으로서 가서 건강한 얼굴을 보여주세요. 그 다음에 고치로 가도 늦지는 않지 않겠습니까? 제발 부탁합니다."

아내가 필사적으로 한번 집에 들러주기를 바랐지만 듣지 않았다.

"하루라도 지체할 시간이 없다. 나는 건강하다고 전해다오. 여기 일을 마치면 돌아갈 테니."

억지로 아내, 아이를 먼저 보내고, 나는 그대로 반대 방향인 고치로 가고 말았다. 머릿속에는 맥아더에 대한 도전과 쌀의 이모작으로 가득 차 있었다.

이모작은 반드시 가능하다

고레카와 긴조

일본 국내에서 일년에 쌀을 두 번 수확할 수 있다고 내가 확신을 갖게 된 것에는 실은 이런 배경이 있었다. 고이소 조선총독으로부터 북선개척흥업의 재건을 의탁 받았을 때였다.

"이 전쟁은 언제까지 계속될지 모르니 현재는 아무 것도 이용하지 않는 백두산 산록의 고원지대의 농업개발에 힘써보지 않겠나?"

전시 중의 식량 연구를 부탁한 적이 있었다. 백두산 산록의 고원지대는 해발 1,000m 북위 42도, 동경 129도의 북한과 중국의 국경에 있고 여름에는 바싹 건조하고, 겨울에는 영하 40도나 내려가, 농사를 지을 수 없다는 지역이었다.

총독으로부터 요청을 받아 곧 선발대를 편성해서 주민은 무엇을 먹고, 풀과 나무는 언제쯤 싹이 나고 시드는지, 우선 현지조사를 하게 했다. 백두산은 서울에서 자동차로 하루 반이나 걸리는 대륙의 오지였다. 또 백두산이라고 하면 가토 기요마사(加藤淸正)⁽주⁾가 호랑이를 물리친 것으로도 유명할 정도로 연중 마을에 호랑이가 출몰하는 곳이었다.

"호랑이에게 먹히지 않도록 조심해서 다녀오게."

매우 험한 인사을 하면서 중일전쟁 때 육군중위였던 사원을 대장으로 해서 5명 전원이 20대의 혈기왕성한 사람들을 보냈던 것이다. 이 선발대는 2m나 되는 풀을 잔뜩 가지고 무사히 서울로 돌아왔다.

"그건 뭐지?"

"포도입니다. 가을에 열매는 열리지만 먹을 수는 없습니다."

"그밖에는? 그곳 사람들은 무엇을 먹고 있나?"

"좁쌀, 피를 지어서 먹고 있습니다."

그렇다면 충분히 농업개발이 가능한 토지라고 자신했다.

이 백두산 주변의 한만(韓滿) 국경은 당시 김일성이 항일운동으로 빈번히 출몰하던 지역이었다. 그곳에서 나는 이 척박한 지역에서 김일성이 수천 명이나 되는 부하를 통솔하기 위해 어떤 방법으로 식량공급을 하고 있는지 궁금했다.

주) 가토 기요마사(1561~1611). 도요토미 히데요시(豊臣秀吉)의 가신으로 임진왜란 때 조선에 출병한 왜장이다. 도요토미 히데요시 사후에는 도쿠가와 이에야스(德川家康)의 가신이 되어 구마모토(熊本)의 영주가 되었다. 임진왜란 당시 조선을 침공하여 북진하던 가토 기요마사는 곳곳에 출몰하는 호랑이에게 인명과 군마의 피해가 잇따르자 왜군의 사기를 높이기 위하여 때때로 호랑이 사냥을 나서 호랑이를 잡았다고 한다. 이 일화로 일본에선 가토 기요마사의 명성을 '호랑이에게 미친다' 고 표현하고 있다.

"이번에는 김일성 부대의 식량공급 방법을 조사해 와라."

예비역 육군중위의 선발대에 다시 한번 백두산 산록의 조사를 명했다.

일 개월 후, 이번에는 무언가를 가득 채운 가마니를 짊어지고 서울로 돌아온 조사대의 보고를 듣고 놀랐다.

"화전을 만들어 감자를 심어 자급하고 있습니다."

가마니를 열어보니 껍질이 새빨간 홍환(紅丸)이라는 종류의 감자가 들어있었다.

앞을 내다보고 행동하는 것, 참으로 내가 희망을 걸고 선발대를 조직한 만큼의 보람은 있었다.

고이소 총독에게 이 사실을 보고하고, 곧 백두산의 고원지대 개발과 '홍환' 재배에 착수했다.

한국의 농업관계자는 백두산 개발에 착수하는 나에게 충고했다.

"고레카와 씨, 그곳만큼은 그만 두세요. 그런 곳에서 농작물이 성장하겠습니까?"

이구동성으로 충고하고, 개발을 막으려고 했지만, 나는 만전의 조사 끝에 식량자급이 가능하다는 판단을 내렸던 것이다. 자신은 충분히 있었다.

나 스스로 확신을 가진 조사와 분석 결과, '가능하다'라고 판단했던 것이다. '고레카와 경제연구소' 시절의 국제경제와 주식의 분석과 마찬가지였다.

3년째 들어서 드디어 10아르 당 1,000관(약 4,000kg)의 수확을 얻는데 성공했다고 서울로 전화가 걸려왔다.

곧장 총독에게 전하자 농업국장이 반문했다.

"고레카와 씨, 1,000관이 아니라 0이 하나 빠진 것 아닙니까?"

전혀 믿을 수 없다는 것이었다. 나도 화가 났다.

"현지에 가서 입회하여 수확 조사를 해보세요."

관리가 입회하여 조사를 개시하자, 껍질이 새빨간 '홍환'이 밭 속에서 줄줄이 얼굴을 내밀었던 것이다. 보고가 틀림없었다. 관리들은 완전히 승복했다.

그때 나는 실감했다. 이런 대규모 개간사업의 경험이 있었기 때문에 맥아더에게 도전할 기백이 있었던 것이다.

한 해에 두 번 수확할 수 있는 쌀을 만드는 것에 나는 충분히 자신이 있었다.

농업시험장과 기상대를 다니다

고치에서는 전 중의원 의원인 친구를 찾아 거처할 곳을 얻기로 했다. 그리고 농업시험장과 기상대에 매일 가서 기상조건 데이터를 조사했다.

고치에서도 일년에 두 번 쌀을 수확할 수 있는 곳은 가쵸평야(香長平野)에 국한되었다. 왜 이 지역만 일년에 두 번 수확할 수 있고, 다른 지역은 한 번밖에 수확할 수 없는가, 원인은 기상조건이었다고 생각했다.

농업시험장에서 과거 10년간 기상상황 데이터를 받고, 더욱이 보다 정확한 데이터를 알기 위해 기상대로부터도 데이터를 받았다. 그리고 고치의 가쵸평야와 전국 각지의 농업생산지의 기상정보 자료를 기록하고 비교 대조하는 조사를 했다.

농업시험장과 기상대에는 2개월 매일 계속 다녔다. 다마츠쿠리 온천을 떠났을 때 입고 있던 겨울 군복을 그대로 입은 채였는데, 옷에 이가 버글거려 가려워 죽을 지경이었다. 그러나 2개월에 걸친 조사 결과, 간토(關東) 지역 이서(以西)라면 쌀은 1년에 두 번 수확할 수 있다고 확신했던 것이다.

원인을 알았다. 가쵸평야는 따뜻한 구로시오(黑潮)⁽ᵗ⁾가 굽이치는 도사만(土佐灣) 중에서도 태평양 쪽에 면해 있기 때문에 특히 그 지역만 기상조건이 다른 것이다. 겨울은 매우 따뜻하고 봄은 빨리 온다.

벼는 섭씨 15도가 되면 발아한다. 아무리 빨리 씨를 뿌려도 15도가 되지 않으면 발아하여 성장하지 않는 것이다. 노래 가사 '팔십팔야' (八十八夜)⁽ᵗ⁾에도 있지만, 보통의 지역의 볍씨 파종 시기는 팔십팔야 즉 5월 상순경이다. 즉 거의 모든 논에서 5월에 파종이 시작되므로 쌀은 1년에 한 번밖에 수확할 수 없는 것이다.

그러나 고치의 가쵸평야는 구로시오의 영향으로 봄이 빨리 오

주) 필리핀 동부 해역에서 발생하여 일본 혼슈(本州) 남부 연안을 따라 동쪽으로 흐르는 난류를 말한다. 일본 근해를 흐르므로 '일본 해류' (日本海流)라고도 한다. 영양분이 적어 플랑크톤의 생식수가 적은 관계로 해수의 투명도가 높고 바다의 색깔이 흑청색을 띠는데, 이것이 '검은 조류' 라는 뜻의 '구로시오' (黑潮)라는 이름의 유래가 되었다.

주) 일본 고유의 절기로 입춘에서 88일째인 5월 2, 3일 경으로 이 무렵 농가에서 씨를 뿌린다. 절기상 입하 직전이나, 일본에선 '88야의 서리에 운다' 는 말이 있을 정도로 때늦은 서리가 내리기도 하므로 농가에 농작물 관리에 특별한 주의를 갖도록 하기 위하여 이 절기를 만들었다고 한다. 이날 따는 찻잎은 상등품으로 이날 딴 찻잎으로 차를 마시면 장수한다고 한다. 1912년 일본 문부성이 초등학교 3학년용으로 발표한 창가 '찻잎 따기' (茶摘)의 가사 중에 '여름도 가깝고 팔십팔야, 들에도 산에도 어린잎이 무성하네' 라는 대목이 있다.

고, 3월 초가 되면 기온은 15도가 되는 것을 알았다. 그러므로 여기서는 다른 지역보다 파종이 1개월 이상이나 빨리 가능하다.

고치의 도사에서 볍씨 파종은 3월 하순이나 4월 초, 이 1개월의 차이가 매우 커다란 차가 된다. 처음에는 조생종을 심었는데, 그것은 8월초면 수확이 가능하다. 그리고 수확 후 곧 다시 한 번 모내기를 한다. 봄이 빠른 지역은 가을도 늦고, 11월경까지 벼농사가 가능하다. 그러면 8월 중순경에 두 번째 모내기를 해도 11월 하순에는 또 한 번의 수확이 가능한 것이다. 이것을 알게 되자 그 다음 할 일은 없었다.

요약하면 팔십팔야에 씨를 뿌린다는 것은 그 무렵이 되면 자연의 조건이 벼가 성장하는 온도에 달했다고 하는 것이다. 그때까지 인공적으로 모를 만들어 놓고, 어느 정도 성장한 묘를 적절한 시기에 모내기 하면 그대로 빨리 성장하는 것이다. 그렇게 해서 수확을 빨리한 후에 다시 모내기를 하면 가을에 추수하는 것이 가능한 것이다.

일본의 농가는 야채의 묘는 만드는데, 묘상에 기름종이를 붙여 온도를 높이고, 씨가 빨리 발아하도록 한다.

'이거다.'

이 방법을 사용하면 씨를 빨리 뿌려도 성장한다. 그러면 적어도 기상조건의 통계로부터 판단해서 간토평야로부터 서쪽은 모두 이모작이 가능하다. 나는 그렇게 확신했던 것이다.

나는 곧 이 연구 결과를 갖고 도쿄의 농림성으로 향했다.

조선총독부의 농무국장이었던 인물에게 소개를 받아 농림성 국장을 만나서 지금까지의 경과를 말하고 금후의 사업화의 협력을 부탁했다.

"그러나 고레카와 씨, 당신은 지금까지 한국에서 제철회사를 경영하셨지요."

"그렇습니다. 제철을 했지요."

"제철과 농업은 별개인데요. 당신은 농업에 대해 알지 못하므로 1년에 두 번이나 쌀을 수확한다고 생각하는데 이 일본 땅에서는 도저히 불가능한 일입니다."

거침없이 이렇게 말하고는 국장은 전혀 내 말을 들으려 하지 않았다. 머릿속에 전혀 문제 삼지 않았던 것이다.

백두산 산록에서 홍환을 재배했을 때도 그랬다.

'농림성 관리는 모두 월급 도둑만 있군. 그러므로 전쟁에 진 것이다.'

무엇을 생각하고 책상 앞에 앉아있는가 하고 화가 치밀었다.

어쨌든 실제로 쌀을 두 번 수확하면 인정해 주겠지 하고 생각하고 이가 버글거리는 겨울 군복을 입은 채로 농가를 여기저기 다니며 설명했다. 어디든 좋다, 사실을 만들어내야 한다고 생각했다.

당시 농가는 암거래 쌀로 돈을 벌고 있던 시절이었다. 쌀을 두 번 수확할 수 있다면 따라올 것임에 틀림없었다. 그러나 어느 농가를 가도 따라오지 않았다. 그것도 당연했다. 쌀을 두 번 수확하면 암거래 쌀은 팔리지 않을 것이 당연한 것이다. 더구나 내 자신이 농민이 아니었기 때문에 상담은 아무도 응하지 않았다.

규슈의 가고시마까지 가서 농가를 설득했으나 결국 협력하여 쌀을 두 번 수확해보자고 한 농가는 한 곳도 없었다.

이것은 이제 그만 단념할까도 생각해봤지만 내 스스로 할 수밖에 없었다. 내 성격상 당연히 단념 같은 것은 할 수 없었다.

'좋아. 내 힘으로 농사를 짓자.'

그렇게 결심하고 비로소 처자식이 기다리는 효고현 다츠노로 발걸음을 옮겼다. 야마구치현의 센자키에 상륙하여 일본 전역을 헤매기를 6개월 만에 귀향했던 것이다.

고향인 다츠노에 도착하자 아내가 이가 버글거리는 옷을 보며 말했다.

"그동안 많이 참았네요. 이거 버려야겠어요. 다른 사람에게 피해를 주면 안 되니."

아내는 코를 훌쩍거리며 눈물을 흘리면서 내가 입고 있던 옷을 전부 삶아 소독하여 이를 죽인 후에 버렸다. 이런 바보 같은 이야기가 있을 정도로 반년 간 일본 전역을 헤매며 열중했던 것이다.

연구비용을 함석판 재생으로 마련하다

고레가와 긴조

내 스스로 쌀 이모작을 하자고 결심했지만, 우선 가족이 먹고 살 일이 급선무였다. 더구나 한국에서 회사를 하고 있던 때의 부하가 속속 귀국하여 나를 찾아오고 있었다. 가족과 부하를 위해 무엇이든 해야 하겠다고 생각하고, 미리 생각해둔 것이 있었다. 오오사카 만에 면한 사쿠라지마(櫻島)에서 제로센 비행기의 날개를 만들고 있던 '스미토모 금속광산'(住友金屬鑛山)의 부품공장이 B29에게 철저히 폭격을 맞아 그대로 방치되어 있었다.

곧 그 공장을 보러가서 10만 평이라는 광대한 부지 안에 공장의 지붕과 벽의 함석판이 구부러져 뒹굴고 있었.

이 함석판 지붕 아래 엄청난 자재가 쌓여 있었다.

'스미토모 금속광산'은 종전 후 이 자재를 판 돈으로 회사 재건의 자금을 염출하려고 생각하고 있었다. 그래서 돈이 될 만한 자재를 덮고 있는 함석판을 제거하지 않으면 안 되었다. 내가 공장을 보러 갔을 때도 수백 명의 인부를 고용해서 구부러진 함석판을 벗겨내 그것을 모아 커다란 수레에 싣고 바다 쪽으로 운반하고 있었다.

"이것을 어디로 가져가는가?"

인부를 불러 물었다.

"해안까지 갖고 가서 거룻배에 실어 앞바다로 갖고 가 버린다."

아깝다. 문득 불타버린 들판의 오오사카의 바라크 오두막집을 생각해냈다. 곧 '스미토모 금속광산'의 간부와 상담했다. 간부들과는 한국에서 제철회사를 경영하고 있었을 당시, 회의 석상에서 자주 얼굴을 맞댄 낯익은 사람들이었다.

"바다에 버리는 함석판을 내가 치울 테니 전부 양도해주게."

회사가 한국에서 몰수된 것을 말하고, 귀국한 많은 옛 직원들에게 일을 만들어 주고 싶다고 말했다.

"어떻게 할 작정입니까? 우리가 버린 것을."

"어떻게 할 것인가는 나에게 맡겨두시오. 내가 깨끗하게 정리할 테니."

아무리 설명해도 의견의 일치를 보지 못한 채 고개를 갸웃거리다가 결국 간부들은 승낙했다.

"정말 당신 책임지고 하겠습니까?"

"물론입니다."

"좋습니다. 그러나 그냥 줄 수는 없으니 얼마든지 좋으니 값을 치루세요."

일부러 버리기 위해 인부들까지 고용한 것을 결국 한 장에 5엔씩 받기로 약속하고 나에게 팔기로 했다.

물론 내가 어디에 사용할지는 알 리가 없었다. 그것보다 버릴 물건이 한 장에 5엔에 팔 수 있게 되어 이유도 없이 상대는 기뻐했다.

그 사쿠라지마 공장으로부터 멀지 않은 오오사카 기타구에 빈터를 빌려 즉각 함석판 수리공장을 지어 모은 함석판을 모두 이곳으로 옮겼다. 그리고 굽은 판은 펴고, 찢어진 판은 주석으로 이어 붙여 재생했던 것이다.

전국 어디를 가도 폭격으로 불타버린 시절이었다. 바라크를 지으려 해도 지붕의 재료가 되는 함석판이 부족하여 곤란했다.

당시 함석판 한 장의 암시장 가격이 300엔이었다. 내가 구입하는 것은 5엔, 그것을 수리하는 직원의 인건비와 재료비가 평균 30엔 정도로, 한 장 당 35엔이면 멋진 재생품이 탄생되었던 것이다.

아무리 만들어도 주문에 맞출 수 없었다. 서로 가져가려고 해서 매일 몇 천 엔씩이나 이익이 남았다. 그런 중에 함석판을 대주는 '스미토모 금속광산'의 간부에게도 이 사실이 알려져 일부러 내 공장까지 찾아왔다.

"고레카와 씨, 폭리를 얻고 있지 않습니까? 당신에게 완전히 속았습니다."

한 마디 말하고 싶었을 것이다. 그러나 인건비를 하루 몇 백 원씩 주고서 버린 물건을 돈을 주고 인수한 것이므로 서로 좋았던 것이다. 스미토모는 내가 함석판을 정리해준 덕에 그 밑에 쌓여있는 반제품과 원료를 팔아 막대한 이익을 얻었다.

간토대지진으로 함석판을 매집하여 크게 벌었던 때도 그랬다.

사람들이 관심을 두지 않을 때 얼마나 정확히 포착을 하고, 사람들이 눈치 채기 전에 얼마나 빨리 행동하는가? 사고, 팔고, 쉰다. 이것이 거래로 성공하는 '삼근도'(三筋道)인 것이다. 이것은 참으로 주식 거래를 함에 있어도 마찬가지 호흡인 것이다.

그런데 불평 한 마디는 해야겠다고 생각하고 내 공장에 얼굴을 내민 '스미토모 금속광산'의 간부 결국 납득한 얼굴로 돌아갔다.

"지금 특수한 연구를 계속하고 있는데, 함석판으로 얻은 수익은 모두 이 연구에 쏟아 붓고 있다."

그 때문에 돈이 필요하다고 말했다. 실제로 쌀 이모작의 보급에는 이 또한 막대한 시간과 비용을 연구단계에서 투입하지 않으면 안 되었다.

이모작을 성공시킨 사람들의 온정

고레카와 긴조

함석판의 재생품으로 벌어서 겨우 직원들과 가족을 먹일 여유가 생긴 1951년에 쌀 이모작 연구를 개시했다. 이번에는 스스로 농업을 하기로 했으므로 농지가 필요했다. 그러나 나는 농가가 아니므로 농지를 구입할 수 없고, 빌릴 수도 없었다.

결국 당시 오오사카의 히가시요도가와(東淀川) 구의 가지마쵸(加島町)에 있던 공장 안에 150평 정도의 논을 만들어 '고레카와 농업연구소'를 설립했다. 오오사카 시의 한복판에 논을 만들고 농업을 하기로 했던 것이다.

공장부지 안에 농업을 한다고 해도, 곧 그 토지가 논으로 쉽게 바뀌는 것은 아니다. 그렇게 되기까지 쌓여있던 석탄찌꺼기를 전부 제거하고 거기에 산에서 가져온 트럭 수백 대 분의 농업용

흙을 넣어 경지로 만든 다음 거기에 수돗물을 대어 150평의 논을 만들었던 것이다.

이모작을 성공시키기 위해서는 모를 빨리 키우기 위해서 보온효과가 있고 비와 바람에도 찢어지지 않는 기름종이, 특수한 종이를 만드는 것이 최대의 포인트였다. 아직 비닐이라는 편리한 물건이 세상에 나오기 전 시대였다.

이 기름종이 연구에 착수하여 종이가 만들어진 것은 결국 1953년이 되어서였다. 그러나 이 보온효과가 있는 튼튼한 기름종이만 있으면 이모작은 성공한 것이나 마찬가지였다. 이 기름종이 온실에서 벼를 속성시켜 그해 처음으로 일년에 두 번의 쌀을 생산하는 것에 성공했다.

두 번째 쌀을 수확하기 직전인 10월경이었다. 아사히신문(朝日新聞)의 농업담당 기자가 공장을 찾아왔다. 그리고 의아한 얼굴로 질문을 했다.

"공장 안에 논이 있다지요."

"네 있습니다."

"그 논에서 이번 여름, 쌀을 수확한 게 맞습니까?"

어떻게 그런 사실을 알게 되었느냐고 물으니, 아시야(芦屋)에 있는 집에서 오오사카의 아사히신문사까지 매일 통근하는 전철 안에서 내 공장과 그 안의 논을 보았다는 것이다.

"분명히 일찍 쌀을 짓고 있구나 하고 관심을 갖고 지켜보았는데, 8월에 한 번 수확했다고 생각했는데, 같은 곳에 다시 이삭이 여물고 있었습니다. 이게 어떻게 된 영문입니까?" 드디어 때가 왔구나 하고 생각했다. 일년에 두 번 쌀을 수확했다는 것을 누군가가 세상에 알려줄 것을 기다리고 기다렸던 것이다.

"두 번째 쌀입니다."

기분이 우쭐해지는 것을 억제하며 애써 냉정함을 유지한 채 대답했다.

"와, 이모작 쌀이 지금 수확된 것입니까? 꼭 그 논을 보여주십시오."

머리가 무거운 듯 숙인 이삭이 150평의 논에 가득 멋지게 여물고 있는 것을 보고 이 기자는 감탄할 뿐이었다. 사무실로 돌아와서 고치에서 도쿄의 농림성, 그리고 특수한 종이의 개발에 이르기까지의 경과를 질문 받는 대로 다 설명하자, 그는 정말 감격해서 눈에 눈물이 맺힐 정도였다.

"선생님, 선생님의 연구에 금후, 아사히신문은 전면적으로 협력하겠습니다. 선생님은 자동차를 갖고 있지 않은 것 같은데 지금부터 신문사의 자동차를 한 대 제공해드릴 테니 언제든지 용무가 있으면 사용하십시오."

그 정도는 자기 권한으로 가능하다고 하면서 자동차 한 대를 렌트해주었다.

다음날 아사히신문을 펼치자, 맨 마지막 한 페이지 전면을 사용하여 내 쌀의 이모작 연구 기사가 실려 있었다.

이 아사히신문의 대대적인 보도로 전국적인 반향을 불러오고, 다음날부터는 날이 밝자 공장 문 앞에 견학자로 장사진을 이루었다. NHK의 오카무라 가즈오(岡村和夫), 다이아몬드사의 이시야마 시로(石山四郎)와 같은 많은 저널리스트가 다녀가고, 3일째부터는 지방의 농업인들까지 견학하러 왔던 것이다.

이러한 평판을 얻기는 했지만 경영은 곤란했다. 이모작이 성공했던 바로 그해, 벼이삭이 달릴 그 시기에 시에 수도요금을 내지 못했다. 시내 한복판에 있었으므로 논에 대는 물은 시의 상하수도를 이용했기 때문에 계량기가 마구 돌아가 당시에 수천 엔이나 되는 수도요금을 체납했던 것이다. 당연히 시 직원이 수도를 끊으러 왔다.

"나는 일본의 식량위기를 구하기 위해 이 일을 하고 있소. 앞으로 일주일만 더 수돗물을 보내주시오."

간절히 부탁하자 그는 수도국 상사한테 나를 데리고 갔다. 그리고 그들은 편의르 봐주었다. 잊을 수 없는, 가고시마 출신의 이쥬인(伊集院) 과장의 온정에 감사하며, 생각할 때마다 머리가 숙여진다.

이모작 재배가 전국적인 반향을 부르자, 벼 모를 만드는 방법을 '미츠이화학'(三井化學)이 협력해주고, 기름종이 대신 비닐 필름을 개발해 주었다.

또 농기구 메이커인 '구보타철공'(久保田鐵工)의 오다하라 다이조(小田原大造) 사장(당시)도 지인의 소개로 논을 견학하러 왔다.

"나도 일본인이오. 벌이와 선전 같은 것은 일체 생각하지 않고, 고레카와 씨, 당신이 하는 일의 일익을 맡겨주시오."

그는 연구비를 모두 담당하고 논도 이런 좁은 곳이 아니라 1만 평의 회사 땅이 있으므로 그것을 사용하라고 하여, 나는 본격적인 이모작의 대규모 연구를 시작했다.

이렇게 해서 쌀 연구를 계속하는 한편, 이모작 개발기술을 면화 재배에도 응용해보자고, 일본방적협회가 실험연구비를 부담한다고 해서 면화의 재배사업을 시작했다. 1955년에 '고레카와 경제연구소' 시절부터 친구인 '시키시마방적'(敷島紡績)의 무로가 고쿠이(室賀國威) 사장(당시, 후에 회장)의 소개로 오오사카부(大阪府) 북쪽 지역의 토지를 구입해서 그곳에서 면화 재배 연구를 시작했다.

면화와 쌀의 농업연구소를 1954년부터 1959년까지 계속했으나 이대로는 일생 걸려도 완성할 수 없을지도 모른다, 이대로는 일생을 헛되이 보낼 것이라고 생각했다.

이미 못자리에 비닐 터널을 만들어 모를 빨리 만드는 기술도 전국에 보급되고, 쌀의 단위당 수확도 안정적으로 증가하고 있었다. 이모작의 기초연구는 충분히 성공했다고 생각했다. 맥아더가 식량사정으로 일본은 4천만 명 이하의 인구가 적정하다고 한 점령정책에 대항해서 1억 명이 자급자족할 수 있는 체제의 기초를 만들었다는 것으로 내 임무는 달성했다고 생각했다.

쌀의 이모작은 자금 사정도 어려워지고, 면화의 재배도 옷감

사정이 호전되면서 면화 가격이 하락했다. 1960년, 나는 아내를 불렀다.

"나는 이제부터 돈을 벌기로 했다. 앞으로 당신이 궁핍한 생활을 하지 않도록 하겠다."

다시 주식시장에 컴백할 것을 결심했던 것이다.

나는 한 직업으로 평생을 살 사람이 아니다. 그 시대와 운명에 휘둘리며 여기까지 왔던 것이나, 어떤 일이라도 전심전력을 다해왔다. 어떤 일이든 전력을 다하지 않으면 주식뿐만 아니라 아무 것도 성공하지 못한다. 1960년, '고레카와 농업연구소'를 폐쇄하고 증권계로 돌아왔을 때 이미 63세의 나이였다.

복팔분

거북이 삼원칙으로 주식매매를 개시하다
토지로 번 3억 엔으로 시세에 살다
일본시멘트는 오른다!
우리 회사 주식은 오를까요?
네가 말한 대로 되었다
벌써는 아직이며, 아직은 벌써다
복팔분의 끝내기

"들도 산도 모두 하나가 되어 약세로 여기면
바보가 되어 쌀을 사야 한다."

거북이 삼원칙으로
주식매매를 개시하다

1960년에 주식 매매를 재개했던 당시 자금은 모두 친척, 지인으로부터 빌려 모은 300만 엔 정도밖에 없었고, 현재와는 비교도 되지 않는 작은 거래밖에 할 수 없었다.

그러나 이 돈으로 벌어 매월 대출금과 이자를 변제하고, 대학과 재수생 학원에 다니던 아들들의 학비와 생활비를 마련하지 않으면 안 되었다.

절대로 실패할 수 없었다. 기력, 체력, 지력을 최고도로 사용하여 신중에 신중을 기하는 것이 주식투자의 기본이다. '거북이 삼원칙'을 따라 천천히 원금을 불려나갔다.

'주식투자는 마치 토끼와 거북이와 같다.'
토끼는 자신을 너무 과신하여 승부를 서두른 끝에 중도에 몰락하고 만다. 한편 거북이는 늦더라도 분명하게 목적지에 도착한다. 결국 토끼처럼 허세를 부리고 눈이 벌개져서 바로 앞의 것만 생각하면 골은 도중에 형태도 없이 사라져버린다. 거북이가 된 심정으로 천천히 시간을 들여 사는 것이다.

'거북이 삼원칙' 이란 다음과 같다.
① 종목은 수면 하에 있는 우량한 것을 선택하여 기다릴 것.
② 경제, 시세의 동향으로부터 항상 눈을 떼지 말고 스스로 공부할 것.
③ 과대한 생각은 하지 말고 수중의 자금 범위에서 행동할 것.

그런데 1938년 이래, 22년 만에 컴백한 전후의 주식시장은 3회에 걸쳐 커다란 주식 붐을 경험하고 있었다.

첫 번째는 1950년 6월 25일에 발발한 한국전쟁으로부터 53년 7월 27일의 휴전협정의 성립까지 이른바 한국전쟁 붐이었다. 한국전쟁 발발은 인접국으로서 악재로 보는 의견도 많았으나, 미국으로부터의 전쟁 특수에 의해 일본은 군수산업을 중심으로 수출이 증대하고 급격히 경제는 활발해졌다.

이것을 반영하여 주식시장은 지속적인 상승기조로 전환하고, 도쿄 증시 평균주가는 한국전쟁 발발직후인 1950년 7월 6일의 하락가격인 85엔 25전에서 1953년 2월 4일에는 474엔 43전으로 5배나 일직선으로 급등을 연출했다.

그러나 동년 3월 5일에는 소련의 스탈린 수상의 중태설이 전해지자, 주가는 그때까지 과도한 일직선 상승세에서 급락, 평균 주가는 전일 대비 37엔 81전이라는 과거에 없던 10%나 대폭적인 하락을 보였다. 이른바 '스탈린 폭락'이었다.

두 번째 주식투자 붐은 이른바 '진무경기(神武景氣)(주)시세'였다. 1953년 2월부터 하락하기 시작한 시세는 동년 5월 '일본은행'의 기준금리 인하, 금융완화로 서서히 반등하기 시작하여 다음해 1954년의 불황을 극복하자, 1955년 2월 8일의 소련 정변에 의한 불가닌 수상의 탄생을 환영하여 군수품 주식을 중심으로 일단 상승에 들어갔다. 그리고 금융기관의 적극적인 매수를 배경으로 주식시장은 다시 일어나게 되었다.

1956년 10월 31일 수에즈 전쟁 발발로 일직선의 실적 장세를 보이고, '1천억 엔 감세, 1천억 엔 시설투자'를 노래하는 문구에 설비투자의 증대를 제창한 기시(岸) 내각의 이치마다(一萬田) 재무대신의 적극정책이 기업의 투자의욕을 보다 자극하여 1957년 5월 4일에는 도쿄 지수는 595엔 46전의 고가를 내며 공전의 주식 붐을 전개했다.

주) 진무경기(神武景氣)는 제일차 고도경제성장기 중 1955년에서 1957년의 폭발적인 호경기를 말한다. 일본 초대 천황인 진무천황(神武天皇)이 즉위(기원전 660년)한 이래 최고의 호경기를 의미하는 뜻에서 붙여진 이름이다. 이 호경기에 의해 일본경제는 제2차 세계대전 전의 수준으로 회복하고, 1956년에 발간된 경제백서는 '더 이상 전후(戰後)가 아니다'라고까지 기록했다. 이 시기에 호경기의 영향으로 내구재 소비 붐이 일어나 삼종(三種)의 신기(神器)로 냉장고, 세탁기, 흑백 TV가 인기였다. 삼종의 신기는 일본 천황 계승의 징표로 천황가에 대대로 전해져 내려오는 세 가지 보물인 구슬, 거울, 칼을 말하는데, 1950년대 중반부터 가전 붐이 일면서 서민들이 갖고 싶어 하는 물건이라는 의미로 사용되었다.

그러나 동년 5월 8일에는 국제수지의 적자로 '일본은행'은 금융긴축정책을 취하고 기준금리의 2리 인상을 실시함으로서 시황은 일전하여 반락하고, 7월 25일에는 도쿄 주가지수는 일거에 472엔 43전까지 급락하여 주식 붐도 일단락되었다.

미국의 경기 호전으로 일본의 수출은 증가하고, 국제수지가 흑자로 회복한 것으로부터 '일본은행'은 1958년 6월과 9월에 연이어 기준금리를 인하했다.

이로 인해 일본경제는 동년 가을 무렵부터 급속히 성장을 계속했다. 이른바 고도성장을 배경으로 '이와토 경기'(岩戶景氣)^(주)에 의한 제3회의 주식투자 붐을 일으켰다.

이 시기에 전국의 증권거래소의 상장회사 수, 상장주식 시가총액, 거래량 모두 경이적인 확장을 보였다. 주식거래량의 추이를 보면, 1958년은 177억 5천 779만 주인 것이 다음해인 1959년에는 317억 8천 203만 주에 달했다. 1일 평균 거래량도 도쿄 증시만 보아도 1958년 10월 7일에 1억 1천 892만 주로 처음으로 1억주 대를 기록하고, 1959년 12월 2일에는 1억 8716만 주로 도쿄 증시 개장 이래 최고의 거래량을 기록했다.

주) 1958년 6월에서 1961년 12월까지 42개월간 계속된 고도성장 시대의 호경기를 말한다. 진무경기가 31개월간 계속된 것에 비해 이를 상회하는 호경기라고 하여 진무호황보다 더 거슬러 올라가 아마테라오오카미(天照大神:일본 건국신화에 등장하는 진무천황의 선조)가 이와토(岩戶)에 숨은 이래의 호경기라는 의미에서 붙여진 이름이다. 설비투자가 경기를 주도하여 '투자가 투자를 부른다'는 말이 나올 정도였으며, 투자열에 의한 기술혁신이 경기를 뒷받침했다. 호경기로 인해 샐러리맨들의 급여가 급격히 증가하여 이들이 중산층 의식을 갖게 되었으며, 이들은 대량소비사회의 주역으로 등장했다. 따라서 대량생산, 대량소비의 시대가 열리고 대형 마켓이 등장하여 유통혁명이 일어나기도 했다.

이러한 공전의 주식 붐의 활황 속에서 주가도 상승을 계속했다. 1958년 연초 도쿄 주가지수 475엔 정도인 것이 연말에는 666엔 50전으로 1년도 안 돼 40%나 급등을 기록했다. 더욱이 1960년 11월 7일에는 1,321엔 44전을 기록, 이어 다음해 1961년 7월 18일에는 드디어 1,829엔까지 상승했던 것이다.

이 1958년부터 1961년에 걸친 주식 붐은 고도성장에 의한 이와토 경기가 가져온 것이었으나 일반적으로는 투자 붐, 말하자면 대중의 자금을 맡아 운용하는 투자신탁이 대량으로 주식을 매수한 것이 직접적인 동기, 원인이었다. 즉 투자신탁이 주식에 자금을 투입하여 매수하므로 상승하는 것이다.

투자신탁이 급격한 성장을 보인 것은 1958년부터 1961년, 주식 붐 바로 그 시기였던 것이다. 1951년에 재개된 투신은 1955년까지는 595억 엔이었던 잔존 원금액이 1957년에는 1천369억으로 늘었는가 하면, 다음해 1958년에는 2천916엔, 그리고 1961년에는 무려 1조 엔 고지를 넘어서, 1조 1천828억 엔까지 급격히 팽창했던 것이다.

토지로 번 3억 엔으로 시세에 살다

고레카와 긴조

　이러한 전후 3회에 걸친 주식 붐의 최대 특징은 기업 수익의 대폭적인 증가를 배경으로 기업의 투자 의욕이 증대했다는 것, 그리고 일반 대중의 주식시장에의 등장이라는 것이었다.

　이러한 공전의 주식 붐의 소용돌이 속에서 나는 주식 매매를 재개했다. 그 1960년은 미일 안보조약을 저지하려는 안보투쟁^(주)이 전국적으로 번지고, 소란스러운 해를 맞았다.

　동년 7월 퇴진한 기시(岸) 내각을 이어 등장한 이케다(池田) 내각은 '국민소득 배증 계획'을 발표하고, 고도성장의 원동력인 민간 설비투자에 박차를 가했다.

　소득 배증 계획은 그 목표 연차인 10년 후 1970년에는 GNP(국민총생산)를 현재의 13조 엔에서 2배인 26조 엔으로 하려는 것이었다. 그것을 위한 민간설비투자의 확대가 기대되었는데, 스타트 다음해인 1961년에 10년 후의 민간설비 투자의 규모 목표액 3조 6천억 엔을 가볍게 넘는 3조 7천500억을 기록할 정도였다.

이러한 설비투자를 배경으로 한 일본경제의 급격한 성장 이면에, 나는 일본경제는 그리 멀지 않은 시기에 급격한 인플레를 맞을 것이라고 예상했다.

'땅값은 반드시 폭등한다.'

소득 배증 계획에 의한 설비투자의 증강으로 전국 각지에 대공장 지역의 건설계획이 세워졌다. 공업지역 유치로 인해 반드시 땅값은 폭등할 것이라고 내다봤다.

'지금 토지를 사면, 수년 후에는 반드시 크게 벌 것이다.'

그러한 생각으로, 주식투자를 하는 한편 부동산 매매도 시작

주) '안보투쟁'이란 1960년 전후, 1970년 전후의 두 차례에 걸쳐 일본에서 전개된 '미일안전보장조약'에 반대하는 대중운동을 말한다. 제2차 세계대전의 종결 처리를 위해, 1951년 미국을 비롯한 연합군 49개국과 일본과의 사이에 '샌프란시스코 평화조약'을 체결하고, 동시에 미국과 일본은 '미합중국과 일본국과의 안전보장조약'을 체결했다. 이 조약에 의해 일본을 점령하고 있던 미군은 점령군의 지위에서 재일미군이 되고 일본에 계속 주둔하는 것이 가능하게 되었다. 이 안전보장조약은 1960년 개정되어 신조약이 조인되었다. 체결전부터 개정에 의해 일본이 전쟁에 말려들게 될 위험이 크다는 이유 등으로 반대운동이 고조되었다. 처음에는 '전일본 학생자치총연합회'가 중심이 되었으나, 종전 후 얼마 되지 않은 관계로 전쟁에 대한 강한 거부감으로 많은 시민들이 이 주장에 찬성하여 합류했다. 조약의 체결을 둘러싸고 국회 주위를 시위대가 둘러싸고 압박했으나 결국 조약이 성립되고, 예정된 아이젠하워 미국 대통령의 방일도 중지되었다. 결국 당시 기시(岸) 내각은 이 혼란을 수습하기 위해 총사퇴했다. 10년간의 기한을 맞은 '미일안보조약'의 자동연장을 앞두고 이를 저지하여 조약파기를 관철하려는 대중운동이 일어났다. 이 시기 학생 사이에서 '전공투'(全共鬪)와 신좌익파의 학생운동이 전국적으로 활발하게 일어났다. 도쿄대학(東京大學) 투쟁 등을 비롯하여 전국의 주요 대학에는 바리케이트 봉쇄가 행해지고 '70년 안보 분쇄'라는 슬로건 아래 대규모 시위가 전국적으로 전개되었다. 그러나 이러한 격렬한 반대운동에도 불구하고 결국 안보조약은 자동 연장되었다. 이 운동의 사상적 배경을 보면, 60년의 안보투쟁이 제2차 세계대전의 후유증에 의한 '전쟁반대'였다면, 70년의 경우 미국을 중심으로 한 서방진영에 대항하는 '혁명전쟁'의 성격을 지니고 있다.

했다. 이 시기 내 주식투자는 아직 적은 투자금으로 착실한 방법으로 벌고, 생활비를 주식 매매로 충당하고 있었다.

전국 각지의 대공장 건설 계획의 자료를 모아 검토해 보니, 그 중에 오오사카부가 기업국을 만들어 사카이이즈미(堺泉) 북쪽의 바다를 매립하여 콤비나트를 만드는 구상이 있음을 알았다. 더욱이 그 구상을 검토해보니, 콤비나트 완성 후에는 종업원이 2만 명, 나아가 관련산업의 진출을 생각하면 사카이시(堺市)의 인구는 5만 명 증가한다는 분석결과가 나왔다. 이 5만 명을 수용할 베드타운이 사카이시 근교에 반드시 필요한 것이다.

베드타운으로서 교통망과 환경 등 여러 가지 조건을 생각해서 지도를 보면서 검토하고, 모델 타운을 실제로 직접 다녀보니, '고레카와 농업연구소'가 있던 사카이시의 동남 7, 8km의 구릉지대의 농촌 일대가 가장 적합한 것을 알았다. 그래서 돈을 갖고 있는 친구를 설득해서 수십만 평의 토지를 구입했다.

미개발의 구릉지에 대규모 뉴타운이 생길 줄은 누구도 예상하지 못하고, 평당 3백 엔만 내면 토지는 얼마든지 손에 넣을 수 있었다.

1964년, 오오사카부는 내가 매수한 구릉지에 이즈미키타(泉北) 뉴타운을 만든다는 구상 계획을 발표했다. 총면적 1,518 헥타르(약 460만 평), 인구 18만 명이라는 뉴타운 구상은 내 예상을 훨씬 뛰어넘는 대규모였으나, 내 판단은 정확히 적중했던 것이다.

내가 평당 3백 엔에 매수한 토지는 순식간에 급상승하여 평당

1,500엔까지 수직 상승했다. 1965년 말에 수만 평의 토지를 모두 매도하자 일거에 3억 엔의 돈을 손에 넣을 수 있었다.

거래의 도는 하나인 것이다. 주식투자의 기본이 '거북이 삼원칙'이라면, 부동산 투자에 있어서도 기본은 역시 같은 것이다. 뉴타운 구상의 정보를 재빨리 간파하여 누구도 예상하지 못한 수면 하에서 싼값으로 매수하고 느긋하게 값이 오르기를 기다리는 것이다. 앞을 읽고, 상승을 확신한 다음의 승부인 것이다. 물론 거래로 당연한 행위로 수익을 얻은 것인데, 어느 누구로부터도 불평을 듣지는 않았지만, 3억 엔을 손에 쥐고 보니 아무래도 뒷맛이 씁쓸했다. 부동산 매수는 토지 권리자의 생활환경을 모두 조사한 다음 매수에 나선다. 마치 상대방의 약점을 쥐고 언변으로 값싸게 매수하는 그런 것이다. 수년 후에 그 토지가 몇 배나 오른다고 한다면, 마치 속여서 토지를 뺏은 것이라고도 생각할 수 있다.

'타인에게 원한을 사는 그러한 거래만큼은 하고 싶지 않다.'

주식투자라면 상대는 불특정 다수이고, 혼자 승부를 할 수 있다. 생각이 성공해도 실패해도 모든 것은 자신의 책임 범위이다. 게다가 얼마를 벌든지 누구에게도 원한을 사지 않는다.

'지금까지 축적해온 지식과 지혜가 진짜라면 반드시 성공할 것이다. 이 3억 엔을 밑천으로 주식투자에 모든 것을 걸자.'

금후 인생을 주식투자 한길로 살아갈 것을 결의했던 것이다.

3억 엔을 손에 넣은 1966년 이후, 내 활동은 증권계에서 두드러지게 사람들 눈에 띄어갔다.

'일본시멘트'는 오른다!

고레카와 긴조

1976년 10월, 기타이즈미 뉴타운 토지매각으로 손에 쥔 3억 엔은 그 후 몇 번인가의 치열한 매매와 예상이 적중하여 6억 엔으로 불어있었다.

'이제 크게 한판 벌여보자.'

수중의 자금 6억 엔을 모두 투입하여 본격적인 승부를 하려고 결심했다.

'일단 시작하면 뒤를 돌아보지 않겠다. 지금까지 내 지식과 경험 모두를 건, 목숨을 걸자.'

투자대상은 '일본시멘트'(日本セメント)로 결정했다.

11월 초순부터 기타하마의 증권시장에 매일 나가 시세보다 저가이면 끈기 있게 동사의 주식을 계속 매입했다.

1972년 7월 7일, 7년 8개월여에 걸친 장기정권을 담당했던 사토 에이사쿠(佐藤榮作)를 대신하여 탄생한 다나카 가쿠에이(田中角榮) 내각은 일본열도 개조 붐을 일으켰다. 공장의 전국적인 재배치, 임해형 중화학공업에서 내륙형 지식형 산업으로의 전환, 더욱이 농촌공업화를 위한 고속도로와 내륙공업단지를 만든다는 '일본개조론'은 발표 당시는 폭발적인 인기를 얻었으나 그 후 국민의 지지는 급속히 식었다.

1973년 4월 2일자 발표 건설성 지가공시가격은 1년간 전국평균으로 30.9%나 급상승, 수도권에서는 평균 34%라는 경이적인 상승을 기록했다.

소비자 물가도 상승했다. 총리부 발표 숫자에 의한 소비자 물가지수는 1973년 10월은 129.1%로 전월비 0.4%, 전년 동월비 14.2%로 대폭 상승했다. 술, 간장, 우유, 화장지 등의 생활필수품은 모두 상승했다.

동년 5월, 전국 고액 소득자 상위 100명 중 실로 94명까지가 토지로 졸부가 된 비정상적인 상황이었고, 광란 물가와 사회적 불공정의 확대로 물질 지상주의의 세태는 커다란 사회적 혼란을 야기했다.

더욱이 동년 10월 6일 제4차 중동전쟁 발발에 의한 제1차 석유파동으로 원유가격이 21%나 급등하고, 석유 대부분을 중동에 의존하는 일본 경제는 대타격을 받았다. 일본경제는 이상 인플레와 토지 투기로 인한 혼란, 매도 관망과 매점, 가격 올리기, 편승인상 등 반사회적인 경제행위가 범람했다.

이러한 경제적인 혼란을 배경으로 하여 1974년 7월 7일에 행해진 참의원 선거에서 쇠퇴만회를 노리고 총력전을 폈음에도 불구하고 집권 자민당의 지방 선거구 득표율은 40%를 깨고 39.5%로 떨어진 대패배를 맛보았다. 의석수는 개선의석을 크게 하회하여 비개선을 합하여 127석으로 과반수 플러스 1석이 되어 보혁백중(保革伯仲) 시대의 막을 올렸다.

　자민당은 이 선거에서 100억 엔을 넘는 선거 자금을 사용하는 등, 정권과 기업 유착이 국민으로부터 비판받고, 다나카 내각은 정치자금 문제의 책임을 지고 11월 26일 퇴진했다.

　이어 탄생한 미키 다케오(三木武夫) 내각은 경제회복, 경기부양에 역점을 두었으나, 1976년 2월 5일 제74회 통상국회가 재개되자 그 국회 심의 중에 록히드 사건(주)이 발각되었다.

주) '록히드(Lockheed) 사건'은 1976년 2월, 미국 의회의 상원 외교위원회 다국적기업소위원회에서 록히드사가 대형제트여객기 'L-1011 트라이스터' 판매를 위해 각국의 고위관리들에게 거액의 뇌물을 뿌렸다는 증언으로부터 시작되었다. 일본의 경우 록히드사의 일본 판매 대리점인 종합상사 '마루베니'(丸紅) 등을 통하여 일본 정부의 고관들에게 거액의 뇌물을 주었다. 당시 총리였던 다나카 가쿠에이에게 5억 엔이 비밀리에 전달된 것이 밝혀졌다. 4월 '록히드 사건'에 대한 미국측의 미공개 자료가 일본측에 전달된 이후 6월부터 '마루베니', '젠니쿠'(全日空) 등의 간부가 속속 체포되고, 7월 27일에는 다나카 가쿠에이가 체포되었다. 청렴을 자신의 이미지로 내세우고 있던 미키 다케오 총리는 여론을 등에 업고 사건규명에 의욕을 보였다. 그러나 자민당 간부들 사이에서는 사건의 전모가 밝혀지면 정치, 경제구조 그 자체의 부패가 폭로되어 보수정치체제의 위기를 초래할 것이라는 불안감이 확산되었다. 따라서 그들은 미키를 총리직에서 끌어내리려고 정치공작을 시도했다. 이에 대항하여 미키는 여론의 지지를 기반으로 반대파 각료를 파면하고 국회해산이라는 강경한 입장으로 대응했다. 미키는 정치생명을 걸고 강력히 수사하여 결국 다나카 전총리를 체포했으나, 여당인 자민당은 전후 최대 혼란에 직면했다. 당시 일본 언론들은 이 사건을 '일본판 워터게이트'로 표현하고, 그 결말을 여론의 승리라고 보도했다. 그러나 다나카 체포에 결정적인 역할을 한 것은 집권당 내의 파벌싸움이라 할 수 있다. 또한 다나카 체포 등은 집권 자민당의 자발적인 개혁의 산물이었다기보다 미국 의회에서 폭로된 증언에 대한 사후 수습책이었다. '록히드 사건'은 메이지 유신(明治維新) 이래 오랫동안 구조화된 정치가, 고급관료, 대기업의 정경유착관계에서 발생한 보수 금권정치의 구조적 오직(汚職) 사건이었다.

록히드 사건의 규명을 둘러싸고 미키 수상 퇴진 압력이 본격화하고 자민당 파벌 투쟁은 격화되었다. 미키 내각은 1976년 12월 5일 제 34회 중의원 총선거에서 대패한 책임을 지고 퇴진하였다. 동년 12월 24일에는 후쿠다 다케오(福田赳夫) 내각이 탄생했으나 일본은 정치, 경제 모두 복잡한 상황을 드러냈다.

그런데 이러한 정치, 경제 혼란 상태 속에서 시멘트 업계는 제1차 오일쇼크의 영향을 직접적으로 받아 미증유의 불황에 빠졌다. 정부는 인플레 광란물가의 진정을 위해 공공사업을 중심으로 수요억제책을 취했기 때문에 시멘트 업계의 수요는 급격히 줄어들고, 각사 모두 조업단축을 실시하였는데, 그 중에는 공장을 폐업하거나 축소해야만 했다.

"상승할 만한 주식을 수면 하에서 산다"

내 투자 전략의 기본인 '거북이 법칙'을 실천하는 최대의 찬스가 찾아왔던 것이다.

당시 '일본시멘트'는 자본금 105억 13백만 엔, 발행 주식수는 2억 1천606만 주로, 주력은행인 '후지은행'(富士銀行)과 그 밖의 안정 주주층의 보유분이 많고, 시장에 출회되어 있는 유통주식수는 그렇게 많지 않았다.

1976년도의 4월 결산 경상이익은 6억 3천5백만 엔의 적자를 시현하고, 12%의 배당을 10%로 감하여 배당했다. 동사의 주가는 1973년 1월의 323엔의 고가에서 반락하여 120엔 전후의 저가에서 횡보하고 있었다. 일일 거래량도 10만 주 전후로 적었다.

더욱이 주가는 불황의 여파로 채산성이 깨지는 경영상황으로 10월말에는 한 계단 더 하락하는 시세를 전개했다.

예년의 경우 연말이 되면 주택투자, 공공투자의 최전성기가 된다. 건설업계는 수요회복의 기대를 걸었다. 그러나 재정특례법의 성립 지연, 국철전전(國鐵電電) 요금인상법안(주)의 미성립의 영향을 받아 수요는 예상을 깨고 정체했다.

참으로 불경기의 폭풍이 거세지고, 중소기업의 도산, 휴업이 현저하고 경제전망을 세우기가 지극히 어려운 시기였다.

'이러한 경제환경을 분석하고, '일본시멘트'의 주가를 과거 10년을 거슬러 분석한 결과, 1974년 이래의 하락 시세는 현재 저가권에 들어 있다.'

이렇게 판단한 이유는 다음과 같았다.

'정부는 실업자 대책을 위해서 조급히 경기 부양에 나설 것이다.'

실업 정책과 대량의 실업자를 구제하기 위해 노동력을 대량으로 흡수하는 사업이라고 하면 전국적으로 토목사업을 일으키는

주) 국영기업인 '일본국유철도'(日本國有鐵道)와 '일본전신전화공사'(日本電信電話公社)의 운임, 요금을 인상함으로서 국철의 재건과 양 공사의 사업경영에 필요한 재원을 확보하고자 한 것이었다. 국철 운임과 전신전화 요금은 일반물가 수준에 비해 낮게 유지해왔으나, 인상을 하지 않으면 국철 등의 적자에 일반재정자금을 투입해야 되고, 따라서 재정적자는 더욱 팽창할 것이다. 이는 재정뿐만 아니라 국민경제에 커다란 악영향을 끼치므로, 양 공사의 사업 경영의 건전화를 위해 운임 및 요금의 인상이 필요했다. 1980년대 양 공사는 경쟁 원리의 도입, 경영의 합리화, 효율화를 꾀함과 동시에 공공성을 감안한 적절한 운영을 위해 민영화되었다. 민영화되면서 '일본국유철도'는 'JR'로, '일본전신전화공사'는 'NTT'로 각각 사명을 변경했다.

것이다.

더구나 '일본시멘트'는 시멘트의 원료인 석회석 산(山)을 자신이 소유하고 있으므로 원료를 얼마든지 공급할 수 있는 능력도 업계 넘버원이었다.

'일본시멘트' 주식은 고가 매물을 피해 사람들 눈에 띄지 않게 저가에 주워 담아, 순조롭게 매집할 수 있었다. '일본시멘트' 주식을 모으기 시작한 지 반년 정도 지난 5월 하순, 그 무렵 나는 30만 주를 매집해놓고 있었다.

"저는 이런 사람입니다."

'일본시멘트' 오오사카 지점장이라고 쓰인 명함을 내밀며, 젊은 사원과 함께 갑자기 지점장이 나를 찾아왔다.

우리 회사 주식은 오를까요?

고레가와 긴조

"요즘 당사의 주식을 대량으로 매수하여 주주가 되신 것을 매우 감사하게 생각합니다. 인사차 들렀습니다."

나는 그저 돈을 벌기 위해 투자하고 있을 뿐으로 일부러 인사하러 올 것까지 없다고 말했다.

'일본시멘트'의 경영진은 내가 어떤 사람인가, 그 정체를 확인하기 위해 왔던 것이다. 왜 대주주가 된 것인가, 배후에 프로 매집꾼이 있어 비싼 값으로 회사에 넘길 계획으로 작전 중이라면 큰일이라고 생각하여 이 지역의 지점장을 보내 사정을 살피게 한 것임을 그 자리에서 알았다.

그러나 지점장은 중요한 말을 꺼내기 전에 두리번두리번 집안을 둘러보는 등 당황한 표정이었다.

"오늘 나를 찾아온 것은 내가 작전꾼인지 아닌지 확인하러 온 것이 맞지요? 사장에게 그렇게 지시를 받고 온 것이 아닌가요?"

급소를 찔렀다.

"그냥 한번 인사라도 드릴까 해서......."

지점장은 이마의 땀을 손수건으로 훔치면서 쩔쩔맸다.

"당신네 회사 주식을 매집한 것은 경기회복에 필요한 시멘트를 만들고 있기 때문이오. 설비투자가 확대되면 시멘트의 수요는 증대하고 당신 회사의 실적은 금방 회복될 것이오. 그러면 당연히 주가는 상승하고. 이것을 노릴 뿐이오. 당신네 주식을 매점하여 대주주가 되고, 경영에 간섭하여 무언가를 요구할 생각은 털끝만큼도 없소."

그렇게 사장에게 전해달라고 하자, 지점장은 겨우 안심했는지 이번엔 안도한 표정으로 물었다.

"회사 주식이 오르겠습니까? 저는 도저히 그렇게 생각되지 않습니다만."

이번엔 내가 하고 있는 것을 믿을 수 없다는 듯이 물었다. 사내 인간들로서는 내부 경영사정을 너무 잘 알고 있기 때문에 금후 동사의 주가가 상승한다는 것은 조금도 믿을 수 없는 것이다. 그러나 내 주식의 매매 의도가 이러한 간부들에게조차 이해되지 않은 것은 것이 역으로 나에게 있어서 행운이었다.

만약 이 시점에서 내 의도에 공감이라도 하면 일을 망치게 된다. 내 매수를 따라 매수세가 들어오면 주가는 상승하고 매우 값싼 주식을 찾아 대량으로 매집하는 일은 불가능하게 된다. 즉

이 정도로 '일본시멘트' 주식 매수는 다른 사람들이 볼 때 이해할 수 없는 독창적인 판단에 기초한 것이었다.

"상승할 만한 주식을 수면 하에서 산다."

내 투자 전략의 기본인 '거북이 삼원칙'은 시세도[相場道]의 극치를 설명한 '사람들이 가는 길 뒤편에 길 있으니 꽃산이라'(三猿金泉秘錄)^{주)}는 교훈이 있듯이 '남이 가지 않는 길을 간다'는 방법이다. 시세도에서는 타인의 꽁무니를 따르지 않고 만인이 가는 길을 역행하는 것이야말로 올바른 것이며, 그리고 그것이 성공의 길이라고 말한다.

'시세의 도', 즉 철저히 고독하고, 속세에 초연하며, 보무당당하게 '서쪽으로 가야할 때 우물쭈물 동쪽으로 가지 않는다'고 하는 기개와 신념이야말로 그 때의 내 판단이었다.

1977년 7월, 그때까지 매집한 '일본시멘트' 주식은 이미 3천만 주를 넘어섰다.

동사의 4월기 결산은 전년 6억 3천500만 엔의 결손에서 5천900만 엔의 흑자로 발표되었다. 무엇보다 영업외수익으로 13억 엔이 유가증권 매각익을 계상했기 때문에 흑자 호전된 것이나,

---

주) '삼원금천비록'(三猿金泉秘錄)은 에도시대 쌀 거래의 달인 우시다 겐자부로(牛田權三郎)가 기록한 시세의 비책이다. 우시다 겐자부로는 에도시대 오오사카 도지마(堂島)의 쌀 거래의 경험을 바탕으로 그 극의(極意)를 단가(短歌)로 기록했다. 그 내용은 쌀 시세에 관한 것이나 시세에 대한 사람들의 심리와 자세는 현대 주식투자에도 크게 활용되고 있다. 일본에선 '삼원금천비록'과 혼마 무네히사의 '시세삼매전'(相場三昧傳)을 시세의 2대 경전으로 부르고 있다. 우리나라에는 「인생을 바꾸는 투자의 기술」, 「거래의 신, 혼마」라는 책으로 소개되어있다.

7월 1일자 니혼케이자이신문(日本經濟新聞)의 조간은 앞으로의 전망을 다음과 같이 보도했다.

「이번 4월 동기는 6월부터 실시한 불황 카르텔에 의해 과잉재고가 감소하고, 이로서 가격 상승의 기운이 서서히 침투하고 있다. 또 판매 수량도 5% 늘 것이다. 회기 중 판매량 증가는 9%에 달하고, 경영 이익은 자산매각을 포함하지 않은 상태에서 17억 엔 정도까지 달성하고 싶다고 회사 측은 희망하고 있다.」

시멘트 업계는 경기회복에 서서히 기대감을 높이고 있으면서도, 주식시장은 엔고, 뉴욕 시장의 부진에 의한 악재가 겹쳐 아직 활기를 띠지 못하고 있었다. 그러나 내 판단에 잘못은 없다고 점점 더 자신을 가졌다. 승부의 시기가 가까웠다고 예감하고 있었다.

'수개월 후에는 반드시 정부는 실업구제 추가예산을 편성할 것이다.'

확신에 찬 예감이었다.

'일본시멘트'의 주가는 6월 21일에 121엔을 시현한 후, 130엔에서 140엔 대를 횡보하고 있었다. 바로 그 무렵, 동사의 하라시마 마모루(原島保) 사장(전 회장, 현재 고인)으로부터 도쿄 본사에서 만나고 싶다는 전화가 왔다.

"꼭 도쿄에 와서 이야기를 해주십시오."

네가 말한 대로 되었다

고레가와 긴조

도쿄에 도착하자 그길로, 오오테쵸(大手町) 빌딩에 있는 '일본시멘트' 본사로 향했다. 사장실에는 하라시마 사장을 비롯하여 동사의 중역들이 굳은 표정으로 기다리고 있었다. 3천만 주라고 하면 동사가 발행한 주식의 14.2%에 해당한다. 누가 뭐라 해도 최대 주주였다.

사장 이하 중역은 모두 내가 회사의 업적 회복에 의한 주가 상승만을 노리고 있다는 것을 믿을 수 없다는 얼굴이었다. 도대체 이 노인은 무엇을 노리고 있는 것일까?

사실 당시는 총회꾼이 활발하게 활동하여, 주식 매점꾼과 회사 인수꾼이 횡횡하고 있었다. 내 경우도 14.2%의 대량 보유주식을 배경으로 경영에 간섭하지 않는다는 보장이 없었다. 보유주식의 고가매입과 임원 파견을 요구한다면 그렇지 않아도 불황으로 고전하고 있는 때에 회사가 쓰러질 가능성도 없지 않아 있다. 그런 불안한 모습이 누구의 얼굴을 봐도 읽혀졌다.

"아직 모르겠습니까? 내 진의를."

의심스러운 얼굴을 하고 있는 그들에게 계속 이야기했다.

"불황극복을 위한 경기 대책으로서 정부가 대형 추가예산을 편성하는 것은 시간문제입니다. 그 내용은 공공사업이 중심입니다. 그렇게 되면 시멘트 수급 관계는 어떻게 되겠습니까? 시멘트 전문 지식이 없어도 사회정세의 변화를 판단할 수만 있다면 알 수 있는 일이지요. 정세를 타고 실적은 단숨에 호전되고, 비약할 것이 틀림없지 않습니까? 더구나 당신들은 일본의 시멘트 업계에서 최대의 석회산을 갖고 있습니다. 이 보유 자산을 생각하면 주가는 반드시 상승합니다."

이전에 설명한 것을 나는 다시 확신을 갖고 전했다.

"나는 주가가 상승하는 것을 노리고 있습니다."

"현재 주가가 싼 것입니까?"

하라시마 사장은 진지한 표정으로 반문했다.

"업계에서 가장 큰 회사이니까요. 경기가 회복되면 가장 큰 수익이 날 것입니다. 나는 600엔이 되어도 괜찮은 회사 내용이라고 생각합니다."

무심코 사장을 비롯해서 임원들은 서로 얼굴을 마주보며 계면쩍은 듯 웃었다.

"그렇다면 고마운 일입니다만, 정부가 그런 일 하겠습니까?"

역시 아침부터 밤까지 일에 쫓겨다니면 아무리 우수한 인재라도 대세를 알지 못한다. 어이없게도 사장 이하 중역들의 반응은 무디고, 앞날을 내다보는 예견은 형편없었다.

공공투자를 앞당긴 효과는 장마가 걷힐 무렵부터 서서히 높아져, 7월의 공공사업 수주는 전년비 63.9% 신장되었다고 발표되었다.

전년의 후쿠다 내각 성립 후, 수상은 '내년은 경제의 해다, 국내의 경기 회복을 요구하는 목소리에 귀를 기울이지 않으면 안 된다' 는 내용을 공표했다. 7월 10일에 행해진 제11회 중의원 선거에서는 여, 야당 백중세 속에서 127석이라는 절대과반수를 확보하는 대선전을 보이고, 7월22일, 정부와 자민당은 수뇌회의를 열어 경기대책에 대해서 본격적인 협의를 할 것을 발표했다.

정부는 경기 부양을 꾀하기 위해 재정융자를 기둥으로 1조 엔을 상회하는 규모의 대형예산을 편성할 것을 결정했던 것이다. 드디어 내가 예상한 대로 후쿠다 내각은 본격적으로 불황회복을 위한 경기 대책을 실행했다.

그로부터 20일 지난 8월 13일 토요일, '일본시멘트'는 1년 5개월 만에 174엔이라는 고가를 보였다. 전일 대비 10엔 상승한 급등이었다. 재정투융자관련 종목에 드디어 인기가 돌아오고 있었던 것이다. 이날 거래량은 1,780만 주로 거래량은 급격히 증가했다.

시멘트 업계는 공공 공사의 급증으로 순식간에 주문이 쇄도하고, 각사가 조업을 풀가동하는 상태에 들어갔지만 주문에 맞출 수 없는 상황이 되었다. 시멘트는 부족하고, 원료가격도 급등하기 시작했다.

이 상승기조 속에서 1년 정도 전부터 매집해온 120엔에서 130엔 대의 주식은 지금까지 몇 번인가 매매하여 반복적으로 이익을 남겼으나, 보유주식의 3분의 1 정도를 180엔에 달했을 때 이익 실현했다.

시세는 아직 젊다, 더욱 큰 장이 온다, 새로운 전투를 위해서 우선 자금력을 비축하는 것이 필요했다.

아직 시세는 초입, 이제부터가 진정한 승부라고 확신했다.

이 무렵 다시 '일본시멘트'의 하라시마 사장으로부터 연락이 왔다.

"고레카와 씨, 당신 말대로 되었습니다. 금후의 이야기도 듣고 싶은데, 도쿄에 오면 들러주십시오."

벌써는 아직이며, 아직은 벌써다

고레카와 긴조

'일본시멘트' 사장실로 직행했다.

"점심이라도 하러 갑시다."

그 발로 긴자(銀座)의 튀김집으로 끌려갔다. 점심을 먹으면서 하라시마 사장이 말했다.

"시멘트 업계는 고레카와 씨가 예견한 대로 장기 불황에서 벗어났습니다. 정말 죄송했습니다."

실컷 추켜올린 다음, 그가 물었다.

"그런데 홋카이도(北海道)의 구로이소(黑磯)에 있는 우리 회사의 신설공장은 불황의 영향으로 공사를 중단하고 있는데 이후 건설공사를 재개해야 할지, 어떻게 생각하십니까?"

나에게 금후의 경제 전망을 듣고 동사의 구로이소 공장의 건설공사 재개를 상의하기 위해 불렀던 것이다. 이른바 '일본시멘트'의 컨설턴트가 된 것 같았다.

"곧 재개하는 것이 좋을 듯 합니다."

공기단축을 해서라도 완성하라고 조언했다.

"불황의 여파로 실은 그동안 시멘트 협회로서 겨우 감산 허가를 통산성으로부터 받은 실정입니다. 더구나 협회회장은 내가 맡고 있는데, 그렇게 할 수 없습니다."

"그런 것에 신경 쓸 거 없습니다. 관리들은 진짜 정치를 알지 못합니다. 국가를 위해서라고 확신하고 행하십시오."

잠시 생각한 끝에 하라시마 사장이 말했다.

"알겠습니다. 하지요." 긴 불황으로부터 벗어나 원료는 부족하고, 시멘트 업계는 만들기 무섭게 팔리는 시대에 돌입했던 것이다. 모처럼의 보물산을 우물쭈물하며 눈치만 보고 있을 수는 없다. 하라시마 사장의 결단의 신속함에 정말 감탄했다.

'일본시멘트' 주식은 180엔을 친 후에 160엔 대로 하락하고, 잠시 횡보가 계속되었다.

"이제 일단 천정을 치지 않았나."

증권회사 중에는 약세를 예견하는 목소리가 들리기 시작했다.

"벌써는 아직이며, 아직은 벌써다."

'삼매전'(三昧傳)[주]의 시세 비법에 있듯이, '벌써' 천정이다, 이제부터 후퇴하자고 생각했을 때는 '아직' 이라고 마음을 다잡고, 다시 한번 생각해보라고 가르치는 것이다. 즉 '더 이상 오르지 않는다' 는 것은 '아직 더 오른다' 는 것이다. 인기와 시세의 실제 동향과는 항상 역비례하고 반대로 움직이는 것이다. 즉 그것은 또한 '고독과의 싸움'이기도 하다.

실제로 '일본시멘트' 주식은 가을이 오면서 다시 상승 기조를 달리기 시작했다. 8월 25일에는 드디어 203엔, 31일에는 213엔으로 급등, 봉이 치솟는 상태를 보였다.

9월 초순에 210엔 대를 횡보한 주가는 14일에 244엔으로 신고가를 기록, 20일에는 다시 249엔의 고가까지 급등했다. 일일 거래량은 무려 2천 만 주까지 달하는 기세였다. 도쿄증권거래소에서 거래량 1위를 점하는 대성황이었다.

꼭 1년 전, 불황의 영향으로 수익은 악화되고 넝마주로까지 언급되었던 '일본시멘트' 주가 1년 후에는 시장에서 가장 주목받는 인기주로 변모했던 것이다. 동시에 '일본시멘트' 주를 대량을 매집한 내 이름도 증권업계에서 주목받기 시작했다. 더구나 나의 사소한 행동 하나하나까지 증권계의 화제가 될 정도였다.

9월 20일에 249엔의 신고가를 기록한 후, 그 일 개월 후인 10월 20일에는 다시 253엔의 신고가를 기록했다. 그러나 동시에 벌써 '천정'이라는 목전의 천정감이 시장의 흐름이 되었다. 시세는 역으로 하락으로 전환했다. 11월 7일에는 202엔까지 하락

주) '삼매진(相場三昧傳)은 일본의 에도 시대 쌀 거래의 대가로 '거래의 신'이라고 불리는 혼마 무네히사(本間宗久)가 쓴 쌀 거래 비책을 말한다. 삼매(三昧)는 불교 용어로서 마음을 하나의 대상에 집중하여 동요하지 않는 상태를 말하며, 잡념을 버리고 몰두함으로서 대상을 바르게 대하려는 자세를 의미한다. 혼마는 '에도 시대 쌀 시세의 진수'라고 일컬어지는 이 책에서 시세에 대한 마음가짐, 대처방법 등을 기술하고 있다. 우리나라에는 「거래의 신, 혼마」로 소개되어 있다.

하고, 200엔을 깰 것이라는 관측도 나오기 시작했다. 그러나 진짜 시세는 역으로 '아직 아직 이제부터'라고 확신했다.

그해 9월말까지 실시할 것으로 되어있던 불황 카르텔은 12월까지 연기되고, 시멘트 수요 증가에 의해 판매가격도 톤당 400엔에서 500엔으로 상승할 것으로 예상되었다.

약세에 눌려 있던 매수 기운이 단번에 이것을 기화로 가열하고, 11월 17일을 경계로 다시 주가는 봉 상승으로 역전했다.

내 예상은 정확히 적중했다.

'노무라증권'(野村證券)을 중심으로 대형 증권사의 매수가 집중되었다. '일본시멘트' 주식은 재정투융자 관련주 중에서 선도주로서 석회산을 비롯하여 각지의 공장 등 자산주로서도 유력한 종목이었다.

'일본시멘트' 주는 순식간에 300엔의 고지를 넘어 12월 23일은 337엔의 신고가마저 기록했다.

"벌써는 아직, 아직은 벌써"

'삼매전'의 비법이다. 상승하고 있는 주식을 산 세력이 '아직 오른다'라고 생각할 때는 '더 오르지 않는다'는 것이다. 내가 사들인 '일본시멘트' 주도 이제 '아직'을 넘어서 드디어 '벌써'에로 움직이기 시작했다. 때는 무르익고, 나는 비밀리에 주식을 처분하기 시작했다.

복팔분⁽주⁾의 끝내기

고레가와 긴조

'매도는 신속하게, 매수는 유연하게'

이런 말이 있듯이 매도는 매수보다 어려운 것이다. 아무리 매수 타이밍을 잘 포착하고 매수에 성공했어도 매도를 실패하면 원금도 이익도 없다. 이익을 모아 원금을 늘리는 일을 불가능한 것이다.

매도가 어려운 것은 상승 한계를 모르고 주위의 인기에 좌우되어 사람들의 소동에 놀아나 탐욕 교만하게 되어 시세의 '생각

주) '복팔분'(腹八分)은 음식을 위에 가득 차지 않게 조금 덜 먹는 것을 말한다. 일본 속담에 '팔부 정도만 먹으면 의사가 필요 없다'는 말이 있다. 인체의 건강뿐만 아니라 주식 거래를 포함한 세상사에서도 이 말은 탐욕하지 말라는 의미로 사용된다. 일본의 주식 격언에 '붕어빵의 꼬리는 시장에 주어라'라는 말이 있는데, 천정과 바닥을 노리는데 초조해 하지 말고 다소의 이익은 시장에 남겨주고, 확실히 일정한 이익을 확정해야 한다는 뜻이다. 그렇지 않으면, 과식이 몸을 해치듯이 천정을 노리다가 주가가 폭락하여 이익은커녕 오히려 손실을 입는 우를 범하고 마는 것이다.

치 않은 일이 나타나기' 때문이다. 욕심을 억제하지 못하기 때문에 매도 타이밍을 놓치고 그 때까지의 우세를 일거에 붕괴시키는 것이다.

그때까지 십수개의 증권회사에 분산하여 조용히 유연하게 매집한 3천 만 주는 주가가 300엔 대를 넘어섰을 때부터 차차로 매도하기 시작했다. 천정에서 3천만 주를 일거에 매도하려 한다면 그야말로 멋지게 파는 사이에 대량 매도의 영향으로 대폭락하는 것은 뻔한 일이었다.

그러므로 조금씩 신속하게 사람들이 눈치 채지 못하도록 팔지 않으면 안 된다.

물론 매도자로서 고가에 유연하게 매도하기 위해서는 매도뿐만 아니라 매수 주문도 증권회사에 내는 것이다. 매도와 매수를 번갈아 하면서 보유주식을 서서히 처분해가는 것이 핵심이다.

시멘트 업계의 업적이 급속히 회복하고, 주가가 싼 듯 보이고, 우량종목이라는 점에서 대형 증권회사의 매수가 쇄도하고, 내가 시장에 백 만 주 단위로 매도해도 거의 영향이 없을 정도로 연일 대량 거래가 이루어지고, 시세는 더욱더 상승세로 열기를 내뿜었다.

12월 23일에는 드디어 337엔까지 뛰어올랐다. 그해말까지 보유주식의 대부분을 처분하고 남은 것도 1월 중에 손쉽게 처분할 수 있었다.

승리의 커다란 원인을 들어보자.

"들도 산도 모두 하나가 되어 약세로 여기면 바보가 되어 쌀을 사야 한다"(삼원금천비록)

즉 넝마주로 불리며 사람들이 쳐다보지도 않던 때에 수면 하에서 저가에 주식을 주어모아 지긋이 상승하기를 기다린다. 자신의 투자철학을 믿고, 충실히 행동하고, 신념을 관철하는 것. 그리고 최종적으로 337엔까지 주가는 급등했지만, '아직은 벌써'라는 마음을 잊지 않고 '복팔분(腹八分)'으로 만족했던 것이다.

절도를 잊고, 과욕하면 참패하는 것은 필연이다.

특히 지난해, 잘 매도하여 번 경험이 있으면, 하여튼 매매에서 떠나기 어려운 것인데, 당치 않은 일이다. '복팔분에 의사가 필요없다'라는 말이 있다. 적정한 선에서 이익이 난 주식을 처분해야만 하는 것이다. 이것이 '천정을 사지 않고, 바닥을 팔지 않기' 위한 조심인 것이다.

아마도 최고가인 337엔까지 쫓아간 일반투자가의 대부분은 이것과는 역으로 천정을 사고 바닥을 파는, 격언과는 반대로 행동하고 말았을 것이다. 실제로 '일본시멘트' 주식은 그 후 반년도 가지 않아 200엔 대에서 더욱 계속 하락, 급락했던 것이다.

사람의 지혜를 넘어선 시세의 본체의 모든 것을, 경제의 대원칙에 따라 분석하고 판단하여 시세 파동의 전환기를 적확하게 파악하는 일이 중요하고, 지금 세상에서도 통용된다는 것이 이것으로 증명되었다고 해도 좋을 것이다.

기분은 이미 다음 전투에 들어서고 있었다.

과욕으로 자멸

다음은 광산주를 노려라
도와광업의 최대주주로
연일 봉상승으로 탐욕하다
매도를 놓친 6천만 주
시세는 역으로 역으로 나오는 것
돈을 벌어 부모님의 한을 풀다
청소년을 위한 고레카와 장학재단을 설립하다

이기는 것만 알고 지는 것을 모르면 해를 입는다.
참으로 시세란 살아있는 것, 약간의 부주의로
생각지도 못한 일이 일어났다.

다음은 광산주를 노려라

고레카와 긴조

　대량의 주식을 다른 사람들이 눈치 채지 못하게 매수하고 그것을 분할 매도, 처분하기 위해서는 오오사카 기타하마의 증권 시장보다도 도쿄 가부토쵸의 증권시장을 무대로 하는 것이 기회가 아무래도 많아지게 된다. 하루 거래량을 보아도 도쿄 시장은 오오사카의 8배에서 10배의 규모이다. 수면 하에서 사람들이 눈치 채지 못하도록 움직이는 것은 가부토쵸가 그만큼 사람들 눈에 띌 염려가 적고, 매매의 내용도 감추기 쉬웠다.

　'일본시멘트' 주식을 처분하고 있던 1978년 11월, 시즈오카현(靜岡縣) 아타미시(熱海市)에 그때까지 살고 있었던 오오사카 하비키노시(羽曳野市)의 집과 거의 같은 크기인 방 두 개에 식당과 화장실, 온천이 딸린 신축 아파트를 구입했다.

　아타미만이 내려다보이는 높은 지대에 건축된 아파트의 7층으로 서둘러 오오사카 하비키노시에서 이사하여 아내 도시미 (壽美)와 둘이서 살게 되었다. 아타미의 이 집은 여름에는 냉방을 하지 않고, 한겨울에도 스토브도 고타츠⁽주⁾도 필요 없을 정도로 온난하여 살기 좋은 곳이었다. 도쿄에 가까운 곳에 살면 금후의 주식투자 활동도 원만하게 될 것이었다. 이후 아타미를 거점으로 매주 한두 번은 도쿄 가부토쵸에, 그리고 월말에는 오오사카 기타하마 시장에서 활동하게 되었다.

'일본시멘트' 주식의 처분이 한창일 때, 머릿속에 한 가지 생각을 하고 있던 것이 광산주, 그 중에서도 구리에 가장 관심이 있었다.

과거 20년에 걸쳐 비철금속의 시세와 수요 추이를 조사했는데, 일시 톤당 80만 엔을 넘었던 구리 가격이 당시는 세계적인 불황으로 30만 엔까지 하락해 있었다. 구리는 지금까지 수년의 단기 간격으로 폭락과 폭등을 반복하고 있었다. 이미 구리 가격이 폭락하여 3년 남짓 지나고 있었다. 이후도 구리 가격이 싼 값에 머물 리 절대 없었다. 이 싼 값은 언젠가 반드시 회복할 것이라고 예상하고 있었다.

나는 18살이던 시절에 중국 청도에서 '일리전'을 주괴로 주조하여 판매함으로 큰 돈을 벌었다. 그 후도 한국의 철산과 광산을 개발하여 금속에 관한 사업을 한 경험이 있다. 그러므로 금

주) 낮은 탁자 모양의 난방 기구로 탁자 밑에 전등 모양과 같은 전열기구가 달려 있다. 탁자 위에 담요 같은 천을 덮어 거실 바닥까지 늘어뜨리고, 발이나 손을 탁자 밑에 넣어 몸을 따뜻하게 한다.

속, 광산에 가장 관심이 있었으며, 또 자신의 성격에 맞다고 생각했다.

구리 시황과 런던 금속거래소(LME)의 구리 재고량을 차트로 보니, 과거 최고인 70만 톤이나 달하고, 재고 과다로 구리 수요는 침체 상태로 미동도 하지 않고 있었다. 이러한 세계적인 구리 수요의 침체로 일본을 비롯해서 세계 각국의 동광은 폐광과 휴업이 이어지고 있었다.

구리 시황이 바닥을 기고, 제품가격이 채산 코스트를 하회하고 있었으므로, 광산 유지가 불가능하여 손을 놓거나 휴업에 몰려 있던 것이다. 그러나 광산은 지금까지 내 경험으로 보면 폐광하면 다시 조업활동에 들어가기까지 광내의 정비 등으로 오랜 시간이 걸린다. 만약 수요가 회복된다고 해도 그에 맞추어 재개할 수는 없는 것이다.

이러한 시기에 예를 들면 세계 어느 곳에선가 전쟁이 일어나면 전략물자로서 중요한 구리는 즉각 공급부족에 빠질 것은 불을 보듯 뻔한 일이다. 어떤 이유로 구리의 재고가 줄어들면 생산수단이 없으므로 구리 가격은 단숨에 폭등할 것임에 틀림없다고 예측했다.

'광산주를 노려보자. 그러면 어느 회사가 투자 대상으로 유망할까?'

구리의 수요가 회복되면, 그것에 즉각 대응할 수 있는 것은 자사 광산을 보유한 회사이다. 곧 일본의 대형 비철금속 회사 중에서 광산을 소유하고 있는 회사를 찾아본 결과, '도와광업'(同和鑛業)과 '미츠이 금속광업'(三井金屬鑛業)의 두 회사였다.

양사의 업종과 재무, 자산내용을 자세히 분석한 결과, 구리, 납, 은 등 비철금속의 우량광산을 '도와광업'이 일본 국내에 소유하고 있음을 알았다. 일본국내의 정련광석 조업 중에서 구리는 20%, 아연, 납은 거의 100%의 쉐어를 점하고 있었다. 즉 비철금속 시황이 바닥을 탈출하면 동사의 업적은 단숨에 회복하고 이익폭도 증대할 것이다.

더욱이 '도와광업'은 구 후지타(藤田) 재벌의 광산부문이 독립한 것으로 토지, 산림 등 방대한 자산을 보유하고 있었다.

1977년 9월기 동사의 중간결산을 보면, 경상이익 17억 6천 900만 엔의 적자를 계상하고, 다음해 3분기 통기결산에는 40억 엔이나 되는 적자가 예상되었다.

"종목은 수면 하에 있는 우량주를 선택하여 기다릴 것."

"증권회사와 신문, 잡지에 발표된 재료에 현혹되지 말 것."

참으로 '도와광업' 주식은 내 '거북이 삼원칙'의 투자원칙에 꼭 들어맞는 조건을 갖추고 있었다.

도와광업의 최대주주로

'도와공업'은 4월 중순에 191엔의 연중 최고치를 기록한 후, 조금씩 계속 하락했으나, 연말에 하락폭이 커져 11월 10일에는 110엔을 기록했다.

한편 일본의 구리 판매가격은 공장도 가격으로 톤당 30만 엔으로 실로 1965년 5월 이래 13년만의 최저가를 기록했다. 당시 증권업계에선 '무배당으로 업계로부터 사라지는 것은 시간문제'라고들 했다.

이 실적으로는 그렇게 말해도 도리가 없었다. 실제로 '도와광업' 측에서도 '내년도 실적이 호전될 기미가 없으므로 현재로서 배당은 완전히 미정'이라고 했다.

대부분의 증권업계의 예상도 전혀 틀리지는 않았던 것이다.

'도와광업' 주식을 매수하기 시작한 것은 1978년 초엽이었다. 한 주당 120엔부터 사람들이 눈치 채지 못하게 수면 하에서 조용히 매집하는데 전념했다.

일주일에 두 번 얼굴을 내미는 가부토쵸에서의 주요 거래증권회사는 '마루쇼증권'(丸莊證券)이었다. 가부토쵸에서는 중견의 증권회사였다. 그밖에 매매창구로서 증권회사를 두 곳 이용했다.

매일 아침 5시 반에 일어나서 니혼게이자이신문을 일단 기사에 이르기까지 샅샅이 읽은 후, 오전 8시에 '마루쇼증권'으로부터 전화를 받는 것이 일과였다. 내 주식 담당자가 지지통신(時事通信)에 외신으로 들어온 런던 비철금속 시황 뉴스와 구리의 재고량을 알려주었기 때문이었다. 전화로 구리, 납, 은, 백금 등의 비철금속의 숫자를 받으면서 그것을 모두 노트에 기록, 챠트로 만들어 갔다. 그리고 챠트를 과거의 흐름 속에서 비교분석하고 그날의 내 매매방침을 결정했다.

독자는 이 글을 읽고, 정말 지금은 그렇게 하지 않겠지, 라고 생각할지도 모르겠다. 그러나 90세를 넘긴 지금도 일과로서 매일 변함없이 계속하고 있다.

'도와광업' 주식을 사기 시작한 지 1년째, 1979년 1월, 비철금속 시세는 일제히 반발하기 시작했다. 톤당 30만 엔까지 떨어진 구리 가격이 1979년 초에는 50만 엔까지 급격한 회복을 보였던 것이다.

1978년 3월기 결산에서는 36억 엔의 적자를 계상했던 '도와광업'의 실적은 단숨에 흑자로 전환할 것으로 예상되었다.

예상대로였다. 내 판단은 틀림없었다.

1978년 11월 17일 145엔의 바닥을 친 '도와광업'의 주가가 비철금속 시황의 반발의 영향으로 다음해 1월부터 급상승하기 시작해 3월초에는 270엔의 고가를 기록했다.

1979년 5월 2일자 니혼게이자이신문을 비롯해 경제지 조간에 이런 제목의 기사가 실렸다.

「고레카와 씨, '도와광업'의 최대주주로…..」

그때까지 '일본흥업은행'(日本興業銀行)의 1천 403만 3천 주를 제치고 2천 200만 주를 소유하는 '도와광업'의 최대주주로서 공표된 것이다.

내가 소유한 주식 1천200만 주의 명의변경 이외에 가족, 친구의 명의로 천 만 주, 합계 2천200만 주는 동사가 발행한 주식의 10%에 해당했다.

내가 '도와광업'의 대주주로서 세상에 알려진 5월부터 6월에 걸쳐 그때까지 일진일퇴를 거듭하던 주가는 우선 국제시장에서 폭등했다.

광산주 인기는 우선 첫 번째로 런던시장, 뉴욕시장에서 불이 붙고, 곧이어 일본시장으로 불꽃이 번졌다. 증권시장은 광산주가 매수 일변도의 열기로 활황이었다.

이러한 광산주의 매수 인기 속에서 그 중심이 된 '도와광업'은 1979년도의 탐사계획을 발표했다. 계획으로는 동사가 아키타현(秋田縣) 북부의 산록에 소유한 세계적 규모의 흑광광산㈜(黑鑛

鑛山), 고사카(小坂), 마츠미네(松峯), 후카사와(深澤) 세 광산 외에 새 광상(鑛床)으로서 고사카철도 연선의 2개소를 탐광한다는 것이었다. 탐광비는 10억 엔으로 전년도 예산에 3할 증가한 것이었다.

여기까지는 정말로 내 투자전략은 전술에 있어서도 만점이었다. 그러나 주식투자란 정말로 어려운 것이다.

"이기는 것만을 알고 지는 것을 모르면 해를 입는다."

참으로 시세란 살아있는 것, 약간의 부주의로 생각지도 못한 일이 일어났다.

주) 흑광(黑鑛)은 검은 색을 띠며, 아연, 납, 구리 등이 혼합된 광석으로 다소의 금, 은을 포함한다. 아키타 현과 그 주변이 주산지이다.

연일 봉상승으로 탐욕하다

고레카와 긴조

"**시세는 천정에서** 가장 강하게 보이고 바닥에서 가장 약하게 보인다."

참으로 시세는 천정일 때, 산도 들도 눈에 보이는 한 모두 강세로 보아 노도와 같은 기세가 된다.

'도와광업'의 대주주로서 5월 중순부터 일주일 동안 아키타현 북부, 코사카 마츠미네, 오오다테(大館) 주변에 걸친 광산 현장을 시찰했다. 아키타현 내의 광산은 모두 흑광광산으로 생산성이 높아, 그해(1979년) 1월부터 이미 흑자 전환했다. 더욱이 2년 전(1977년)부터 비철광산이 휴업, 폐업하는 불경기 속에서 40억 엔을 들여 개발해온 동조(銅釣) 신광산에선 확인매장량 약 300만 톤, 평균품 조광(粗鑛) 1톤당 금 1.4g, 은 180g, 동 1.13%, 납 4.3%, 아연 10.1%로 지금까지 없던 유망한 광산임이 판명되었다.

6월 4일, 이날 발표된 전 3월기 결산의 영향으로 '도와광업'의 주가는 한때 344엔까지 급등했다. 비철금속 대형 7개사의 결산은 해외 시황의 고가와 엔저로 각사 모두 대폭적으로 수익이 개선되었다.

「오늘 저녁, 월간 2억 엔의 이익을 예상하고 있으나, 동, 아연의 시황이 이대로 간다면 월간 3억 엔의 이익을 확보할 수 있을 것으로 예상한다.」

'도와광업'은 매우 밝은 전망 속에 결산 발표를 했다.

5월 중순에 동사의 광산을 시찰했기 때문에 실적호전은 앞으로 더욱 좋아질 것임을 알고 있었다. 그것을 뒷받침이라도 하듯, 6월 중순에는 아키타현의 코사카 정련소에 월간 2천 톤 규모의 제련 설비를 건설하는 계획이 발표되었다.

'도와광업'의 주가는 300엔 대에서 바닥을 견고하고 다지고 있었다. 이 사이에 유통주식을 전력을 다해 매집했다.

"당신들 한몫 벌고 싶으면 '도와광업' 주식을 사시오."

면식이 있는 증권회사 사람들을 만나면 '도와광업' 주를 추천했다.

시세는 수면 하에 있는 것을 조용히, 사람들이 눈치 채지 못하게 매집하는 것이 큰 벌이의 비책이지만, 내가 '도와광업' 주에 출동하고 있다는 것은 이미 세상에 알려진 터였다. 때문에 '도와광업'에 따라붙는 매수가 쇄도하고 있었다.

'도와광업'의 9월기 중간결산은 시황호조로 인해 상반기의 4.6

배에 달하고, 통기로서 경상이익은 전기 9억 엔 적자에서 일전하여 46억 엔이라는 대폭적인 흑자결산이 될 것으로 예상되었다.

10월 9일, '도와광업' 주는 300엔 대를 벗어나, 당당히 409엔이라는 고점을 쳤다. 이 시점에서 당면의 매도 목표를 500엔으로 생각하고 있었다. 500엔까지 주가가 오르면 보유주식의 70%를 처분할 작정이었다.

"매도는 신속히, 매수는 유연히."

매도는 매수보다 어려운 것이라고 다시금 마음에 새기고, 매도 시점을 노리고 있었다.

이미 3천만 주 이상의 엄청난 주식을 갖고 있었으므로, 그 7할을 처분하는 시기는 시세가 아직 상승기운을 타고, 상승여력이 있다고 보이는 때가 아니면 안 된다.

"벌써는 아직이며 아직은 벌써다."

'아직, 아직'이라고 생각하는 마음은 자신의 욕망이 말하는 것으로 현실은 '벌써'인 것이다. 그때의 인기와 무드에 현혹되어 이익 실현 매도의 찬스를 놓치고 말면, 3천만 주라는 대량의 보유주식은 처분의 호기를 잃게 되는 것이다.

그러나 이 시기 LME 구리 재고는 8만 톤이라는 핍박 상태에 있었고, 더구나 이란, 이라크의 정정불안, 제2차 오일쇼크에 의해 세계경제는 격동의 시대에 들어서 있었다. 비철금속 시황은 이상할 정도로 상승을 계속하고 있었다.

「소련이 3개 사단 이상의 병력을 아프가니스탄 국경에 배치

했다.」

중대한 뉴스가 단파 라디오에서 흘러나왔다.

'이것은 엄청난 일이 될지도 모른다. 만약 본격적인 전쟁이 발발하면 비철금속 시세는 큰 변동을 겪게 될 것이고, 대폭등의 가능성이 있다.'

사냥꾼이 산을 보지 않고, 이때 나는 탐욕으로 정상만을 바라보고 있었다. 야심만이 번쩍번쩍 불타오르고, 토끼와 거북이의 토끼처럼 눈이 새빨개져 있었던 것이다.

토끼는 목적지에 가기 전에 완전히 몰락해버린다. 그러나 거북이는 늦더라도 확실하게 골인한다. 이것이 증권계의 현실인 것이다. 나도 항상 주장하고 있는 것처럼 스타트는 철저하게 거북이었으나 돌연, 소련의 아프가니스탄 침공 뉴스로 인해 가슴은 쿵쿵거리기 시작했던 것이다.

그해 12월 28일 연말 마지막 장에서 '도와광업'은 423엔으로 종가를 기록했으나, 다음의 1월 4일 첫 장에서는 소련의 아프가니스탄 침공으로 비철금속 시세는 들끓고 있었다. 대폭적인 상승으로 종가는 450엔이었다.

'틀림없이 대시세가 된다.'

1월 16일, 런던 금시세는 드디어 700달러를 돌파하고, 구리 시황도 1~3일의 예상은 LME의 재고가 핍박하고 공급은 수요를 따라오지 못하는 상태였다.

'이 정도로 시황이 호조라면 주가는 800엔까지 가도 이상할

게 없다. 800엔은 반드시 실현된다.'

500엔에서 처분하려던 것이 언젠가부터 시세의 비등으로 처분을 800엔 대로 수정하고 말았다.

1월 21일 월요일은 전주의 종가 494에서 출발하여 곧장 25엔 상승한 500엔 이상이 되었다. 이미 '도와광업' 주가 비등시세가 되어 1월 22일은 단숨에 전일 대비 100엔 상승한 604엔, 거래량 2천 566만 주라는 대활황이었다.

'이렇게 간다면 800엔에 처분하기 아깝다, 1,000엔까지 가보자.'

이미 머리에 피가 솟구치고, 눈은 토끼처럼 새빨개졌다. 매도에 가장 필요한 냉정함마저 잃어버렸다.

1월 31일에는 주가는 드디어 844엔을 찍고, 멋지게 봉상승, 시장의 인기는 비철금속주 일변도로 시장의 꽃이었다.

2월 7일, 드디어 '도와광업'의 주가는 900엔까지 뛰어올랐다. 그때까지 소유하고 있던 주식수는 6천만 주에 달했다. '도와광업'의 발행 주식 2억 주의 30%를 소유하고 있었던 것이다.

이때 '벌써는 아직이며, 아직은 벌써다' 라는 교훈대로 '벌써'라고 느끼고 처분에 들어갔다면 나는 300억 엔이나 되는 거금을 손에 넣었을 것이다...... 그때 나는 '아직, 아직' 그것밖에는 머리에 없었다. 연일 봉상승, 급등으로 머릿속은 탐욕으로 가득 찼던 것이다. 1월 22일부터 단지 10일간에 240엔이나 폭등했던 것이므로……

매도를 놓친 6천만 주

고레가와 긴조

'김칫국물부터 마셔버렸네.'

처분하기까지 거북이가 되었으면 좋았는데, 시세가 봉상승하면서 자신도 모르게 토끼가 되어 버렸던 것이다.

'1,000엔 돌파는 시간문제다, 그후 1,500엔 정도까지 갈 것이다. 시세는 아직 멀었다.'

그러므로 1,000엔을 넘어서부터 이익실현에 나서면 된다고 500엔부터 처분하려던 계획이 그 배인 1,000엔까지 목표를 대수정했다.

인간이란 것은 욕심으로부터 과오를 불러일으키는 것이다. 정말로 욕심에 한이 없는 천박한 동물인 것이다. 나도 시세로는 다른 사람에게 지지 않을 정도로 공부하고 많은 고생을 해왔지만 역시 시세란 '천정에서는 욕심에 휘말리고, 승리감으로 어이

없는 고가 매수를 거듭하는 것'이 일상적이다. 시세는 참으로 극복하기 어려운 요물인 것이다.

처음에 마음속에 설정한 예상이 들어맞으면 그것으로 만족해야만 한다.

'처음 예상치가 너무 작았다.'

이렇게 말하며 욕심에 휘둘려 가장 그럴듯한 이유를 붙여 포장한다 해도 실패하는 것이다. 이 시기에 이르러 지략, 온갖 지혜는 그야말로 전혀 도움이 되지 않고, 오히려 마음을 현혹하는 씨앗이 될 뿐이었다.

시세엔 참으로 '생각치 못한' 일이 일어나는데, 그것이 시세의 특징이다.

2월 7일 1시 900엔의 고점을 찍었으나 종가는 860엔으로 하락 반전하여 다음날 다시 반등할 기운이 거의 없다는 예상이 퍼져 있었다. 이미 '도와광업' 주식은 연초에 비해 2배 상승했고, 겨우 1개월 남짓한 사이에 급등했기 때문에 고가 경계감이 시장에 번지기 시작했다. 또한 팽창한 신용매수의 정리를 위한 이익실현 매도가 나오기 시작했던 것이다.

더욱이 2월 8일에는 '일본은행'이 기준금리 인상을 결정한 것이 하락을 부채질했다. 현행 6.25%에서 7.25%로 1%의 상승은 주식시장에 커다란 충격을 주었다.

3월 18일의 '도와광업'의 주가는 결국 800엔을 깨고 전월 비 32엔 하락한 773엔까지 떨어졌다.

'도와광업'의 주가는 900엔이 상투였다는 느낌이 들었다. 즉각 처분에 들어가지 않으면 안 되었으나, 무려 6천만 주나 보유하고 있었다. 시세가 꺾인 시장에 대량의 주식을 내놓으면 시장은 혼란에 빠지고 폭락할 가능성이 높다. 정말로 진퇴양난에 몰렸다.

결국 '거래는 무대전면에 드러내지 말라'는 철칙을 깨지 않으면 안 될 상황에까지 몰리고 말았다. 보유주식을 처분할 찬스를 완전히 잃어버릴 지경이었다. 3월 19일, 니혼게이자이신문의 인터뷰에 응하여 기자회견할 것을 결심했다. 지푸라기라도 잡는 심정이었다. 원군이 필요했던 것이다.

"'도와광업'을 계속 사들인 이유는 무엇인가?"

"세계적으로 비철금속 수급이 맞지 않고, 앞으로 공급 부족이 될 가능성이 크기 때문입니다. 이것은 광석을 증산할 여지가 적었기 때문입니다. 비철금속 시황이 1974년, 75년의 활황 이후 4년간 침체상태였으므로 세계의 중소광산은 거의 전멸하고 말았습니다. 이것을 재개하려면 비용이 상승하고, 구리 시황으로 말하면 톤당 80만 엔의 공장도 가격이 1년 이상 지속되지 않으면 재개기운은 나타나지 않을 것입니다. 구조적으로 수급은 적고, 후반기에 가면 비철금속 시황은 더욱 상승할 것이라고 생각됩니다. '도와광업'은 직영광산을 갖고 있으며 코스트는 그렇게 상승하지 않을 것이므로 시황의 상승으로 이익이 크게 늘 것입니다."

나는 기자의 질문에 이렇게까지 시종 낙관적 시세를 굽히지 않았다.

"나와 친척, 친구들이 갖고 있는 주식을 합하면 현물, 신용매수 모두 5천만 주를 넘습니다. 그 절반 이상이 내 소유입니다."

물론 실상을 분명하게 말하지 않고 대답한 것은 말할 것도 없었다.

"당신에게 동조하는 투자가는 몇 명 정도입니까?"

"나 외에 12, 3명입니다. 그밖에 뇌동매매도 있을 것이고……

'도와광업'의 유통주식 중 이미 큰손은 매집했기 때문에 최근에는 묻지 마 사자로 나서면서 값이 값을 부를 뿐입니다. 그러나 7, 8백 엔 대의 주가는 아직 비교적 싸보이므로 자금이 허락하는 한 사고 싶습니다."

"3월 결산기말에 걸쳐 명의개서는 어떻게 하실 것입니까?"

"신용으로 산 3, 4월 치는 매도하지 않고 인수합니다. 3월 중에 150만 주의 명의개서를 하려고 생각합니다."

"5천만 주라면 신용 보증금이 많다고 해도 투입자금은 200억 엔이나 될 텐데요. 개인으로서 좀 움직이기 어려운 돈이 아닐까요?"

돈이 그렇게 많이 있는가 하고 묻는다면 대답하기 곤란하다. 지금 주가로 하면 200억 엔이 되지만,

"나는 주가가 쌀 때 매수했기 때문에 자금은 그렇게 많이 필요하지 않았습니다. 신용거래금액도 그렇게 많지는 않습니다.

25억 정도로 생각하는데."

"투자의 목적은 매매차익입니까?"

"거래하는 자체가 목적입니다. 이렇게 말하면 이상하게 들릴지도 모르겠지만 시세만큼 최고의 지식과 용기가 필요한 장사는 없습니다. 시세의 변동과 경제현상을 적확하게 포착하지 못하면 성공할 수 없습니다. 참으로 남자가 해 볼만한 일이며 대사업이라고 생각합니다."

당당하게 가슴을 펴고 대답했다.

"대량의 주식을 소유하고 있다고 해서 '도와광업'에게 주식을 사라고 요구할 마음은 없으며, 임원을 시켜달라고 요구하고 싶지도 않습니다."

정말 순수한 투자가 목적인 것이다.

"'도와광업'으로 벌면 이익은 어디에 사용할 것입니까?"

"나는 82세로 돈엔 이제 욕심이 없습니다. 작년에 오오사카에 노인복지 재단을 만들었는데, '도와광업'으로 벌면 보다 대규모의 복지재단을 만들 계획입니다."

어떻게든 타개책을 찾기 위하여 응한 기자회견이었지만, 이미 너무 상승해버린 시세는 그 반동의 하락을 멈추게 할 수 없었다. 그 이상으로 내 곤경을 세상에 알리게 되는 것은 마이너스였다. 작은 파동을 반복하며 하강선을 계속 그리고 있었다. 그리고 3월 28일, 전일 대비 43엔 하락한 682엔으로 급락했다. 전일, 뉴욕 시장에서 은 시세가 급락한 것에 영향을 받았기 때문이다.

　세계 최대의 은 투자가인 헌트 일족이 뉴욕의 코멕스 시장에서 은가격의 급락에 의한 자금난에 몰려 3월 25일 손실을 메우기 위하여 자신들이 소유하고 있는 은 자산을 담보로 20억 달러의 채권을 외국에서 발행한다는 계획을 발표했기 때문이었다. 뉴욕주식시장, 은시장은 은이 일제히 매도됨으로서 즉각 대폭락했다.

　이 여파를 그대로 받아 일본시장에서도 비철금속 시세는 일제히 무너졌다. 2월 7일에 900엔을 친 '도와광업' 주식은 불과 3개월 후에는 300엔 대까지 대폭락했다.

시세는 역으로 역으로 나오는 것

고레카와 긴조

'도와광업'의 주가는 5월이 되자 더욱 하락 추세를 이어갔다. 5월 8일 625엔, 5월 16일에는 507엔으로 내렸다. 원가가 깨지기 전에 조금이라도 빨리 보유주식을 매도하려는 나날은 참으로 지옥 속의 초조한 마음뿐이었다.

"고레카와 씨 뇌일혈로 반신불수."

"고레카와 씨 중태, 입원."

가부토쵸의 증권회사에는 매일 얼굴을 내밀고 있음에도 불구하고, 이러한 헛소문이 자꾸 퍼졌다. 이것도 증권업계의 특징이다. 나는 시종 낙관적 태도를 굽히지 않았다.

그러나 주가가 600엔, 500엔으로 내려갔을 때는 참으로 나도 이것을 심상치 않다고 생각했다. 그때까지 6천만 주 중에서 약 반을 처분하고 있었다. 그러나 사태는 긴급을 요하고 있었다. 조급히 남은 주식을 처분하지 않으면 안 된다. 그러나 약 천 만 주에 달하는 대량의 주식을 시장을 통하지 않고 매매할 수 있는 곳은 증권업계 최대회사인 '노무라증권'(野村證券)밖에 없었다. 일본 전국의 시장에 팔면 당장 폭락할 것은 불을 보듯 뻔했으며, 증권업계 전체로서도 내 주식을 인수해줄 수 없는 답답한 상황이었다.

'노무라증권'은 약 천 만 주를 인수하고, 추천 종목으로서 해외고객인 쿠웨이트 정부와 외국의 기관투자가에게 매도했다. 나아가 거래처인 '마루쇼증권' 등도 백만, 2백만 주를 인수해주어 시장을 통하지 않고 나머지 대량의 주식을 소화할 수 있었다.

그러나 만약 증권회사가 보유주식 처분에 협력하지 않았다면! 틀림없이 나는 파멸했고, 정말 무일푼의 상태로 전락했을 것이다. 증권회사도 매우 어려운 일을 해주었던 것이다.

'도와광업'의 보유주식 처리가 끝난 후, 다행히도 주식을 매집하기 시작했을 때의 원금에 해당하는 약 30억 엔이 남았다. 한때 보유주식 평가액은 300억 엔까지 늘었으나 결국 300억 엔은 '일창춘몽'의 환상으로 사라지고 말았다.

'도와광업'을 매수하기 시작할 무렵은 항상 주장하고 있는 것을 충실히 실행했다. 그러나 시세가 급상승하자 당초의 결심을 변경하여 현장에서 도피하고 말았던 것이다. 만약 처음에 결단한 대로 처분의 철칙을 일관했더라면…… 300억 엔까지는 아니더라도 상당한 금액을 벌 수 있었을 것이다.

시세는 인간의 희망대로는 결코 움직이지 않고, 역으로 역으로 나오는 것이다. 희망적 관측은 반드시 배반당하는 운명에 있는 것을 깊이 명심하고, 잊어서는 안 된다.

시세는 쓰라린 경험을 상당히 겪은 사람도 인기에 휩쓸려 함정에 빠지는 위험한 것이다. 참으로 어디선가 '일보 잘못 디디면 모든 것이 반대'로 되어 버리는 것이다. 그리하여 자기 내면의 욕망에 걸려드는 것이다.

"천정에서는 욕심에 현혹되고, 승리감에 취해 감당하지 못할 금액을 계속 사게 된다."

이것이 일상적인 것이다. 시세는 정말로 극복하기 어려운 마물이다. 시세에 손을 적신 이래, 스케일은 다르지만 이런 일을 몇 번이고 경험했던 것이다. 그럼에도 불구하고 또 반복하여 위험을 초래한다. 나도 또 결국 인간이구나 하는 생각을 했으나, 일생 이 위험을 짊어지고 가는 것은 힘들기 때문에 조금이라도 그 부담을 가볍게 하고 싶은 것이다.

그러기 위해서는 처음에 결심한 판단으로 만족하는 것이다. 욕망에 사로잡히거나, 그럴듯한 이유를 들어 고집하지 않고, 자기 자신을 아는 것이다. 말하자면, 투자는 인생의 달인과도 상통하는 것이다. 기법으로서의 시세 전술은 한계가 있다. 그것마저도 시세도에서는 알지 않으면 안 되는 것이다.

나는 주식만큼 매력 있는 것은 없다고 생각한다. 주식은 칼날처럼 한번 발을 헛디디면 자신의 몸을 베는 것이다. 참으로 벨까, 베일까 진검 승부 그 자체인 것이다.

돈을 벌어 부모님의 한을 풀다

고레카와 긴조

"이제 걱정하지 마라. '도와광업' 처리가 끝난 후 나는 두 번 다시 주식은 안 한다. 이후 사회사업에 전념하겠다."

이후 일체 증권시장에는 발을 들여놓지 않겠다고 하는 내 말을 듣고 아내 도시미는 기쁘게 생각했다.

"이처럼 힘든 일을 하고 있으면 당신 몸이 아무리 건장하다고 해도 걱정이 되요. 그 결심을 제발 지켜주세요."

'도와광업'의 보유주식 6천만 주를 매도하기 위해 나는 이 반년 간 활로를 찾기 위해 죽기살기로 날마다 분전했다. 건강을 잃고 죽음 일보직전까지 간 적도 있었고, 정말 한때는 어떻게 되는 걸까 하고 생각했었다. 나의 이 고뇌를 옆에서 지켜볼 수밖에 없는 아내로서도 그것은 말할 수 없는 고뇌였던 것이다.

"나는 당신이 1년이든 2년이든 오래 살았으면 좋겠어요. 이제 이런 승부는 이것으로 그만 두세요. 이후는 둘이서 야채라도 가꾸며 사회사업에 협력하며 조용히 삽시다."

도시미와는 전후 얼마 되지 않아 두 번째 결혼으로 하나가 되었다. 첫 번째 아내는 종전 직후 병으로 사망했기 때문에 도시미가 네 명의 아이들 어머니로서 성장을 지켜봤다. 장남은 서독의 뮌헨대학, 프랑크푸르트대학에서 외국인으로서는 처음으로 이학부 교수를 역임하고, 1972년부터 서독 국립 결정학연구소장으로 취임, CEC원자력 위원회의 위원을 겸임하는 발군의 재능을 갖고 있었다. 그러나 노벨물리학상의 후보가 된 그 두뇌는 암에 먹혀, 1985년 장남은 57세의 나이로 타계했다. 차남은 '스미토모 금속공업'의 사업개발 부장으로 일하는 엔지니어이다. 큰딸은 니시카메 박사의 장남 니시카메 겐테이에게, 둘째딸은 도레(東レ) 부사장을 지낸 누마타 야스유키(沼田康行)에게 시집가서 둘 다 안정된 가정을 꾸렸다.

내 아이들에게는 모두 충분한 교육을 시키고, 각각 행복한 가정을 갖고 있고, 자산을 남겨줄 생각은 없다. 그렇다면, 가난해서 학교에 다니기 어려운 아이들을 위해 그 능력을 발휘할 찬스를 만들어주고 싶다. 인간의 내부에 잠자고 있는 가능성을 끄집어내는 것이 교육이다. 재능이 있으면서도 빈곤으로 인해 그것을 묻혀두고 있는 것은 국가를 위해서도 커다란 손실이다.

나는 1897년, 효고현 아카호시의 가난한 어부의 칠형제 중 막내로 태어났다. 원래 고야마 집안은 에도시대(江戸時代)⁽㈜⁾부터 쌓아온 효고현 아카호 집안으로 메이지 유신으로 몰락하기까지는 지방에서는 유명한 구가(舊家)였다. 그러나 어부로서는 도저히 7명의 아이들을 양육할 수 없어서 아버지는 내가 세 살 때 지인에게 부탁해서 고베로 나가 조그만 점포를 빌려 생선장사를 시작했다. 그렇게 해도 자식들을 제대로 기르기가 어려웠다. 집주인이 임대료를 받으러 와서 소리를 쳤다.

"누구 덕에 비바람을 피해 살고 있는지 생각해봐."

아버지는 기어들어가는 목소리로 사정했다.

"며칠 안으로 반드시 어떻게든 해보겠습니다."

늘 정해진 듯한 말로 사정하면서 몇 번이고 머리를 숙이는 아버지의 모습이 아이의 뇌리에 새겨졌다. 생활은 너무 가난해서 진학 같은 것은 생각도 못하고, 나는 초등학교를 졸업하자마자 당연한 것처럼 일가의 생활의 일부분을 감당하기 위해 고베의 '요시모토상회'에 소년사원으로 들어갔던 것이다.

"인간은 돈이 없으면, 사람 취급을 못 받아."

고생하던 아버지의 말을 들을 때마다 나는 결심했다.

'아버지의 한을 풀어드리기 위해 나는 돈을 벌겠다. 돈을 벌어 효도를 하자.'

진학하고 싶어도 가난해서 불가능한, 내 소년시절의 고난의

주) 1603년~1867년. 일본을 통일한 도요토미 히데요시(豊臣秀吉)가 죽은 후, 정권을 잡은 도쿠가와 이에야스(德川家康)가 에도(江戶, 지금의 도쿄)에 연 무신정권의 시대로 15대 265년간 존속했다. 통치기구인 막부(幕府)가 에도에 있었으므로 '에도시대'라고 하며, 도쿠가와 가문이 집권했으므로 '도쿠가와 시대'(德川時代)라고도 한다.

체험으로부터 언젠가 자신의 재능을 살려 돈을 벌면 자신의 어린 시절과 같은 처지에 놓인 아이를 한 사람이라도 많이 도와주고 싶다고 지금까지 생각해온 것이다.

'도와광업'의 투자는 완패했지만 손에 남은 30억 엔으로 교통사고로 부모를 잃은 전국의 아이들과 모자가정 아동의 장학금 원조를 시작하고 싶다고 생각했다.

청소년을 위한
고레카와 장학재단을 설립하다

고레카와 긴조

아츠미에서 오오사카 사카이시의 호소야마에 있는 아파트로 돌아와서 반년 정도 지난 1978년 12월, 그날은 몹시 추웠다. 늘 그렇듯이 6시에 일어나서 신문을 펼쳐들었는데 다음과 같은 기사가 눈에 들어왔다.

「오오사카의 양호시설은 석유난로의 기름을 살 예산이 없어서 어린이들이 서로 어깨를 맞댄 채 추위에 떨고 있다.」

읽어가는 중에 자신이 어렸을 때 가난했던 시절이 생각나, 주저 없이 오오사카부청으로 달려갔다. 그리고 아동과 카운터로 가서 과장 면담을 신청했다. 과장이 부재중이었으므로 대신에 나온 과장대리에게 "이게 정말이오?"하고 오늘 조간신문을 보여주며 물었다.

"어린이들이 불쌍하지만 예산이 없어서……"

"이 추위 속에서도 예산이 없어서 어쩔 수 없다고 내버려두는 건가. 자기 자식이라면 그렇게 할 건가?"

그러나 이런 어린이들이 오오사카부의 양호시설에만 2,800명이나 있다는 것을 듣고 놀랐다.

"아동들 수가 많아서 적은 비용으로는 도저히……"

이 과장대리도 나쁜 사람은 아니다. 열심히 했지만 예산이 없어 어쩔 수 없다고 나약한 모습을 보이는 것이다.

"얼마 정도 있으면 될까요. 이 겨울이 어린이들에게 춥게 느껴지지 않도록 석유를 얼마나 사면 좋을까요?"

과원들이 모여 계산기를 두드리며 협의했다.

"2백 5, 60만 엔이면 충분할 것 같습니다."

"그 정도 돈으로 된다면 내가 내지요. 곧 양호시설에 기름을 보내세요."

관청에서 사무소로 전화를 걸어 300만 엔의 현금을 당장 갖고 오라고 지시했다.

300만 엔은 너무 많다고 하는 아동과 과장대리에게 남은 돈으로 어린이들에게 한 사람당 1,000엔씩 세뱃돈을 주라고 부탁했다.

어린이들이 1년 중에 가장 즐거워하는 크리스마스와 설날(양력 1월 1일) 때에, 장난감을 선물 받는 것이 아니다. 그러기는커녕 겨우 목숨을 연명할 식사를 하고 최소한의 난방으로 생활을 하는 것이 그들이 바라는 것이었다.

어린이들이 쓸쓸한 기분으로 크리스마스와 설날을 맞는다고 생각하니 도저히 가만히 있을 수가 없었다. 세뱃돈을 한 사람에게 1,000엔씩 주면, 석유값 300만 엔으로는 부족한 것을 알고 있었다. 그러나 나는 조금이라도 어린이들에게 즐거운 설날이 되도록 하고 싶었다.

"고레카와씨, 1,000엔은 많으니 세뱃돈으로 100엔이면 됩니다."

공무원은 늘 구두쇠 같은 말만 한다. 세뱃돈 100엔으로 무엇을 살 수 있을 것인가? 결국 오오사카부의 양호시설의 어린이 2,800명 모두에게 1,000엔씩 세뱃돈을 나누어 주기로 하고, 석유값 이외에 별도로 100만 엔을 오오사카부에 기부하기로 했다.

"코레카와 씨, 금년엔 이렇게 도움을 받았습니다만, 내년엔 또 어떻게 될지 모르겠습니다."

관청의 대응이 둔하고 완곡한 것은 정말로 어느 시대도 마찬가지이다.

"어떻게 될지 모른다면 내가 어떻게든 해보지요. 내가 지사에게 직접 담판해보겠습니다. 그래도 지사가 대답을 못하면 그때는 이후 매년 난로의 석유값과 1,000엔의 세뱃돈은 내가 살아있는 동안 기부하겠습니다."

책임을 갖고 하므로 걱정하지 말라고 한 것이다. 내 열의가 통했는지 지사는 이후 양호시설의 난방 확보를 약속했다. 그러나 적은 예산에서 아이들의 세뱃돈까지 내라고 말하지는 못하고, 세뱃돈은 내가 지불하기로 했다. 이후, 지금까지 십수 년 간 매년 양호시설의 아이들에게 1,000엔씩 세뱃돈을 나누어주고 있다.

나는 신문기사를 계기로 양호시설의 아이들을 알게 되었는데, 아이들은 중학교까지는 의무교육으로 국가로부터 원조 받고 있었지만, 중학교를 졸업하면 시설을 떠나지 않으면 안 되는 것이다. 숙사를 나가지 않으면 안 되고, 생활을 위해 그 다음부터 일하지 않으면 안 된다.

그러나 좋은 직장이 있을 리가 없다. 남자는 그러는 중 폭력단의 유혹에 빠져 그 길로 들어서고, 여자는 저잣거리의 다방에서 며칠 일한 후 유흥업소로 떨어지는 일도 있다는 것이다.

관청에서는 '정말 어려운 일이다'라고 말하는데, 어려운 일인 줄은 알고 있지만 아무런 대책도 없다. 도대체 사회복지 정책이란 무엇인가라고 생각했다.

"어떻게든 진학을 시키려고 생각하고 있으나 예산이 없습니다."

지사도 방책이 없다고 말하는 것이다.

시설에 있는 아이들 중에도 재능이 있는 아이가 많이 있다. 그러나 진학해서 공부하고 싶어도 취직하지 않으면 안 되는 것이다. 이 아이들을 도와주고 싶다고 생각했다.

1979년 12월, 사립고등학교에 진학하기 위한 오오사카부의 양호시설의 학생에게 학비를 지급하는 장학금제도로서 '재단법인 코레카와 복지기금'을 설립했다. '도와광업'의 종전처리가 끝난 30억 엔 중 20억 엔을 이후 '코레카와 복지기금'으로 사용할 것을 결심했던 것이다. 매년 200명의 아이들이 '코레카와 장학재단'의 자금으로 고등학교, 대학교를 다니고, 지금까지 장학금을 받아 고교, 대학을 졸업한 학생은 1,000명 이상이 된다.

역전승리

히시카리의 광맥은 연결되어 있다!
한번만 더 주식을 하게 해주게
프로 중의 프로가 보물산을 부정하다
사고 사고 또 사모으다
내가 인접광구를 사들이다
시세는 일진일퇴로 휴전
보름만에 772엔에서 420엔으로 급락
금광맥은 인접광구에도 연결되어 있다
남자의 약속은 지키는 것이 당연지사
일본 소득 1위는 노력과 정진의 혼
세금으로 삼십 수억 엔을 내다
시대를 먼저 읽는 눈을 사라
투자는 정정당당하게
후지야 주식
투자 5원칙

1983년 5월 2일 석간 각지에는
「고레카와 씨, 일본 소득 제1위」라는 큰 제목이 일면을 장식했다.
나의 신고 소득액은 28억 9천만 엔.
물론 그 대부분이 '스미모토 금속광산' 주식의
매각이익에 의한 것이었다.

히시카리의 광맥은 연결되어 있다!

'도와광업'(同和鑛業)의 종전처리를 끝내고 '고레카와 장학재단'을 설립한 후에는 재단의 운영에 열정을 기울이는 평온한 나날이 계속되었다.

1981년 9월 18일 아침도 여느 때처럼 산책에서 돌아와 샤워로 땀을 씻은 후 아침식탁 위에 놓인 니혼게이자이신문(日本經濟新聞)을 펼쳤다.

「금속광업사업단, 가고시마현(鹿兒縣) 히시카리(菱刈) 금산(金山)㈜에서 고품질 금광맥을 발견.」

생각 할 겨를도 없이 단숨에 읽어 내려가던 중 점점 가슴이 뛰며 흥분했다.

히시카리 금광의 광업권자는 '스미토모 금속광산'(住友金屬鑛山) 주식회사로 금속광업사업단이 두 곳을 탐사 굴착했는데 놀라운 결과를 내었다. 신문기사는 계속해서 다음과 같이 보도하고 있었다.

「금광맥이 발견된 곳은 가고시마현 이사군(伊佐郡) 히시카리쵸(菱刈町) 야마다(山田)로 1977년에 채광을 중지한 오오구치(大口) 광산의 남남동 약10km의 지점이었다. 9월 6일에 완료된 굴착에 의해 지하 241~283m의 지층에서 3층의 금광맥이 발견되었다.」

광맥의 품질은 상단이 두께 1.22m로, 광석 1톤당 함유량은 금이 63.7g, 은이 44g이었다. 중단은 두께 3.75m로 금 함유량 81.9g, 은은 52.8g이었다. 하단은 두께 5.45m로 가장 품질이 좋았으며, 금 함유량 220.3g, 은은 57g이었다. 광상(鑛床)은 남서방면으로 약 400m 이어져 있다는 것이었다.

「이 정도의 품질과 두께를 가진 것은 국내에서 최초.」

채굴한 금속광업사업단이 놀랄 정도로 유망한 금광인 것이다.

주) 히시카리 광산은 가고시마현(鹿兒縣) 이사군(伊佐郡) 히시카리쵸(菱刈町) 동부에 위치한 일본 최대의 금 광산이다. 히시카리에서 최초로 금이 발견된 것은 에도시대인 1750년경이다. 1970년대부터 정부기관인 '금속광업사업단' 이 이곳에서 금광 탐사를 행하여 1981년에 금광맥을 발견했다. 고레카와가 이곳의 광업권을 갖고 있던 '스미토모금속광산' 주식에 출동한 것은 바로 이 탐사 뉴스를 읽고서였다. 이곳에서 생산되는 금생산량은 일본 국내 금 산출량의 약 90%에 해당한다. 히시카리 광산의 추정 금 매장량은 250톤으로 추정되며, 이는 일본의 주요 금광산 모든 것을 합한 것보다 많은 것이다. 히시카리 광산의 금광석은 고품위로, 보통 금광석의 품위는 톤당 수g인데 비해 히시카리에서 현재 산출 중인 톤당 평균 품위는 40g으로 세계 1위의 품위를 자랑한다. 이 광맥은 마그마 활동에 의한 열수(熱水)의 영향으로 형성된 것으로 추정된다. 동 광산의 부산물인 온천은 '유노오 온천'(湯之尾溫泉)에 공급되고 있다. 히시카리쵸 및 오오구치시(大口市)에는 저렴한 대중탕이 밀집하고 있는데, 이를 '유노오 온천 마을'(湯之尾溫泉鄕)이라고 부른다.

당시 광산업계에서는 금은 광석 1톤당 10g은 채취되어야 채산이 맞는다고 했다. 일본의 금산은 1톤당 4.9g이 평균품질이이고 그때까지의 최고품질이라고 알려진 금광에서도 기껏해야 20g대에 머물러 있었다.

세계제일의 금광이라고 알려진 남아프리카의 로디지아 금산은 3천m 지하에서 채광하지만 히시카리 광산은 1톤당 220.3g이라하는 고품질의 금맥이 지표아래 283.1m의 얇은 장소에 매장되어 있다. 엄청나게 고품질이면서 채광장소가 지표면에서 극히 얇다는 유리한 조건을 갖춘 최우량 금광이다.

몸의 피가 거꾸로 솟고 머리가 확 타버리는 것 같았다. 기사를 계속 읽는 동안 오랜만에 경악할 정도의 감동이 전신을 엄습해 왔다. 두 개의 굴착 지점의 간격은 700m이고 금맥이 계속 이어질지 아닌지는 아직 알 수 없다. 금맥의 모암(母岩), 즉 금맥의 위아래에 있는 암석을 모암이라고 말하지만, 이 모암은 수성암으로부터 이루어지는 시만토가와(四万十川)층으로 되어 있었다.

'700m의 간격이 있는 두 개의 금맥은 서로 연결되어 있다.'

나는 확신을 갖고 단언했다.

시만토가와층이라는 것은 미야자키현(宮崎縣)의 아오시마(青島)에 있는 조판암이라고 하는 빨래판 모양의 암석으로서, 이 지층은 시코쿠의 시만토가와(四万十川)로부터 큐슈(九州)의 남단까지 이어져 있다. 이것은 화성암이 아니고, 지구가 탄생한 이래 바다 밑에 모래와 진흙과 유기물 등이 혼합되고 침전되어 여러 층으로 퇴적되어 이루어진 수성암으로 되어진 것이다. 이 퇴적층이 지각변동으로 압력을 받아 암석화 된 것이다.

그리고 지각변동이 일어날 때 퇴적층은 뒤틀어지고 그 틈으로 금속성분을 함유한 광액이 투입되어 진다. 수성암 속의 지하 퇴적층은 지각변동과 동반한 압력으로 암석화되고 수성암이 되는 것과 같이 그 안에 금속 성분을 품게 된다. 이것이 금광맥인 것이다.

물론 금광맥은 화성암에도 가능하지만 불규칙하고 금광맥은 한정적인 특징이 있다. 그러나 수성암은 규칙이 일정한 퇴적층을 형성하고 게다가 연속적으로 이루어져 있는 것이 특징이다.

그러므로 히시카리 금산의 금광맥이 수성암으로 되어진 시만토가와층 속에서 발견되었다는 것은 그 지층의 특징으로 보아 금광맥이 광범위하게 이어져 있다고 판단했던 것이다.

왜 이런 판단을 내렸을까? 조금 자화자찬이 되지만 90세를 넘긴 노인이기에 이해해 주기를 바란다.

한번만 더 주식을 하게 해주게

고레카와 긴조

　나는 1938년부터 전쟁이 끝날 때까지 한반도에서 철광과 금광을 개발하고 광산경영을 해왔다. 나는 젊은 시절부터 경험 없는 일이라도 아무 거리낌 없이 무엇이든 해왔다. 그 체험에서 한 가지를 배웠다. 그것은 그 세계에 들어가려면 베테랑, 프로로 불리는 사람은 얼마든지 있지만, 그들의 대다수는 경영의 재능을 갖고 있지 않은 사람이라는 것이다. 그래서 경험자를 모아 내가 경영을 한다면 자신이 경험하지 못한 일이라도 경영이 가능하다고 생각해 왔다. 또 사실 그렇게 해 왔다.
　한국에서의 광산경영도 태평양전쟁 발발을 예측하고 일본군을 원조하기 위해 전혀 경험도 없이 광산개발을 생각했다. 그러나 광산개발에 관해서는 나는 아무것도 알지 못하므로 기사가 하는 말이 정말인지 아닌지도 모르고 판단에 어려움을 겪은 적이 많았다. 광산경영은 지질의 전문지식이 없으면 정말로 일을 할 수가 없다고 생각했다. 그래서 조선총독부의 지질광상학이나 지질학을 미친 듯이 공부했다. 오전 중에는 회사의 업무를 하고 오후가 되면 지질 조사소에 가서 공부를 계속했다.

나도 역시 사실은 공부를 좋아하지 않는다. 다만 보통의 사람과 다른 점은 공부할 때는 전력을 다하여 공부하는 것이다. 하룻밤을 새워 하는 공부 등, 그런 것이야말로 대학을 졸업하는 순간 잃어버리지만, 심혈을 기울여 공부하여 몸에 배인 지식이나 경험은 몇 년이 지나도 머리에 남아 있는 것이다.

내가 광산개발을 위해 한반도의 산을 진흙투성인 채로 이리저리 뛰어다니고 밤에도 자지 않고 공부한 경험과 지식이 주식 시세를 판단할 때 전부 되살아났다.

700m의 간격을 둔 두 개의 채굴 시추공의 장소에서 금광맥이 발견되었다.

지금까지 일본의 금광맥은 대부분 화성암층에서 발견되었다. 채굴현장은 수성암층으로 고치(高知)에서부터 연결된 시만토층 안에서 발견되었다는 것은 두 개의 시추공 지점 사이를 금광맥이 길게 연결되어 있는 것임에 틀림이 없다. '스미토모 금속광산'은 어마어마한 대금광맥을 소유하게 되었다는 것이다.

'스미토모 금속광산, 이제 사야지. 이 찬스를 놓친다면 나는 일생 후회할 지도 모른다. 생애 두 번 다시없는 매수 찬스다!'

몸이 흥분하여 떨리고 있다. 가만히 앉아 있을 때가 아니다.

나의 이런 정신없이 허둥거리는 모습을 옆에서 보고 있던 아내와 눈이 마주쳤다.

"더 이상 주식에는 평생 손을 대지 않겠소."

단호하게 맹세했던 일이 생각났지만 머뭇거릴 시간이 없다. 시간을 다투는 일이다.

"중요한 일이야. 스미토모광산의 광구에 세계 제일의 금광이 발견되었단 말이야. 도와(同和)광업에서 벌지 못했던 것을 스미토모광산에서 반드시 되찾아 오겠소. 더 이상 평생 주식을 하지 않는다고 당신에게 맹세했지만 딱 한 번만 부탁하오. 하게 해 주오."

머리를 숙여 아내를 설득했다. 더 이상 주식은 하지 않는다고 안심하고 있던 아내는 몹시 불편한 표정으로 말했다.

"여보 그렇게 말하면 한계가 없죠. 결국 죽을 때까지 하게 되는 것이 아닌가요?"

그러나 내가 주식을 포기한다면 다음에는 아무 것도 눈에 들어오는 것이 없다는 것을 알고 있는 집사람이기에 결국 할 수 없지 하는 표정으로 말했다.

"주식은 당신을 살아있게 하는 활력소이니 할 수 없이 허락하네요."

"고맙소."

나는 아내에게 고맙다는 말을 하자마자, 가부토쵸(兜町)에 있는 '마루쇼증권'의 요시오카 다케오(吉岡武夫) 전무(당시)에게 전화를 걸었다.

프로 중의 프로가 보물산을 부정하다

고레카와 긴조

미증유의 금광맥이 발견된 가고시마현 히시카리쵸는 그 지역 사람들이 가고시마현의 티벳이라 칭하는 현 북부의 산악지대에 동서로 뻗은 커다란 분지의 동단에 있다. 1988년 1월까지는 미나마타에서부터 구리노(栗野)까지 연결된 야마노선(山野線)의 히시카리역이 있었지만, 철도 연변의 과소화로 인해 폐선 되어 현재는 국도 268호선으로 산간부를 자동차로 올라가는 수밖에 없다.

나는 9월 18일에 신문기사가 발표되자마자 오오사카 공항에서 가고시마로 날아가, 공항에서 택시를 타고 히시카리 금산의 현장으로 향했다. 운전수는 도중에 몇 번이고 목적지인 히시카리 금산이 어디 있는지 물어 보며, 공항에서 약 2시간 정도 달려 도착한 곳은 규슈(九州)를 남북으로 횡단하는 규슈산맥 연결 부분의 평탄한 구릉의 산기슭이었다.

현장 사무실을 방문하여 견학을 부탁하자 현장주임이 승낙해 주었다.

"신문이 너무 화려하게 쓴 것뿐이지, 문은 닫혀 있어요."

현장주임은 자못 곤혹스럽다는 태도로 이야기를 해 주었다.

"신문의 기사처럼 금속광업단의 시추로 고품질의 금광을 발견했지만 어쩌다 두 개의 탐광 장소가 고품질의 광석이었다는 것일 뿐 다른 광맥은 채산이 맞지 않는 저품질의 광맥이 이어질 가능성이 높다고 생각됩니다."

결국 요행으로 어쩌다 들어맞아 두 개의 시추 장소에서 금맥이 발견되었던 것이다. 나는 한반도에서 두 군데의 금광을 발견했었다. 초보자 같으면 그렇게 생각하겠지만, 나는 그렇게 단순하게 생각하지 않았다. 광산 책임자가 우리에게는 입 밖에 낼 수 없는 사실이 있다는 것을 그 말 중에 내포하고 있었다.

원래 금광맥은 천 개의 시추공 중에 몇 개가 맞을까 말까하는 것이다. 그것을 두 개의 시추공으로 두 번 다 금광맥을 찾았다는 것은 요행도 우연도 아니다. 금광맥은 두 개 시추공의 현장에 걸쳐 대금광맥이 연결되어 있다. 더욱이 현장에 와보고 확신했다.

다음날부터 '마루쇼증권사'를 다니며 십여 개의 증권회사에 매매지시의 진두지휘를 하고, 스미토모광산의 주식을 계속 사들였다.

주식이 500엔 대에 돌입한 10월의 어느 날, '스미토모 금속광산'의 후지사키(藤崎章) 사장(당시)으로부터 긴급히 만나고 싶다는 전화가 걸려왔다. '일본시멘트', '도와광업'을 매수할 때와 같은 상황이다. 나는 도쿄 미나토구(港區) 신바시(新橋)에 있는 '스미토모 금속광산'의 본사로 바로 향했다. 이 시간 이미 나는 5천 만 주 이상의 이 회사 주식을 소유하고 있었다.

물론 후지사키 사장은 내가 순수하게 매매 이익만을 노리고 이 회사의 주식을 사 모았다는 것을 알고 있다. 그렇지만 내가 소유하고 있는 주식의 수는 이 회사의 발행주식의 16%나 달한다. 주식의 고가인수와 임원파견 등과 같은 회사로써 불합리한 요구를 내세울지도 모르는 상황이 벌어진 것이다.

사장실을 지나쳐 소파에 앉자마자 사장이 말했다.

"고레카와(是川) 씨 저희 주식을 대단히 많이 매수하고 계신 것으로 아는데 왜 그렇게 많은 양을 사셨습니까?"

'일본시멘트' 때처럼, 역시 후지사키 사장도 들어 알고 있다.

"후지사키 씨 당신은 이 회사에 들어 온지 몇 년이 되셨습니까?"

조금 장난끼를 발휘하여 후지사키 사장을 조롱했다. 그러나 후지사키 사장은 긴장된 얼굴로 나를 보고 있었다.

"두 개의 시추공 사이의 700m은 금광맥이 연결되어 있어요."

나는 자신을 갖고 단정했다.

"그 금광맥은 어디로 뻗어 있는지 알 수 없어요. 두 개의 금광맥 서로 연결되어 있는지 아닌지는 단정할 수 없습니다. 이후로 금속광업사업단이 자세히 조사하기로 했으니까 조사 결과를 기다려 판단하는 것이 어떻겠습니까?"

어디까지나 원칙론을 주장하기에 이 회사의 기술부장을 부르기로 했다.

받은 명함에 이학박사로 되어있는 곤도 고지(近藤皓二) 상무(당시)에게 어떻게 생각하느냐고 물었다.

"일본전역에 금산은 많이 있습니다. 그러나 금광맥이라 하는 것은 부분적으로 금방 고품질의 것이 나오기는 하지만, 연속되지 않습니다. 그렇기 때문에 이번 히시카리 금산의 경우에도 고품질의 금광맥이 몇m나 되는 두께로 700m나 연결되어 있다는 것은 절대 있을 수가 없습니다."

오히려 반대로 금광맥이 연결되어 있지 않다고 단언하는 것이었다. 곤도 고지 상무는 교토대학(京都大學)에서 광산학을 배웠다. 그는 광산지질학회의 회장을 맡을 정도의 전문가였다. 말하자면 이 세계에서 프로 중의 프로가 '있을 리 없다' 라고 판단하는 것에 나는 정면으로 반대했다.

"히시카리 금산의 경우 지금까지의 금산과는 다르다. 그것은 모암이 수성암으로 이루어진 시만토층이기 때문이다."

내가 아무리 설명을 해도 두 사람은 납득하지 않았으나 나는 분명히 연결되어 있다고 자신하고 있기 때문에 다음과 같이 말했다.

"당신들은 수조 엔이나 되는 보물산을 잡은 겁니다. 금속광업 사업단 등에 의뢰하지 말고 회사 직영으로 50m에서 100m 간격으로 굴착을 해야 합니다. 그 시추 비용을 내가 부담할 터이니 해보시오."

침묵하며 듣던 후지사키 사장도 내가 이렇게까지 말하자 더 이상 반대하지 않았다.

"고레카와 씨의 말씀대로 당사로서도 할 수 있는 데까지 해볼 계획입니다."

그는 긍정적으로 검토할 것을 약속했다.

나는 반드시 '스미토모 금속광산'이 직영으로 시추한다고 보았는데, 이 회사를 방문한 며칠 뒤 '스미토모 금속광산'은 약 6개월에 걸쳐서 100m 간격으로 십수 개의 굴착을 실행한다고 발표했다.

사고 사고 또 사모으다

'스미토모 금속광산'의 주가는 230엔과 240엔대 사이에서 움직이고 있었다. 매수 기회인 것이다.

"첫발을 내딛는 것이 중요하다. 첫발을 내딛는 때가 나쁘면 결국 일을 그르친다."

이러한 투자전술이 말한 것처럼 출동의 시기가 결정적으로 중요하다. 그 시기의 가격이 이후 계산의 기준이 됨과 동시에 심리적으로 크게 영향을 미치기 때문이다. 결국 상하 움직임과 함께 평가손익이 이 기준치에서부터 탄생되기 때문에 그 평가가치가 투자자에게 매매 의사를 결정짓게 하고 행동을 하게 하는 동기가 되는 것이다.

그러므로 대승부를 이루기 위해서 기준치가 되는 출발시기의 선택은 매우 중요한 조건이 된다.

신문기사가 나온 (9월18일) 전날 '스미토모 금속광산'의 주가 종가는 226엔, 이미 신문에 유망한 재료가 나온 이상 일각을 다툰다.

"사람에게도 말하지 않고, 자신도 두 번 다시 생각의 망설임 없이" 신속히 매수 출동을 실행에 옮기는 일이 투자전술의 철칙이다.

그날의 동시호가부터 십수 개의 증권회사를 동원해서 시장에 형성된 가격으로 전력을 다해 '스미토모 금속광산'의 주식을 사들였다.

비록 주가가 250엔이지만 내 자신의 자금 30억 엔을 전부 보증금으로 집어넣어도 대량으로 매수할 수 없다. 1천만 주를 매수하는데 250억 엔이 들고, 그에 대한 보증금 30%, 75억 엔이 필요했다. 그러나 나는 찬스로 여기면 보통의 인간이 아니게 된다.

1천만 주뿐만 아니라, 사고 또 사고, 마구 사들였다. 모든 테크닉을 사용해서 모을 수 있는 만큼 주식을 매집했다.

보증금 대신에 주식을 맡겼다. 그 경우 주식은 시가의 70%로 평가된다. 보유주식을 보증금 대신 맡기고 신용거래를 이용하면 약 2배의 주식을 사들일 수 있는 것이다. 결국, 시가 100만 엔의 주식을 담보로 하면 평가액은 약 70%이므로 70만 엔의 보증금을 납입하는 것이 되고, 그 3배의 210만 엔의 주식을 신용거래로 살 수 있는 것이다. 주가가 상승한 경우는 담보로 맡긴 주식의 담보여력이 증가하고, 신용거래로 주식을 더욱 증가시킬 수 있다. 급상승하는 주식을 갖고 있으면 신용거래로 쥐가 번식하듯 대량의 주식을 매집하는 것이 가능하다.

다만 대량의 주식을 한번에 매집하도록 주가는 저가에 머물러 있지 않는다. 그 때문에 주가가 상승하여 매집하기 어렵게 되면, 다른 투자가가 갖고 있는 주식을 시장에 매도하도록 보유주식을 던져 유혹하는 것이다.

나는 보유주식 중에서 백만, 이백만 주씩 주식을 방출하여 주가가 고가인 것처럼 느끼게 한다. 투자가가 이 유혹에 넘어가 보유주식을 시장에 내놓으면 주가는 내린다. 여기서 틈을 주지 않고 나온 대량의 주식을 사들이는 것이다.

물론 내가 '스미토모 금속광산'에 출동했던 것을 눈치 채지 않게 증권회사도 여러 회사로 나누어 매수했으나, 내가 출동하고 나서 6일째 정도부터 뉴스가 나오기 시작했다.

「고레카와가 대량으로 사고 있는 것 같다. 무언가 있는 것 같은데.」

가부토쵸에 나의 스미토모광산 출동의 뉴스가 널리 퍼졌다.

즉시 뇌동 매수가 시장에 쇄도하고 주가는 단숨에 상승했다. 일주일 후인 9월 26일에 주가는 배인 472엔을 넘어서고 말았다. 더욱이 다음달 10월에는 600엔 대를 돌파하자, 가부토쵸에서는 스미토모 광산을 둘러싸고 대소동이 일어났다.

나는 이때 이미 4천만 주에서 5천만 주를 매집하고 있었다.

내가 인접광구를 사들이다

'스미토모 금속광산' 주는 10월 1일 거래량 2천312만 주, 주가는 전일 대비 35엔 상승한 470엔이었다. 다음날인 2일은 더욱 매수가 집중되어 거래량 2천607만 주, 주가는 전일 대비 70엔 상승한 540엔을 기록했다.

내가 '스미토모 금속광산'을 사기 시작한 240엔 대에서 9월 25일 297엔을 기록하자 이후는 시장에 무조건 사자가 쇄도하여 비등하고, 10월 2일까지의 8일간은 계속 상승하여 540엔까지 대폭 상승했다.

그런데 '스미토모 금속광산'의 후지사키 사장을 방문한 후, 재차 현장의 히시카리 금산으로 갔다. 독자적인 조사를 하기 위해서였다.

그 결과 7백m의 간격으로 행한 2개의 시추공 중 동쪽은 광맥의 두께가 2m, 한편 서쪽 지점의 광맥은 6m나 되는 것이 판명되었다. 즉 금광맥은 서쪽 방향으로 두껍고 500m에서 1,000m는 뻗어 있는 것으로 예상되었다.

그러나 서쪽의 광구는 시추공 지점에서 400m 전방까지밖에 '스미토모 금속광산'은 광업권을 소유하고 있지 않았다. 그 앞은 타인의 광구라는 것이다. 즉 금광맥은 스미토모광산의 광구 내뿐만 아니라 타인의 광구까지 연장되어 있음에 틀림없었다. 신속히 이 광구를 매수하지 않으면 모처럼 얻은 보물산을 알면서도 타인이 가져가도록 만들 것이었다. 남이 채가기 전에 어떻게든 손을 써야만 했다.

도쿄로 가서 그 광구의 소유자를 조사하니, 가고시마에 사는 개인 두 사람의 소유인 것을 알았다. 더욱이 둘 다 파산 직전으로 당장이라도 팔고 싶다는 의향을 갖고 있음도 알았다. 그 두 사람에게 구입 의사를 밝히자, 10억 엔이라면 팔겠다는 것이었으나, 최종적으로 5억 엔 전후에 팔아도 좋다는 이야기를 전해왔다.

그래서 '스미토모 금속광산'의 본사로 가서 후지사키 사장에게 말했다.

"서쪽 시추공 지점에 인접하는 광구의 광업권을 속히 매수해두십시오. 굴착이 진행되어 인접 광구에도 금광맥이 이어져있는 것이 알려지면 매수하려 해도 할 수 없게 됩니다. 상대는 5억 엔에 양도한다고 하니 당장 매수해두세요."

그러나 후지사키 사장에게 불려와 같이 이야기를 듣고 있던 곤도 고지 상무가 반대했다.

"시추 조사를 해보지 않으면 모릅니다. 모르는 곳을 매수할 수는 없습니다."

이런 문외한을 전문가로서 간부로 두고 있다니 이 회사는 괜찮을까 하고 진심으로 그때 '스미토모 금속광산'의 앞날에 불안감을 가졌었다. 더구나 곤도 상무는 이렇게 말했다.

"이미 광구의 소유자는 브로커를 사용해서 몇 번이고 매수를 타진해왔습니다. 일부러 이쪽에서 제안을 하지 않아도 결국 사달라고 애원할 것입니다. 그러면 3천만 엔이나 5천만 엔 정도로 살 수 있습니다."

나는 이 대답을 듣고 어안이 벙벙했다.

"천하의 스미토모가 맞는가, 상대가 파산직전이라고 해서 10억 엔, 20억 엔이나 가치가 있는 것을 헐값에 사자는 등, 그런 잔혹한 일은 그만두세요. 지금부터 대사업을 시작하려는 때에 그런 정신으로 성공은 불가능합니다. 상대가 약해지면 그만큼 비싼 값에 매수하기 바랍니다."

그러나 샐러리맨이 거기서 '네, 알겠습니다. 비싼 값에 사겠습니다'라고 말할 리 없었다.

"당신들이 그런 용기가 없으면 내가 이 광구를 매수하지요."

만약 욕심 많은 사람이 이 광구를 사들이면 회사가 곤란하다. 나는 회사를 위해 사자고 생각했다. 본래 이렇게 해서 돈을 벌려고는 전혀 생각하지 않았다.

수일 후, 광구의 소유자와 매수협상을 하여 5억 엔에 양도받는데 성공했다.

"스미토모 측에는 몇 번이고 매수해주기를 협상했지만 매수해주지 않으므로, 이제 3천만 엔이나 5천만 엔에라도 팔 작정이었습니다. 그것을 5억 엔이나 쳐서 사주시니 정말 감사드립니다."

이 광구의 소유자는 그렇게 말하고 기뻐서 몇 번이고 나에게 사의를 표했다.

시세는 일진일퇴로 휴전

고레가와 긴조

10월 28일, 스미토모광산의 주가는 전일 대비 34엔 높은 590엔까지 단숨에 상승하고, 거래량은 4천7만 주로 사상 최고치를 기록했다.

한때 48엔 상승한 604엔까지 뛰어, 거래 정리를 위해 매매정지마저 몇 번이나 반복하는 이상한 상황이었다.

그러나 10월 30일, 615엔까지 급등한 주가는 급속히 그때까지의 상승세를 잃고 하락세를 연출했다.

스미토모광산을 매집하기 시작한 230엔 대의 가격을 생각하면, 이미 3배 가까이 상승했기 때문에 고가 경계감으로 한 템포 쉬자는 견해가 대세를 이루었다.

그러나 주가가 6백 엔을 전후한 가격에서 재일화교 그룹이 공매도를 치고 있다는 소문이 가부토쵸에 퍼졌다. 그 때문에 일반투자가가 이익 실현을 위해 매도에 나선 것이 주가 하락의 대원인을 초래하게 된 것이다.

11월에 들어서자, 화교 세력에 의한 매도 활동은 더욱 활발해져, 11월 2일 전일 대비 10엔 하락, 11월 5일 전일비 9엔 하락으로 떨어졌다. 매도세가 100만 주, 여기에 50만 주를 더 공매도했다.

매도세의 큰손은 재일화교 중에서도 단독으로 활동하고, 팥장사로 수백 억 엔의 자산을 모은 '산쇼실업'(三晶實業)으로 연일 공매도에 의한 매도 공세로 서서히 지금까지 쌓아올린 기반이 붕괴할 수도 있는 상황이었다.

그러나 여기서 동요를 보이면 더욱 시장을 혼란시켜 폭락할 위험마저 생길 것이다. 어떻게 해서든 매도세를 누르지 않으면 안 되겠다고 생각했지만 방법이 없었다. 스미토모 그룹이 뒤에서 주가 하락의 끈을 잡아당기고 있었던 것이다.

11월 6일 '스미토모 금속광산'은 히시카리쵸 야마다 광구에 대해서 11월 말까지 기업탐광에 들어갈 계획을 발표했다. 그러나 발표내용은 매도세의 공세를 억제하기는커녕 매수세에게 있어 소극적이라고 할 재료의 발표에 그쳤다.

「일반적으로 말해 금광맥의 전체상은 파악하기 어렵다. 따라서 히시카리의 금광맥도 사업단의 조사 결과 가지고 상당규모의 광상이라고 단정할 수는 없지만, 금후 더욱 탐광을 실시할 가치는 있다. 이를 위해 사업단의 양해를 얻어 독자적으로 조사를 시작할 계획이다.」

더욱이 회사 측의 계획으로는, 6개월간에 14개, 총연장 4,800m의 굴착을 실시, 그 결과를 검토한 후에 탐광, 기업화의 계획을 세운다는 것이었다.

이 건에 관한 질문에 '스미토모 금속광산'은 일체 노코멘트로 일관했다. 그것은 주식시장이라는 특수성을 가진 세계에서는 소문이 소문을 낳고 오해를 발생시킬 수 있기 때문이라는 배려였다. 동시에 동사의 발표는 내가 동사의 간부와 회견한 이래 소극적인 자세에서 변화가 없었다.

「금광맥은 원래 품질이 일정하지 않고, 한 곳만의 굴착 조사결과만으로 평가할 수 없다. 고품질 지점이 있다 해도 그것이 일부에 편재하여 면으로 존재하지 않으면 사업화가 불가능한 경우도 있다. 더구나 채굴시에 안정된 품질의 확보도 보증할 수 없다. 현재 실시하고자 하는 굴착은 이른바 탐침 작업이라는 것으로 광맥이 면으로 존재하는지 아닌지를 확인하는 것으로, 매장량과 채광시 평균품질의 추정은 내년 봄이나 되어야 가능할 것이다.」

이러한 스미토모 광산의 신중한 자세를 보고 시장은 더욱 냉랭해져, 11월 16일에는 결국 500엔을 깨고, 491엔까지 급락했다.

그러나 그때까지 100만 주라는 큰 단위로 공매도를 해온 매도세가 공매도를 그만두기 시작했다. 더 이상의 공매도는 위험하다는 판단이었기 때문이다.

히시카리 금산의 평가에 대해서는 시장에서 여러 가지 생각을 부르고, '미코기선'(三光汽船)과 간사이(關西)의 세력이 매수세로 등장하는 등, 그 후 5백 엔과 6백 엔 사이에서 일진일퇴를 계속했다. '스미토모 금속광산' 주식은 새로운 전개를 위한 준비기간에 들어갔다.

'도와광업'의 싸움에서는 결국 '천정에서 욕심에 사로잡혀' 큰 수익의 기회를 놓치고 실패했다. 이번은 '도와광업'과 같은 잘못은 답습하지 않겠다. '도와광업'과 '스미토모광업'의 상승 시세를 비교하면서 그렇게 다짐했다.

"거래 이익이 났을 때, 우선 큰 흐름을 보고, 승리에 도취하지 말고, 다만 무난히 머무를 것을 궁리 할 것. 반드시 탐욕을 내지 말고, 무난하게 다루고, 거래가 끝난 후에는 쉬는 것이 제일이다."

'삼매전'(三昧傳)에 있는 거래의 핵심원칙이다. 즉 욕심에 끌려 승리감으로 자만한 사이에 시세가 하락하고, 이익이 적어질 뿐만 아니라, 시세 파동의 성격을 모르게 되므로 팔아야 할 것을 사게 되거나, 처분해야 할 시점에서 새로운 개입을 해서 자승자박에 빠진다. 파동의 성격이 판단 불가능한 시세에 신규 출동하는 것은 도박행위이며, 그것은 건전한 투자가가 할 행동이 아니다.

그러므로 시세파동의 성격이 판단 불가능한 국면을 맞으면, 신규 출동한다거나, 고민하기보다 단호하게 퇴진하여 휴전한다. 이건이 단 하나의 방어책이다. 시세의 도는 '매도', '매수', '휴식'의 삼근도(三筋道)인 것이다.

12월 하순, 나도 '스미토모 금속광산'이 하나의 전기를 맞고 있음을 알고 휴전하고, 아내를 데리고 교토(京都)에 휴식을 취하려 여행을 떠났다.

보름만에 772엔에서 420엔으로 급락

가고시마 히시카리 금산에서는 작년 11월부터 6대의 굴착 기계로 금광맥을 찾는데 급피치를 올리고 있다는 정보가 신년도를 맞이한 주식증권시장에 전해졌다.

1982년 1월의 주식시장은 '스미토모 금속광산'에 대한 여러 가지 정보, 억측 등이 난무했다. 그러나 언제나 금광개발에 관한 좋은 재료를 보여주는 것뿐이었다.

1월 11일 주가는 대량 거래 속에 600엔을 회복하고, 10월말의 시세 615엔 고가를 공략하는 것도 시간문제라고 생각되어질 정도의 기세였다.

대형 증권회사가 함께 매수에 출동하고 거기에 맞춰 뇌동 매수도 급증하고 있었다. 다음날 12일에는 마침내 '스미토모 금속광산' 주식이 사상최고치로 전일에 비해 39엔 오른 630엔을 기록했다.

최고치를 갱신한 주가는 매수주문이 쇄도하고 시장은 광란상태에 빠진 시세가 되었다. '스미토모 금속광산' 주식은 제 2라운드에 돌입했던 것이다.

'당면 목표는 1,000엔'

1,000엔을 향한 급상승의 시세 전개가 이루어지는 가운데, 1월 중순 나는 '마루쇼증권'의 요시오카 다케오(吉岡武夫)전무와 가고시마 히시카리 금산으로 날아가 다시 현장의 상황을 시찰했다.

'스미토모 금속광산'이 작년 11월에 발표한 100m 간격으로 십 수개의 시추 경과를 조사하는 것이 목적이었다.

거센 눈보라가 몰아치는 히시카리 금산에는 3개의 굴착기가 풀가동되고 2백 수십m의 광맥까지 굴착이 진행되고 있었다.

굴착기로 파 올려진 암석을 손으로 잡아보니 거의가 대량의 코어(금광석의 샘플)가 발견되었다.

나의 판단은 적중했다. 미증유의 대금광맥은 꿈도 환상도 아닌 현실이었다는 것을 거듭 확인했다.

공장장을 비롯해서 현장의 관계자에게도 이야기를 들었지만, 확실한 함유량에 관해서는 큰 영향을 미치므로 공표는 피하고 있었다. 그러나 그들의 말투로 예상 이상의 금광맥인 것을 알 수 있었고, 굴착 장소로 보아 안에는 톤당 400g 이상이나 되는 금광맥을 찾았다는 냄새를 풍기고 있었다.

세계최대로 생각되는 금광에 해당하는 것으로 굴착 현장관계자의 눈은 빛나고 열기와 기대로 눈발 휘날리는 것에도 아랑곳하지 않고 대단한 활기를 띄고 있었다.

자신의 판단이 틀림없다는 사실이 확인되었다는 점에서 나의 기분은 더욱더 고조되고 도쿄로 돌아간 후의 싸움에 자신감을 갖게 되었다.

'스미토모 금속광산' 주식은 1월 25일 750엔이라는 사상 최고치로 상한가를 치고, 더욱이 그 후도 급등을 계속해 1개월 뒤 2월 25일에는 772엔이라는 최고가를 갱신했다.

그렇지만 동일 종가는 전날에 비해 20엔 싼 고가반발은 그 후의 불안한 전개를 예상하게 만들었다.

'스미토모 금속광산'이 웬일인지 굴착 데이터의 발표를 미루고 있는 것을 비롯해서 시장에는 불안과 염려가 발생하고 시세는 하락선을 그리기 시작했다.

가부토쵸에서는 '이미 고레카와는 팔고 빠져나갔다' 라는 소문이 확 퍼지고, 더욱이 엎친데 덮친 격으로 3월 1일 니혼게이자이신문은 다음과 같은 기사를 실었다.

「스미토모광산, 이익 감소폭 60%로 확대.」

스미토모광산을 필두로 비철금속 각 회사의 이번 회기수익은 한 단계 악화된다고 하는 기사가 발표되었다.

스미토모광산의 이번 일사분기 경상이익은 54억 엔으로 전분기에 비해 약60% 하락되었고, 니켈, 코발트의 하락에 더해

유전스(환어음의 지불 기간) 차손의 발생의 영향 받는다는 것이었다.

「하반기 정세는 더욱 악화되고 지금까지의 전망을 크게 하회하는 것은 불가피한 것으로 추측된다.」

이렇다면 굴착의 데이터 공표에 의해 호전이 되기는커녕 오히려 악재의 발표로 불안이 현실화 되어버렸다.

3월 1일 당일가는 전일대비 38엔 폭락, 다음날은 다소 회복되어 7엔 상승까지 하였지만 거기까지이고 3일째부터 마침내 단숨에 붕괴가 시작되었다.

3월 9일에는 지금까지 유지해온 600엔 대를 간단히 깨고 590엔으로 하락했다. 그리고 12일에는 전일 대비 110엔이 하락이라는 그런 시세형성이 믿어지지 않을 정도로 붕괴되어 420엔으로 폭락한 것이다.

주식은 더욱 폭락의 조짐을 보여 주가의 급락으로 신용거래의 추가담보 문제까지 걸려있었다.

금광맥은 인접광구에도 연결되어 있다

고레가와 긴조

주가의 급락으로 당연히 신용거래 담보로서 위탁된 주식의 담보율도 급락한다. 차입금에 대한 주식의 담보율이 20% 줄어들은 경우 부족한 담보를 추가하지 않으면 안 된다. 이것이 신용거래의 '추가담보'인 것이다.

그리고 이 추가담보가 기한까지 이루어지지 않는 경우 증권회사는 임의로 위탁된 주식을 팔아 결제에 충당하는 일이 가능하다.

이 당시 이미 나의 신용거래의 주가 담보율은 20%에는 훨씬 못 미친 7%까지 떨어져 있었다. 게다가 추가담보의 기한은 이틀 뒤 정오까지였다.

이대로 주식의 반등을 기대하고 가만히 앉아 있다가는 파산할 것이 눈에 선하다. 신속히 무슨 조치를 취하지 않으면 자멸이다. 절체절명의 위기에 들어서게 되었다.

추가담보는 40억 엔이 필요했다. 그만한 현금을 갖고 있을 턱도 없고, 무엇보다도 이틀 뒤에 마련하는 것은 불가능했다. 손에 쥐고 있는 주식을 팔아 현금을 만들 수밖에 없었다.

주가는 420엔을 왔다갔다 하고, 손에 쥐고 있는 1천만 주를 팔면 42억 엔의 현금이 생긴다.

판단을 내리면 나는 행동으로 옮기는 것이 빠르다. 그 자리에서 '스미토모 금속광산' 본사에 전화를 걸어 시가로 주식 인수의 말을 꺼냈다.

3월 13일 도쿄 신바시에 있는 '스미토모 금속광산'의 본사를 방문하자, 후지사키 사장을 비롯해 수명의 임직원, 그 외에 '노무라증권'의 이사카 겐이치(井坂健一) 전무(당시)가 동석하고 있었다.

"스미토모광산은 더 이상 주가가 하락하는 것을 막기 위해 가능한 한 고레카와씨에게 협력하고 싶다고 말했지만, 스미토모 그룹은 주가가 더 하락하기를 바라고 있을지도 모릅니다. 어쨌든 간에 코레카와 씨는 어떤 조건으로 매도하기를 원하시는 지 듣고 싶습니다."

스미토모광산의 뜻을 전한 이사카 전무의 말에 대답했다.

"주가는 거래 결정시의 시세로 족합니다. 또한 주식을 인수하기 원한다면 작년 5억 엔에 손에 넣은 히시카리 광구에 인접한 토지를 실비로 양도하지요."

예전부터 스미토모광산이 언젠가 필요하게 될 것이라고 생각하고 주식을 위해 사 두었던 것이다. 대주주가 되면 당연한 배려인 것이다. 아무리 장래 유망한 주식이라 해도 이쪽이 궁지에 몰렸다고 하여 시가로 인수하기를 원한다면 이쪽도 무리한 요구를 하는 것이다. 이쪽도 나름대로 몸을 베일 각오가 필요한 것이다.

더욱이 인접한 광구를 양도할 조건으로 스미토모측이 집어삼키려 한다면, 데이터가 정리되지 않았다는 이유로 발표를 연기하고 또 연기하고 있는 굴착의 결과는 내가 판단한 것처럼 유망한 것이라는 것을 회사가 인정하는 것이 된다. 그것은 제3라운드의 이후 전개에 큰 영향을 주는 '대답'이 되는 것이다.

3월 16일 전장은 408엔으로 간신히 400엔 대에 머무르는 가격으로 마쳤다. '스미토모 금속광산' 측으로부터 인수의 결단이 내려졌다는 전화를 받고 신바시의 본사를 방문하니 동사의 주식담당 중역으로부터 제안을 받았다.

"그룹에서 협의한 결과 '스미토모은행'(住友銀行)에서 250만 주, '스미토모신탁'(住友信託)과 '스미토모생명'(住友生命)의 두 회사가 150만 주씩 합계 550만 주를 인수하기로 하였습니다."

주가는 420엔 전후이고 주식의 수수는 3월 17일, 18일, 19일 삼일 동안 이루어지는 것으로 동의했다. 구두로써의 약속이었다.

"전에 이야기 했던 히시카리의 인접광구도 실비로 양도 받는 거지요?"

후지사키 사장이 조금 계면쩍은 듯이 물었다.

내가 예상한 대로 금광맥은 인접광구까지 연결되어 있는 것이다.

"약속한 것이기 때문에 그렇게 하겠습니다."

인접광구까지 금광맥이 연장되어 있다면 550만 주를 손에서 놓았다 해도 그 후의 승리는 충분히 가능하다. 갖고 있는 주식은 아직 4천500만 주 남아 있었다.

"정말 실비로 괜찮으시겠습니까?"

후지사키 사장이 미안한 듯이 거듭 물었다.

"당신이 사지 않는다고 하니까 내가 대신에 사 두었지만 만약 내가 사지 않으면 다른 사람에게 팔고 당신은 판 것을 도로 사기 위해 큰돈이 필요했겠죠. 당신을 위해 사 두었기 때문에 실비로 괜찮습니다."

후지사키 사장은 나의 말에 놀라 정말 미안한 모습이었지만, 나는 자금난에 몰려있고, 대금광맥이 연속되어 있는 사실이 확실해진 것으로 충분했다. 나는 인접광구를 매매하여 벌 생각은 전혀 없었다. 나는 주식으로 크게 버는 것으로 족하다. 그 시기가 일보일보 가까워지고 있다는 것을 알게 된 것만으로도 성과가 있었다.

420엔 대의 인수를 결정한 후 그때까지 때때로 감지하고는 있었지만 주가 급변동의 뒤에 스미토모 그룹이 있음을 발견했다. 그 후 곧 나는 스미토모 그룹의 의도에 말려들었다는 것을 알고 매우 놀랐다.

남자의 약속은 지키는 것이 당연지사

고레자와 긴조

3월 17일 늘 그렇듯이 우편함에 막 도착한 니혼게이자인신문 조간의 일면을 보고 나는 경악했다.

「국내 최대급의 금광개발, 스미토모광산 8월 착수, 가고시마 추정 매장량 100톤」

엄청난 표제 때문에 그 자리에서 꼼짝도 못했다. 기사를 계속 읽어 내려갔다.

「스미토모 금속광산은 금년 8월 가고시마현 이사군 히시카리쵸의 호쿠사츠 히시카리 야마다 광산(北薩菱刈山田鑛山)으로 국내 금광산 사상 최대급으로 보이는 광상의 개발에 착수한다. 관계 소식통이 16일 명백하게 밝힌 바에 따르면, 동사는 작년 11월 이래 탐광조사에 의해 동 광구에는 평균 품질 (금광석 1톤당 금 함유량) 100g 전후의 고품질 금광석 백수십 만 톤이 매장되어 있는 것으로 추정하고 개발에 박차를 가한다. 개발이 순조롭게 추진되면 1984년 봄부터 채광을 개시한다. 광석 매장량과 품질을 판단하면, 동 광구에는 적어도 100톤의 금이 존재하지만 이것은 종래 국내 금광산의 추정 매장량의 약 3배에 해당하고 지금 가격으로 환산하면 2천500억 엔을 넘는 금액이 된다.(중략)」

흥분하여 몸의 혈관이 부풀어 오르고 땀이 줄줄 흘러내리는 것도 개의치 않고 기사를 계속 읽어갔다.

「이 품질은 남아프리카 공화국의 평균 채광 품질(약 7.5g)과 국내 금광산의 채산가능 품질 (10g)을 훨씬 웃돈다 (중략)......동 광구의 평균품질 100g은 국내 금광산중에 제일 품질이 좋은 사카코시오오토마리(坂越大泊)광산 (효고현 아카호시:兵庫縣赤穗市) 20g의 5배에 달한다. 금의 매장량이 100톤인 경우, 동양 최대의 금광산으로 불리는 고노마이(鴻之舞)금광 (홋카이도[北海道] 소재, 폐광됨)의 73톤을 크게 웃도는 것이다. (후략)」

이거다. 이 발표를 이제나 저제나 기다리고 있었다. 다 읽고 난 뒤 감정이 점점 더 고조되었다.

이틀 전에 550만 주를 손에서 놓았을 때는 후회했지만, 이 뉴스로 '스미토모 금속광산'의 주가가 급반발할 것이 분명했다. 승리의 여신이 나에게 미소 짓는다고 생각하니 더욱더 몸에 흥분과 전율이 감돌았다.

당일 시장은 전장에서부터 과열 분위기에 휩싸여 매수 일변도 추세였고, 동시호가로 무조건 매수주문이 2천만 주나 되었다.

후장에서 스미토모광산은 매수주문의 쇄도로 매매정지가 되어버렸다.

매수 일변도라는 엄청난 반향으로, 드디어 도쿄 증권거래소는 '스미토모 금속광산'의 곤도 고지(近藤皓二) 상무를 초대하여 오후 1시부터 기자회견을 하기로 했다.

"현재까지 벌써 14회의 굴착이 종료되었습니다만, 지금까지의 데이터로는 그 14개가 모두 금광맥에 닿았고 금광맥의 폭은 600m, 지표아래 100m부터 150m의 크기로 추정됩니다. 최고품은 광석 1톤당 650.2g의 함유량을 보유한 광상으로, 품질이 낮은 것이라 해도 광석 1톤당 12.9g이었습니다."

문득 3일 전 '스미토모 금속광산' 본사를 방문했을 때 중역의 말이 순간 떠올랐다.

"고레카와(是川) 씨, 히시카리 광구의 실태는 굴착을 했다는 것만으로는 정확히 파악할 수가 없습니다. 고품질의 광석 사이를 톤당 3g 이하의 저품질 광석이 연결되어 있으면 어떻게 되는 것입니까? 고레카와 씨도 옛날에 금광 개발을 하셨으니까 잘 알고 계시겠죠. 히시카리광구는 아직 어떤 형편인지 모릅니다."

대체 그 설명은 무엇이란 말인가? 나는 스미토모 그룹의 의도에 말려들었다는 것을 이제야 알게 되었다. 그러나 지금 그러한 것을 생각한다 해도 어쩔 수가 없다. 스미토모광산은 급반등하고 있다.

이날 결국 560엔의 상한가로 장을 마쳤고, 매도물이 극단적으로 적고 매수가 집중되어 도쿄 증권거래소 개설 이래 7천391만 주나 되는 매수 잔량을 내는 결과로까지 스미토모광산 인기는 상승했다.

'스미토모 금속광산'에 550만 주의 보유주식을 인도하기로 약속한 3월 19일에는 주가가 전일에 비해 100엔 높은 660엔까지 뛰어 올랐다.

내가 스미토모광산 측에 인도를 약속한 것이 420엔 전후였기 때문에 실제로 240엔이나 수일 만에 급등한 것이다. 스미토모광산과의 주식 인수와 인접광구의 양도 이야기는 말로 한 약속이었다. 그러므로 스미토모광산 측은 주식의 급등으로 내가 주식의 인도를 거절할 것이라고도 생각했을까? 집요할 정도로 몇 명의 중역으로부터 번갈아 확인 전화가 걸려왔다.

이 주식 인수에 매매 계약서를 작성한 것도 아니고, 단지 입으로 약속한 것이기 때문에 그런 일 없다고 하면 그것으로 끝이다. 스미토모광산은 '양도가격의 상승분'을 내가 요구할까 걱정하는 것도 당연한 일이다. 그만큼 시장은 스미토모광산의 인기로 과열상태였다.

그러나 내 생각에는 스미토모측이 염려할 것은 티끌만큼도 없었다.

"당연하지 않는가. 남자가 말한 대로 서로의 약속을 비록 구두로 한 약속이라도 다른 어떤 사정이 있다 해서 휴지처럼 버려서는 안 되지. 약속은 지키는 것이 당연하다. 나는 한 입으로 두 말한 적이 없다."

물론 인접한 광구도 당초의 약속대로 5억 엔의 실비로 양도했다.

나는 물론 돈을 버는 것을 좋아한다. 그러나 단지 돈만 벌면 된다고 생각했다면 스미토모광산의 인접광구만큼은 실비로 양도하지 않았을 것이다. 언젠가 30억 엔, 40억 엔이 될 것임을 알고 있었기 때문이다. 그때까지 쥐고 있으면 될 것이다. 그러나 나는 주식으로 큰돈을 버는 것이다. 그러므로 회사에 거저 주겠다고 처음부터 결심했었다. 다른 사람들보다 몇 배나 벌고자 한다면, 역시 돈을 버는 데는 철학이 필요한 것이다.

일본 소득 1위는 노력과 정진의 혼

고레카와 긴조

"시세는 천정에서 가장 강하게 보이고 바닥에서 가장 약하게 보인다."

시세도를 설명하는 '삼원금천록'에 있는 '천정, 바닥을 생각하라'는 교훈이다.

즉 시세가 천정을 쳤을 때는 시장 참여자들은 모두 강세로 보고 마치 노도와 같은 기세를 보인다. 그리고 이 기세, 인기로 인해 주식거래로 큰 고통을 겪은 경험이 있는 전문가가 천정에서 욕심에 빠져 승리감에 과도한 금액으로 자꾸 매수하게 되어 버린다.

시장에서 1,000엔의 목표치가 순식간에 3,000엔 설로까지 변하는 것이다. '스미토모 금속광산' 주식은 참으로 노도와 같은 기세로 질주해 갔다.

"주식은 생명체이다. 이번에야말로 '도와광업' 주식과 같은 탐욕으로 인한 실패는 용납할 수 없다."

이 열광의 도가니 속에서 나는 '도와광업'으로 토끼가 되었을 때의 자신을 생각하고 스스로에게 충고했다. 홀로 열기에 휩쓸리지 않고 머리는 냉정했다.

3월 31일 '스미토모 금속광산' 주식은 드디어 1,000엔 고지를 넘어 전일비 51엔 상승한 1,040엔을 기록했다. 이것을 계기로 나는 주식 처분에 들어갔다.

'매도는 신속, 매수는 유연'이라고 하는 것처럼 매도로 큰돈을 벌 것인가 말 것인가의 승패의 갈림에 놓여있는 것이다.

몇 년에 한 번 있을 절호의 찬스를 잡고 매수에 성공해도, 매도의 타이밍을 놓치면 원금도 이익도 없다. 매도가 매수보다 어려운 것은 상승한도를 알지 못하고 인기에 크게 좌우되기 때문이다. 매도야말로 누구에게도 들키지 않고 몰래 보이지 않는 파동 속에서 처분하는 것이 비결이다.

'스미토모 금속광산' 주식은 1,000엔을 돌파한 이래 더욱 열기를 내뿜고 1,000엔 대를 착실히 굳히고 지속적으로 상승하는 추세였다. 따라서 내가 일정량의 주식을 연일 매도 처분하여도 시장에 찬물을 끼얹는 영향은 전혀 없었다.

3월 31일 1,000엔 대를 돌파한 이래 10일 동안 1천500만 주를 처분했던 것이다.

처분은 순조롭게 진행됐다. 그로부터 10일 뒤에는 보유 주식

전부를 1,000엔 대에서 매도하는데 성공했다.

1983년 5월 2일 석간 각지에는 「고레카와 씨, 일본 소득 제1위(주)」라는 큰 제목이 일면을 장식했다.

5월 1일에 발표된 1982년도 일본의 고액소득자 중에서 내가 1위가 되었던 것이다. 지금까지 소득 1위라고 하면 '다이쇼제약'(大正製藥)의 우에하라 마사요시(上原正吉:고인) 씨와 '마츠시타전기'(松下電氣)의 마츠시타 유키노스케(松下幸之助:고인) 씨와 같은 대기업의 오너나 땅 부자로 정해져 있었으므로, 내가 일본 제1의 소득세 납부자가 된 것은 사람들에게 좋은 화제 거리를 제공한 것이었다.

나의 신고 소득액은 28억 9천만 엔. 물론 그 대부분이 '스미토모 금속광산' 주식의 매각이익에 의한 것이었다.

나는 그 전날 소득 1위로 매스컴 인터뷰의 쇄도를 예견하고, 매스컴을 싫어하는 나는 아내와 둘이서 온천으로 가서 행방을 감추었다. 내가 부재 중에 매스컴은 84세의 노인이 겨우 반년 동안 2백억 엔이나 자산을 만들었다는 것을 놀라움을 갖고 기사를 쓰고 있었다.

주) 일본에선 '죠쟈반즈케'(長者番付)라고 하여 매년 부자의 순위를 공표한다. '죠쟈반즈케'는 특히 국세청이 소득세법에 의거하여 매년 5월에 발표하는 전년도 1년간 고액납세자의 명부를 말한다. 이 고액납세자 명부 중에서 제1위가 '죠쟈반즈케 니폰이치'(長者番付日本一)로서 전년도 일본의 최고소득자다. 이 명부에 오르는 사람들은 주로 대기업 오너, 부동산 부자, 스포츠인, 연예인 등으로, 순수한 주식거래로 일본의 최고소득자가 된 사람은 고레카와가 유일하다.

"법인과 그룹의 매수라면 모르지만! 개인이 이 정도의 매매를 하는 사람은 없었습니다. 최저라도 백 만 주 단위의 매매를 하는 사람은 지금까지 없었습니다. 정말 최후의 대투자가입니다."

도쿄 증시 관계자가 말했다.

「84세의 노인이 머리와 담력으로 2백억 엔이란 자산을 만들었다는 것은 정년 퇴직자에 있어서 정말로 희망의 별이다. 투자가에게는 없는 타입의 인물로 행동력도 설득력도 있다. 지금까지도 없고 앞으로도 두 번 다시 나오지 않을 인물일 것이다.」

신문, 잡지 등은 모두 나의 기사를 실었다.

"회사 측이 히시카리가 대금광맥일까 아닐까에 대해 의문을 갖고 있을 때 어느 정도 금광을 경영해 보았던 실적이 있다고 하지만 어떻게 스미토모광산에 출동할 생각을 하셨습니까?"

나의 친한 친구도 이와 같은 질문을 물어 왔다.

"나는 하루하루 그야 말로 진검승부를 하고 있습니다. 실패해도 어느 누구 하나 도와주는 사람 없고 자신의 노력으로 운명을 개척해 나가는 것 이외에는 살아남는 방법은 없습니다. 그러므로 나는 1초, 1분 사이에 전력을 다해 진검승부를 계속 이어갔습니다. 그러므로 어떤 상황에도 정확한 판단이 요구되고 그런 판단을 내렸습니다."

그렇다고 해도 이것만으로 이번 '스미토모 금속광산'의 성공에 대한 설명을 끝낼 수 없다.

"사람에게는 일생 중 두 번이나 세 번의 찬스가 있다. 그것을 살리는가 죽이는가의 판단을 위해 일상의 노력과 정진, 그리고 진실한 이론과 실천 등을 통하여 매일 사고의 훈련을 반복하는 것이 성공의 확률을 높이는 것이다. 그러기 위해서는 수많은 진검승부를 경험하고 승부감을 키워가는 것이다."

결국 '감'이란 경험의 축적으로부터 솟아나오는 진실한 종합 판단인 것이다.

세금으로 삼십 수억 엔을 내다

고레가와 긴조

내가 일본 소득 1위가 되었다고 해서 거액의 부를 얻었다고 오해한다면 곤란하다. 무릇 일본 세법에는 주식으로 큰돈을 벌었다고 거액의 부가 쌓이게 하는 세제 구조가 아니다. 확실한 것은 거액을 모았을 뿐 전부 세금으로 반환한다는 것이다.

나는 돈벌이를 주식으로 하기로 했다. 그리고 실제로 돈을 모았다. 그러나 세금이라 하는 재무성의 함정을 알지 못했다. 지금까지 세금으로만 삼십 수억 엔을 빼앗아 갔으니 심한 일이다. 때문에 지금까지도 나는 재무성의 세제라고 하는 것에 정말 화가 나고 자신의 숙적으로 생각하고 있다.

1950년 적용된 '샤우프 세제'^(주)는 국민에게서 세금만을 우려내고 민간 자금을 축적하지 못하게 하는 목적으로 시행되었던 것이다. 예를 들면 소득세와 주민세를 합하여 최고로 소득의 85%이상을 과세해서는 안 되는 일이 이루어지고 있는 것이다. 이것은 일해서 번 돈의 85%을 세금으로 뺏기고 결국에는 15%의 돈만 남게 되니 인간은 도대체 무엇을 위해 일하고 있는 것인가라는 생각이 든다. 때문에 지혜 있는 인간은 탈세를 생각하게 된다. 그러나 재무성은 탈세하는 사람 위에 있다.

정확히 말하자면 소득이 많은 사람일수록 소득을 숨겨 탈세하고 있는 것을 재무성도 알고 있었다. 여기에 일단 신고소득으로 최고한도의 85%까지 세금을 걷고 다시 한번 소득을 재 조사하는 것이다. 어떻게 해서 얼마의 소득을 숨겨놓는가를 조사하는 것이다.

실은 나도 소득을 속여 신고했다. 그러나 나의 경우는 잘 통과하지 못했다. 신고 소득의 최상한 세금을 추징당한 후 철저히 소득을 재조사 당하게 되었던 것이다.

1982년도의 일본소득 1위도 되고 싶지 않은 것을 무리하게 등을 떠밀려 된 것이 솔직한 심정이었다. 실은 전년의 12월에 오

주) 1949년, 전후 일본경제의 안정과 자립을 목적으로 한 경제정책의 재정부문을 뒷받침하기 위해 연합군 최고사령부의 요청으로 컬럼비아대학 교수인 샤우프(C. S. Shoup)를 단장으로 하는 세제조사단이 일본을 방문했다. 조사단은 일본 전역을 시찰한 후, 장기적이고 안정적이며 공평 균등한 세제와 세무행정의 확립을 위한 '샤우프 권고서'를 제출했다. 이 권고서는 소득세를 세제의 근간으로 삼고(직접세 중심주의), 기초공제액을 인상하여 납세자의 부담의 경감을 꾀하는 동시에, 그 감수분은 고액재산가에게 부유세로 과세하는 것이었다. 당시 일본은 패전으로 빈민이 많았으므로 저소득자를 보호할 필요가 있었다. '샤우프 권고서'는 또한 재정민주화의 관점으로부터 지방자치 확립을 위한 지방재정의 강화, 강력한 집행체제 등을 권고했다. 1950년 세제 개정시에 약간의 수정이 가해지기는 하였으나, 거의 전면적으로 이 권고안이 채택되어 전후 일본경제의 재정제도의 근간이 되었다.

오사카 국세청에서 1977년부터 1981년의 5년간 합계 28억 엔의 신고가 누락되었다고 지적당하고 수정신고를 요구받았다.

나의 1977년부터 1981년에 걸친 매년 소득신고액은 2천21만 엔, 2천675만 엔, 5천656만 엔, 1억 4천853만 엔, 1천5백14만 엔이었다. 그러나 내가 주식매매로 큰돈을 벌었다는 판단에 비해 신고소득이 적다고 지켜본 오오사카 국세청은 이 기간의 수입을 철저히 재조사했다.

주식매매로 얻은 수익은 비과세가 원칙이었지만, ①주식매매의 횟수가 연간 50회 이상으로 또한 주식 수가 2십만 주 이상의 경우, ②한 종목에 대해 연간 2십만 주 이상 주식을 거래했을 경우에는 과세대상이 된다.

소득세는 상한으로 소득의 85%이상은 넘지 않지만 탈세신고를 했다면 축소신고세가 가산된다. 더욱이 소득이 발생한 것에 관계없이 축소신고를 한 것으로 처서 수정신고가 적용되기까지의 기간, 나의 경우로, 3년간의 연대 이자세라고 하는 것을 물게 되었다.

결국 최상한의 세금을 물게 되었을 뿐만 아니라 축소신고세, 연대이자세가 과징되어 90%정도의 세금을 물게 되었다. 1억 엔의 돈을 벌어도 9천만 엔의 세금을 내야하는 그러한 상황이 되어 있는 것이다. 자업자득이라고는 하지만 이렇게 해서는 아무리 주식으로 돈을 번다고 해도 재산이 남을 리 없을 것이다.

세금을 내기 위해 숨가쁘게 경제 연구를 하고 거래를 해왔던 것처럼 되어 버렸다. 1990년 1월 오오사카의 텐리(天里) 주변에 갖고 있는 3천 평의 땅을 29억 엔에 매각했다. 그 용도는 과거의 체납했던 세금인 것이다. 수중에 남은 것은 단지 6천만 엔, 토지를 팔아 3십억 엔 가까이 이익을 얻어도 남아 있는 것은 불과 2%에 지나지 않으니, 무엇 때문에 돈벌이를 하고 있는 것인가라고 생각하니 바보가 된 기분이었다. 게다가 내년 일은 내년이고, 올해는 토지를 팔아 번 29억 엔에 대해서 세금 납부가 기다리고 있다. 이것이 일본의 세법인 것이다.

시대를 먼저 읽는 눈을 사라

고레카와 긴조

나의 그 후 투자전략은 광산주식에서 '혼다기연'(本田技研), '마츠시타전기'(松下電氣), '후지(富士)필름', '후지야(不二家)와 같은 대형 국제우량주식으로 전환했다.

나는 '혼다기연공업'의 혼다 소이치로(本田宗一郎) 씨와 '마츠시타전기'의 마츠시타 유키노스케(松下幸之助) 씨를 초등학교밖에 나오지 않은 나의 경우와 비슷하게 맞아 대단히 존경하고 있다.

혼다 소이치로 씨, 마츠시타 유키노스케 씨도 무일푼으로 회사를 일구고, 세계적으로 유명한 기업으로까지 성장시킨 능력과 그 시대를 먼저 읽는 '선견성'에 공감하고 있었다.

1981년 미일무역마찰의 최대 원인이 된 일본의 대미 자동차 수출에 대해 미일자동차전쟁의 해결책으로 일본차의 대미수출

규제가 미일 정부간에 합의되었다.

일본차의 대미수출 대수는 연간 169만대에 달한 것에 비해 대미수출규제의 내역은 다음과 같았다.

「1981년 4월부터 1년간 일본차의 대미수출 대수는 168만대로 한다. 1982년 이후의 1년간은 미국시장 전체의 증가대수분에 16.5%를 더한 대수를 165만대에 플러스한다.」

이처럼 일본의 메이커로써는 예상 이상으로 엄격한 내용이었다.

그러나 '혼다기연'은 당시 신문에 다음과 같은 뉴스를 공표했다.

「1982년 11월부터 이 회사의 오하이오 공장에서 소형차 어코드의 생산이 본격적으로 개시되고 더 나아가 1988년에는 36만대의 규모로 연간 생산이 확대된다.」

'혼다기연'은 시대를 먼저 읽고 있었던 것이다. 나는 국제우량주 가운데에도 특별히 '혼다기연'을 중점적으로 매수하기 시작했다.

혼다의 '시대를 먼저 읽는 눈'을 매수했던 것인데, 그뿐만이 아니었다. '혼다기연'은 오하이오공장의 건설자금의 전액(2억 5천만 달러)을 현지법인으로 있는 '아메리카 혼다'의 이익으로 삼으려 한 것이다. 결국 현지법인이므로 상황이 어떻게 전개되어도 외환 위험의 영향이 없는 것이다. 더욱이 '혼다기연'의 단독진출이란 점도 '혼다기연'을 목표로 삼은 큰 포인트였다.

일본 기업의 해외진출은 현지 기업과의 합병회사로 하는 것이 통례였다. 현지 기업과 제휴한다고 해도 풍속 습관이 다르면 당연히 경영의 자세도 변해간다. 그러나 '혼다기연'은 대체로 자기 자금으로 하기 때문에 이제까지 '혼다기연'의 경영철학을 미국의 현지법인에 적용시키는 것이 가능한 것이다. 더욱이 경영자에 있어서는 골치 아픈 것이나, 미국에서 최고의 조직력이 있는 전미자동차노조에 가맹하지 않고 단독으로 조합을 만들었던 것이다.

1982년 5월 중반 '혼다기연'의 주가는 600엔을 전후하는 수준이었다. 1개월 사이에 외환시세의 엔저, 기준금리의 상승으로 '혼다기연'을 중심으로 자동차 주식이 급등했다.

같은 해 11월은 1,060엔까지 상승, 그 후엔 엔고로 전환한 영향으로 생각하지 못한 위기를 맞기도 했지만, 나의 판단이 틀리지 않았다는 것이 증명된 것이다.

투자는 정정당당하게

나의 60수년의 투자인생에 만났던 사람들 중에 가장 혐오하는 사람은 정의감이 없는 사람이다. 사람을 의심해도 자신만 돈벌이가 된다면 좋다는 사람이 제일 혐오스럽다.

1980년경 가부토쵸에서는 '세이비군단(誠備軍團)'이 '가부토쵸의 풍운아'로 회자되었다.

일반대중에게 '대형증권회사의 행동 방식은 투자가를 먹잇감으로 취급하고 있다'고 호소하고, 상장기업과 대형증권회사가 시장을 제압하고 있는 현실에 불만을 품은 대중투자가를 모집하여 주식운용을 위탁받은 회원조직의 투자, 매점하는 기관인 것이다.

세이비그룹은 자본금이 적고, 주식 안정화율이 낮고, 자금을 유효하게 사용하지 못하는 기업의 주식을 노려 기업의 경영권 탈취의 의향을 슬쩍슬쩍 드러내 보이며 시세를 조작했다.

가치 있는 주식을 사 모은다면 이야기는 달라진다. 그러나 그들이 손댄 주식은 가치도 아무 것도 없는 쓸모없는 주식이다. 거기에 눈독을 들여 기업의 경영권 탈취를 도모하고 주가를 끌어 올리려고 하는 것이 상투적인 수단이었다.

백화점인 '마루젠'(丸善)의 주식을 1978년 저가인 402엔부터 매집하여 1980년에 2,200엔에 보유주식을 처분하는 것을 시작으로, '미야지철공'(宮地鐵工)을 1979년 201엔의 저가에서부터 1980년 1,530엔까지 끌어 올리는 등 그야말로 십수 종목의 매매를 화려하게 연출했던 것이다.

세이비그룹은 가치가 없는 것을 처음부터 알면서 가격을 끌어 올리고 공매도로 유인하여 매집하고 고가거래를 상대에게 강요하는 악랄한 방법을 계속했다.

나는 주식시장에서의 방법을 보면 사람마다 어떤 성격의 소유자인지 금방 판단이 선다. 물론 실제 그 인물과 대면하면 젊었을 때부터 골상학에 흥미를 갖고 있었기 때문에 그 사람의 얼굴 표정으로 그 인물이 선인인가 악인인가를 정확히 그리고 곧바로 알 수 있다.

나는 선량한 시민을 속여 돈을 빨아들일 만큼 빨아들이고 나중에는 나락의 바닥으로 떨어뜨리고 자신의 주머니만 살찌우는 이런 인물들은 사회로부터 바로 매장해야한다고 진지하게 생각했다.

이러한 사악한 방법이라고 할 수밖에 없는 투자가 계속 이어질 리가 없다. 실패하는 것은 시간문제인 것을 알지만, 그 사이 죄도 없는 사람들이 계속해서 고통을 받게 되는 것이다.

그들이 자금 조달위기에 직면했을 때 나는 여러 번의 면회를 요청받았다. 말하자면 나를 그들의 투자 그룹의 편으로 끌어들여 만회책을 꾀하려 했던 것이다.

그러나 나는 반대로 그들에게 도전할 것을 결심했다.

주권담보의 팽창 등으로 그들의 투자력에 변화가 나타난 것을 읽고, 나는 그들의 주가 끌어올리기에 대해 세이비그룹 종목의 공매도로 도전했던 것이다.

공매도를 행한 종목은 '이시이철공소'(石井鐵工所), '히타치전기'(日立電氣), '라사공업'(ラサ工業), '안도건설'(安藤建設), '도카이흥업'(東海興業), '후지야'(不二家)등 수 만 주부터 2, 3백만 주를 움직였다. 나에게 있어서 작은 거래였지만 의도는 적중했다. 이 공매도로 나는 약 6십억 엔의 돈을 벌게 되었다. 나는 승리했다.

많은 사람들을 희생시키고, 자신만 이익을 도모하는 것은 용서받을 수 없는 것이다. 주식투자에도 항상 정정당당한 승부하는 것이 철칙인 것이다.

후지야 주식

'후지야'(不二家) 주식을 공매도한 것은 4백 엔 대였는데, 그 후 폭락하여 250엔부터 280엔에 다시 샀다.

'후지야' 주식을 집중적으로 매집하기 시작한 것은 '스미토모광산' 주식의 매매로 큰 이익을 남기고 처분한 직후였다.

1982년 6월, '후지야' 주식은 350엔 전후의 바닥수준을 오르내렸다.

'후지야' 주식을 취득한 이유는 동년 5월경 외환시세의 엔고의 영향과 사탕시세의 폭락에 따라 제과업계의 원료가 싸지는 메리트에 착안한 것이다.

결국 동 회사는 직영점이나 프렌차이즈 체인점을 당시 740점포에서부터 수년 후에 1,000 점포까지 확대할 것이라고 예상했는데, 그러한 점포는 모두 도심의 일등지나 역세권의 좋은 입지에 자리를 차지하고 있었다. 그것들을 유용하게 활용함에 따라 수익력의 대폭 상승이 기대되었다. 또한 일부 점포는 내부 자산도 상당히 기대되는 것 외에 주 2일 휴무제의 정착에 의한 외식부문의 성장이나 원료 절감에 의한 도매부문에서의 수익 증가도 예상할 수 있었다.

말하자면 실적이 확실히 있어도 주가는 실적에 관계없이 비교적 싸게 머물러 있기에 이는 동사의 주식을 매수하는 중요한 요소가 되었다.

1983년 5월에는 그 해 일본 소득 순위가 공표되었고, 일본 소득 순위의 제1위로 고레카와긴죠의 이름이 매스컴에 발표된 직후의 일이었다. 고레긴(是銀)이 '후지야' 주식을 산다는 소문이 가부토쵸에 순식간에 퍼져 나갔다.

같은 해 9월의 시점에서 갖던 있는 주식은 내가 사장으로 근무하는 오오사카에 있는 투자회사 '조와산업'(常和産業) 명의의 백3십 만 주였으나, 다음해 3월 말 명의개서 때의 소유주식은 1천 545만 7천 주에 달했다. '교와은행'(協和銀行:현 '아사히은행' 朝日銀行)의 642만 주를 제치고 '후지야'의 최대주주가 되었다. 결국 명의를 빌린 증권회사나 내 자신, 가족 명의 분을 더하면 동 회사의 소유주식은 3천만 주를 넘었다.

'후지야'의 발행 주식 수는 약 1억 2천565만 주, 그 중의 23%를 소유한 것이다.

물론 매집한 목적은 지금까지와 같이 시세 차익을 기대했지만 여기저기의 매스컴이 가만히 있지를 않았다.

"고레카와 긴죠 씨, '후지야'의 경영권을 취득하시는 것입니까?"

큰 제목으로 지면을 장식했다. 내가 '후지야' 주식을 3천만 주 소유하고 최대주주가 된 것은 당연히 '가이샤시키호'(會社四季報)⁽ᵏ⁾에도 기재되었다. 상승에 따른 이익을 기대하고 대량의 주식을 소유하고 있어도 움직이지 않으면 이익은 없다. 게다가 최대주주로써 '시키호'에도 실렸다면 내가 움직이는 것으로 시세가 좌우되게 된다.

결국 내가 매도를 하면 다른 투자자도 매도를 결심하게 되고, 가격 상승에 따른 이익을 얻기는커녕 주가의 하락을 뻔히 알면서 초래한다. 대량의 보유 주식을 시장에 내 놓으면 순식간에 '후지야'는 폭락하고 일반투자가에게 큰 손실을 가져다주게 되는 것이다.

은행에서 빌린 차입금에 대한 금리의 부담만을 생각해도 곧바로 매도하고 싶었지만, 나의 움직임만으로 즉시 주가가 좌우됨을 알고 있기 때문에 움직일래야 움직일 수 가 없었다.

당시 동 회사의 주가는 6백 엔 전후를 유지하고 나는 동 회사에 일괄 매수를 신청하였지만 회사 측의 의견이 통합되지 못하여 실패로 끝났다.

주) 투자정보와 경제에 관한 서적과 데이터를 제공하는 '도요게이자이신문사'(東洋經濟新聞社)가 계간으로 발간하는 상장회사의 기업정보 예상실적 등을 수록한 서적이다.

나는 솔직히 초조했다. 일각이라도 빨리 보유주식을 처분하기 위해 주가가 700엔 전후까지 상승했을 때 그것을 상당히 하회하는 저가로 3천만 주를 처분하기로 했다.

한편 '후지야' 측은 최대주주인 나의 신청을 거절했기 때문에 그 후 비싼 대가를 치러야만 했다.

동사의 기발행 주식수의 50%에 달하는 6천만 주 이상의 대량의 동사주식을 소유하는 작전세력에게 매수 압박을 받고 1,000엔을 크게 넘는 고가로 사들이지 않으면 안 되었던 것이다.

투자 5원칙

고레카와 긴조

나는 주식투자를 하고 있는 일반 대중에게 두 가지 경고를 해둔다.

첫 번째 경고는, 자신이 갖고 있는 자금의 범위 내에서 투자를 하는 것이다.

아무리 증권회사가 '현금을 갖고 있지 않아도 괜찮다, 반드시 번다'라고 유창한 말로 유혹해도 신용거래에는 절대로 손을 내밀지 말라. 현재 신용거래 제도로는 매수한 주식의 50%의 보증금을 내면 현금을 갖고 있지 않아도 거래를 할 수 있다.

예를 들면 100만 엔의 보유 주식이 있고, 그것을 보증금으로 사용하면 7할을 곱한 70만 엔으로 평가되어 배가 되는 140만 엔의 주식을 신용거래로 살 수 있는 것이다. 말하자면 손에 들고 있는 100만 엔 플러스 신용거래의 140만 엔을 합하여 240만 엔분의 주식을 살 수 있는 것이다. 결과적으로 1할 주가가 오르면 원금 100만 엔에 대해서 2할 4푼의 수익이 난다. 이것이 증권회사의 세일 포인트인 것이다.

그러나 시세라는 것은 상승하면 반드시 하락도 있다. 신용거래로는 주가가 하락할 때는 당연히 추가 보증금을 청구 받는다. 이것을 납입하지 못하면 신용으로 매수한 주식을 증권회사는 처분해버리는 것이다. 물론 하락할 때 재빨리 처분하면 좋겠으나, 전문가들조차 그렇게 하기 어려운 것을 일반 대중들이 그렇게 쉽게 판단할 리가 없다. 더구나 증권회사의 영업사원은 유혹한다.

"지금 참고 갖고 있는 사람이 결국 수익을 냅니다."

"이만큼 하락했으니, 조금 더 사서 물타기를 하면 평균 매수가가 내려가고 처음 매수한 시세가 되면 역으로 수익이 크게 납니다."

이렇게 해서 추가로 매수할 것을 권유받는 중에 생각이 많아지는 것이다.

어쩌다가 생각이 들어맞아 수익을 내고 기쁨을 맛본 투자가는 이 위험한 거래에 빠지기 쉽다. 깊게 빠져들면서 자신의 원금이 사라질 뿐만 아니라, 친구, 친척, 지인, 마지막에는 사채까지 끌어들여 비참한 처지에 빠지고 마는 것이 다반사다.

두 번째 경고는 신문과 잡지에서 큰 제목으로 뽑은 재료를 맹신하지 말라는 것이다.

대개 사람의 의견과 신문, 잡지의 기사로 수익을 내려는 정신 그 자체가 이미 실패의 원천임을 말하고 싶다. 자신의 힘으로 노력하지 않고, 적당히 한몫 벌려고 한다면 수익을 낼 리 없다. 너무 거저먹으려 한다. 샐러리맨이 직장을 다니면서 주식투자를 하면서 성공할 정도로 주식 세계는 어리숙하지 않다.

정말로 벌고자 한다면, 스스로 경제의 동향을 주의 깊게 살펴야 한다. 일본경제는 물론, 세계경제의 동향, 그리고 이것을 싫증내지 않고 일상적으로 지켜가야 한다. 이것은 어느 정도 상식만 있으면 누구라도 할 수 있는 것이다. 더구나 판단 재료는 매일 신문에 많이 나오고 있기 때문이다.

나는 신문은 '니혼게이자이(日經)' 하나밖에 읽지 않는다. 여기에 나와 있는 내외의 경제 현상을 지긋이 지켜보고 있으면 앞으로 어떻게 될 것인가 판단이 선다. 갑자기 번뜩이는 것이 아니라, 매일 계속해서 주의를 집중하는 것으로 저절로 보이는 것이 있는 것이다.

그리고 큰 흐름이 판단되었을 때, 장래 전망 있는 업계의 회사의 움직임을 '시키호'(四季報)를 참고하여 조사한다. 회사의 내용, 수익력 등을 비교하고 베스트라고 생각되는 회사의 주식을 사두는 것이다.

말하자면 후지산(富士山) 등산을 예로 들면, 2부 능선, 3부 능선에서 사라고 하는 것이다. 그러나 신문과 잡지에 큰 제목으로 났을 때는 이미 8부 능선, 9부 능선까지 올라 있는 것과 같고,

정상까지는 앞으로 조금밖에 남아있지 않은 것이다.

내가 대승리를 거둔 '일본시멘트'와 '스미토모 금속광산'을 비롯하여 지금까지 내가 행해온 주식투자의 모두가 2부 능선, 3부 능선에서 매수한 것이다. 그리고 느긋하게 기다리는 것으로 대승리를 얻었던 것이다.

"자신만의 정보를 모아, 2부 능선, 3부 능선에서 사고, 느긋하게 기다린다."

이것이 주식투자의 묘미이며, 원칙이다.

① 종목은 사람들이 추천하는 것이 아니라 자신이 공부해서 고를 것.

② 2년 후의 경제 변화를 스스로 예측하고 대국관을 갖는다.

③ 주가에는 타당한 수준이 있다. 상승하는 주식을 마구 쫓아가는 것은 금물.

④ 주가는 최종적으로 실적으로 결정된다. 완력 시세는 경원한다.

⑤ 불측의 사태 등 리스크를 마음에 둔다.

이것이 지금까지 내가 써내려온 투자인생의 결정, 투자 5원칙이다.

여러분도 알다시피 나는 단지 평론가가 아니다. 이거다, 라고 찬스를 포착하면 스스로 승부를 걸었다.

한 종목에 수천만 주의 거래도 몇 번이고 반복해왔다. 그러나 손해는 보지 않았다. 손실을 보았다면 벌써 옛날에 고레카와 긴조의 이름은 사람들 앞에서 사라졌을 것이다. '사장회'(社長會)든 '긴우회'(銀友會)든 여러분 앞에 주저 없이 나서서 방약무인하게 말하고 있다. 간사이(關西) 지방 말로 나같이 제멋대로 구는 방약무인한 것을 가리켜, '지껄인다'고 말하는데, 나는 참으로 60년간 '지껄이면서' 살아온 것이다.

한 번이라도 대세를 그르쳤다면, 나는 사라졌을 것이다. 그러나 지금까지 사라지지 않고 오늘날까지 살아온 것이다. 대국을 오판하지 않고 투자해온 것을 증명하는 것이다.

93세가 되어서도 천하의 국제정세를 판단할 때는 사람들에 뒤처지지 않는, 자신을 갖고 있는 것이다.

후기

나는 좌우명을 부탁받으면 '성실과 사랑'이라고 써 준다. 나는 이것을 나의 인생의 이상이라고 생각하고 있다. 사람에게 성실로 대하고 애정을 갖고 살아가야 하는 것이다.

'성실과 사랑'을 나의 좌우명으로 삼아 젊었을 때부터 일관하여 지금까지 살아왔다. 나의 일은 주식투자이고 주식의 매매로 지금까지 인생을 보내왔다. 주식으로 번 돈은 불우한 아이들을 위해 쓰고 싶은 것이 내 인생의 보람이다.

지금 생각해 보면 고베시대 어린 시절의 그 빈곤 생활이 나에게 있어서 최고의 교육이 되어버린 것은 아닐까?

어느 축제의 해질 무렵에 세 마리에 5전 하는 정어리를 사러 온 6인 가족의 아주머니에게 정어리를 담아주며 아버지가 한 말씀이 생각난다.

"한 무더기 더 주지. 당신네 식구는 아이가 세 명 있지 않나? 적어도 축제의 밤만큼은 한 사람당 한 마리씩 생선을 먹이도록 하게."

두 무더기의 정어리를 포장해주시던 그 때의 아버지 모습을 지금도 잊을 수가 없다. 자신은 집주인에게 항상 임대료를 재촉 받으면서, 가족은 감자죽과 팔다 남은 생선밖에 먹지 못하는 빈곤한 생활 속에서도, 가난한 사람을 보면 돈이 없어도 팔 생선을 싸주는 넉넉하고 따뜻한 아버지. 그 아주머니를 보내는 아버지의 뒷모습을 보면서, 아버지가 훌륭하시구나 하는 존경스러움이 어린 마음에도 깊이 새겨져 기억하고 있다.

나도 커서 아버지와 같은 사람이 되자고 생각했다.

그리고 또 하나, 지금 나의 인생의 보람의 지지대가 된 것이 있다.

큰아들 마사아키(正顯)다.

그는 정말로 천재였다. 1928년 오오사카에서 태어난 큰아들은 고등학교를 마치고 교토대학(京都大學) 이학부에서 광물결정학을 전공하고, 대학원을 졸업한 후 1959년 독일의 프랑크푸르트대학의 이학부교수가 되었다. 1969년 7월 처음으로 미국이 발사한 유인우주선 아폴로호가 가지고 돌아온 '월석(月石)'을 동 대학의 결정학연구소에서 X선을 사용하여 분석했다. 또한 큰아들은 지구탄생의 역사를 해명하는 열쇠로 일컬어지는 '장석(長石)' 등 암석의 결정구조분석의 세계적인 권위자였다. 아버지인 내가 말하기는 좀 쑥스럽지만, 노벨 물리학상 후보로서 세계적으로 유명하게 되었던 것이다.

그러나 1979년 독일의 대학에서는 최초로 외국인 이학부장, 더욱이 동 대학의 결정학연구소 소장에 취임한 지 얼마 지나지 않아 암으로 귀국하여 요양생활에 들어갔다.

1985년 1월 30일 요양 중이던 국립요양센터에서 57세의 젊은 나이에 뜻을 다 이루지 못하고 죽고 말았다.

　나에게 있어서 정말로 세상의 그 무엇과도 바꿀 수 없는 자식이었다. 그처럼 너무 빠른 죽음은 나에게 크나큰 상심을 안겨주었다.

　도쿄 시나노쵸(信濃町)의 이치교인(一行院) 센니치타니(千日谷) 회당에서 행해진 장례식에는 하야시 겐타로(林健太郎) 전 도쿄대학 총장, 사다나가 료이치(定永兩一) 도쿄대학 명예교수 등 일본을 대표하는 학자와 연구가가 참석하고, 또 해외 30개국 이상의 각료들이 조전을 보내어 큰아들의 타계를 애도했다.

　나는 부모님에게 배운 그대로를 지금도 실천하고자 한다. 그리고 큰아들을 위해서도. 그것은 바로 사회복지 사업인 것이다. '고레카와 장학재단'은 그 중의 하나다.

해설

하세가와 게이타로(長谷川慶太郎)^(주)

일본경제사를 돌아보면, 많은 '투자가'로 자타가 칭하는 인물이 있다. 특히 메이지 시대(明治時代)가 되면, 도쿠가와 시대(德川時代)와는 달리 자유경제체제가 확립함에 따라 미곡, 금은과 같은 시세의 변동이 있었으나, 새로이 국채를 중심으로 한 채권시장, 또 주식시장이 등장하여 거래량도 그 변동폭도 놀라운 수준에 달했으므로 여기서 활동하는 투자가의 성쇠도 또 성공자가 축적한 부도 그야말로 '엄청난 규모'에 달했다. 이것은 자유경제체제를 취하고 있는 어떤 나라에 있어서도 모두 예외 없이 발생하고 있는 것이다. 역으로 말하면 '투자가'의 탄생은 시장경제의 정착과 일치하는 것이다.

파란만장한 생애

본서는 그야말로 다이쇼(大正)로부터 쇼와(昭和)에 이르는 60년에 걸쳐 주식시장에서 '투자가'로서 이름을 날린 '고레카와 긴조' 씨의 자서전이다. 문고판 출판에 즈음하여 새롭게 씨의 생애를 돌아본다. 1897년 청일전쟁 3년 후에 효고현에서 탄생한

주) 1927년 교토 출신. 오오사카 대학(大阪大學) 공학부를 졸업한 후 신문기자 등을 거쳐 경제평론가로 활동 중이다. 일본경제의 동향, 자본주의경제의 분석, 국제정치의 동향, 주식투자 등에 관한 다수의 저서를 출판하였으며, 특히 비지니스 관계 분야에 유명하다. 세계경제에 있어서 일본의 지위를 높게 평가하고, 일본은 세계경제의 리더로서 중요한 역할을 해야 한다고 주장한다. 80세의 나이에도 불구하고 현재 적극적으로 출판 및 강연, 컨설턴트로 활동하고 있다.

씨가 초등학교 졸업 후, 소년 사원으로 일한 고베의 무역상이 도산하여 런던에 공부하러 가려고 중국의 대련까지 갔었다. 그러나 제1차 세계대전 발발로 유럽여행이 불가능하게 되고, 대신 일본군의 청도 출병으로 군납상인이 되어 큰 재산을 모았다. 그때부터 시작한 '투자가'의 생애는 문자 그대로 '파란만장'의 연속이었다. 그 사이에 몇 번이고 도산, 재기를 반복한다. 그 무렵 일본에선 이러한 파란 연속의 생애를 보낸 일본인이 적지 않으나, 그 대부분은 몰락하고 빈궁한 생활 속에 생애를 마감했다.

그 많은 '투자가' 중에서 고레카와 씨만이 살아남은 것은 그 나름의 이유가 있었다. 그 이유, 특히 거래를 할 때 세운 원리, 원칙에 대해서는 후에 자세히 기술하겠다.

고레카와 씨의 생애 속에서 역시 커다란 분수령은 제2차 세계대전의 패배와 그때에 일하고 있었던 한국에서의 경험이었을 것이다. 어느 나라도 그러하지만, 식민지였던 지역에서는 패전과 함께 그때까지의 사회적 지위가 일거에 역전된다. 그것도 대도시라면 얼마든지 도피처를 찾을 수 있었겠지만, 도시에서 멀리 떨어진 시골 광산에는 패전 전까지 지배자였던 일본인은 일전하여 최저의 지위로 전락한다. 고레카와 씨는 현지 당국의 손에 체포 투옥되고 말았으나, 그 궁지를 구해준 것은 패전까지 식민지 시대에 피지배자였던 한국인을 특권계층이었던 일본인과 평등하게 대해준 자세였다. 즉 식민지 시대에 피지배자인 한국인을 일본인과 동등하게 급료를 주고, 직책도 부여한 것은 결코 용이한 일이 아니다. 고레카와 씨가 그것을 관철하여 계속해 왔기 때문에, 패전과 함께 지배자의 지위에서 전락한 일본인 경영자를 옥중에서 석방시키는 운동을 전개한 것은 한국인 직원들이었다. 이렇게 해서 겨우 목숨만 건져 무일푼으로 일본으로 돌아온 고레카와 씨는 다시 한번 재기하여 시세의 세계에 복귀한다.

공부가 재산

학력은 초등학교밖에 졸업하지 못한 고레카와 씨가 투기에 실패하고 도산, 무일푼으로 전락했던 때에 도서관에 다니면서 철저하게 공부를 했다. 다이쇼 시대에도 쇼와 시대가 되어서도, 그 습관은 변하지 않았다. 그 공부의 산물로서 매일 들어오는 세계전체의 경제동향을 가리키는 전보를 읽어 파악하고, 경제, 정치 모든 면의 정세 변화를 예측하는 능력을 갖는데 성공했다. 쇼와 시대에 들어서 1927년의 '금융공황'으로 도산한 후, 재기하기까지 도서관을 다니며 경제의 기본을 공부하여, 미국의 금본위제 이탈을 예측하고, 보유주식을 매도했다. 1931년의 '만주사변'은 일본 육군의 음모라고 분석하고, 더욱이 제2차 세계대전은 필연이라고 판단하는 결론을 도출했다. 그 정세분석의 능력을 높이 평가한 누마타 소장〈후에 중장, 남방 총군총참모장이 된 군인, 명저로 알려진 '러일육전신사'(日露陸戰新史), 이와나미신서岩波新書의 저자이기도 하다〉과 교분을 맺은 것 등, 당시의 사정을 소상히 알고 있던 인물로서 깊은 인상을 받았다.
이 각고의 노력을 다한 공부의 결과, 고레카와씨가 편출한 '고레카와 투자 삼원칙'을 보자.

철칙 일 : 종목은 수면하에 있는 우량한 것을 골라 지긋하게 기다릴 것.
철칙 이 : 경제, 시세의 동향으로부터 항상 눈을 떼지 말고 스스로 공부할 것.
철칙 삼 : 과대한 생각은 하지 말고, 수중의 자금 안에서 행동할 것.

어느 시대에도, 어느 나라에도 적용될 수 있는 공통의 원칙일 것이다. 무엇보다도 중요한 포인트는 철저한 공부를 늘 부단하게 게을리 하지 않는 것이다. 세계는 부단히 변화하고 있다. 그 변화의 규모와 속도는 매일매일 급속하게 높아지고 있다. 특히 디플레가 정한 시대에는 그 변화는 규모에 있어서도 속도에서도 매우 커지는 원칙을 무시해서는 안 된다. 공부는 학교에서 한 것으로 끝나는 것이 아니다. 학교에 가르치는 내용 등, 매우 초보적인 것이 중심이다. 조금 고도의 지식을 몸에 지니고자 한다면, 대학에서 가르치는 내용을 크게 뛰어넘는 전문적인 저작, 나아가 전문잡지에 게재된 전문가의 논문을 읽지 않으면 안 된다. 더욱이 최첨단의 지식을 필요로 한다면 각각의 분야의 전문가와 항상 부단히 직접 접촉하여 그들과의 직적 대화를 교환하는 것밖에 방법이 없다.

이렇게 해서 입수한 정보의 정확도는 그대로 보증되는 것이 아니다. 솔직히 자신이 하고 있는 연구내용을 교육받아도 그것이 세계 최첨단이라는 보증은 어디에도 없다. 의도하지 않은 거짓 정보에 휘말리는 위험은 항상 도사리고 있다.

하물며 자연과학이 아닌 사회현상의 진실을 추구하려 한다면 더욱 거짓 정보에 속을 위험이 커진다. 이것은 정보수집의 세계에는 반드시 도사리고 있는 피할 수 없는 성격이며, 그것을 전제로 하여 부단한 체크를 게을리 하지 않아야 한다.

투자가의 시대는 끝났는가

자주 회자되듯이, 지금부터의 경제는 세계적인 규모로 파동을 반복한다. 단순한 일 개인의 생각 같은 것은 거래를 함에 있어서 도움이 되는 시대가 끝났다고 주장하는 사람들도 점점 더 증가하는 듯이 보인다. 그것은 정말 그런가?

필자는 그렇게 생각하지 않는다. 아마도 이제부터 세계경제 전체에 공통적인 흐름은 모든 가격이 부단히 서서히 하락을 계속하는 즉 '디플레'가 정착된다. 20세기의 '전쟁'이 연속한 시대는 끝나고 21세기의 세계는 확실히 '평화'가 연속하는 시대가 될 것임에 틀림없다. 21세기의 세계경제에 기초였던 '인플레'는 소멸하고 역으로 '디플레'가 본격적으로 정착할 것으로 생각하지 않을 수 없다.

그렇게 되면 세계경제에 발생하는 정세의 변화는 놀랄만한 규모로 또한 그 발생 속도는 예상을 훨씬 상회하는 고속이 될 것은 필지이다. 시장에 참가하는 공급자는 날마다 증가할 것이며, 한편 매수자인 소비자는 철저하게 자신의 취향을 만족시키고자 할 것이다. 그 내용은 누구도 예상할 수 없을 정도로 극심한 속도로 변화해 간다. 그렇다면 지금까지 이상으로 격렬한 생각이 서로 충돌을 반복한다. 그 중에 누가 우위를 점하는가는 사전에 누구도 예상할 수 없고, 매우 우연한 결과에 의해 좌우될 수도 있음은 십분 생각할 수 있다.

이러한 정세는 누구도 앞을 정확하게 예측하지 못한다는 것이기도 하다. 거기엔 격렬한 투기가 발생한다. 더구나 모든 분야에 걸쳐 항상 부단한 변동을 반복하고 경험하는 속에서 누구나 예측할 수 없는 장래의 정세를 파악하려는 노력이 요구됨을 의미할 것이다. 세계적으로 투기가 확대되고 그 영향이 널리 미친다. 예를 들면, 기업의 경영전략을 입안해도 예전처럼 몇 년간의 중장기에 걸친 계획은 소용없게 된다. 계획에 지나치게 집착하면 실태와 크게 유리되고 마는 위험에 직면한다. 시장의 정세는 매도측을 포함하여 일상 부단하게 변화를 계속한다. 그 변화를 사전에 예측하려는 것 자체가 무의미한 것으로 되어버렸다.

어느 분야에서도 기업의 경영자는 부단히 시장에서 발생하는 변화에 신속 대응하는 노력을 요구받고, 그 과제에 대응할 수 없는 경영자는 경영계로부터 사정없이 퇴출되는 시대인 것이다. 이러한 시대야말로, '투자가'가 크게 활약할 무대를 제공한다. 거기엔 신진대사와 같은 등장인물의 교대가 부단히 반복된다. 그 세계에서는 패자는 즉각 퇴출되고, 신인이 그 뒤를 잇는다. 이러한 매우 격렬한 신진대사는 투기의 세계에서 부단히 반복된다. 그 속에서 살아남기를 희망한다면, 20세기 최대의 '투자가'라고 할 만한 고레카와 씨가 남긴 교훈, 원리 원칙을 배우는 것에서 시작하지 않으면 안 될 것이다. 시장경제, 자유경제에 투기는 절대로 불가결한 분야이기도 하다.

그 원리 원칙을 존중한다면, 다시 한번 반복하지만, 철저한 공부밖에 살아남는 자격을 몸에 지닐 기회를 제공해주지 않는다는 것이다. 공부가 싫은 사람은 '투자가'로서 성공할 수 없음을 자각하지 않으면 안 된다. 물론 충분한 자격을 갖고 있지 않은 사람이라 해서 '투자가'가 될 수 없다는 것은 아니다. 다만, 그것은 실패할 운명밖에 기다리고 있지 않은 '투자가'인 것이다. 고레카와씨의 '자서전'은 읽을거리로서도 흥미진진한 내용이다. 일독한다 해서 손해 볼 것은 없다. 평자는 확신을 갖고 일독을 권한다.

일본 주식시장의 신
고레카와 긴조

초판 1쇄 발행 2006년 11월 25일
초판 14쇄 발행 2025년 1월 31일

지은이 고레카와 긴조
옮긴이 강금철

펴낸곳 (주)이레미디어
전화 031-908-8516(편집부), 031-919-8511(주문 및 관리) | 팩스 0303-0515-8907
주소 경기도 파주시 회동길 219, 사무동 4층 401호
홈페이지 www.iremedia.co.kr | 이메일 ireme@iremedia.co.kr
등록 제396-2004-35호

디자인 정유정 | 마케팅 김하경
재무총괄 이종미 | 경영지원 김지선

저작권자 ⓒ 고레카와 긴조
이 책의 저작권은 저작권자에게 있습니다. 서면에 의한 허락 없이 내용의 전부 혹은 일부를 인용하거나 발췌하는 것을 금합니다.

ISBN 978-89-91998-05-6 03320

·가격은 뒤표지에 있습니다.
·잘못된 책은 구입하신 서점에서 교환해드립니다.

당신의 소중한 원고를 기다립니다. mango@mangou.co.kr